D0861557

L'Intracostal,
le guide

DU MÊME AUTEUR

L'Intracostal, le guide, LOGIQUES, 2001.
L'Intracostal, l'album, LOGIQUES, 2001.

Luc Bernuy

L'Intracostal, le guide

Du lac Champlain au Bahamas

Guide de préparation au départ
vers le Sud en bateau, basé
sur son cours « Objectif Sud »

Les Éditions
LOGIQUES
QUEBECOR MEDIA

Catalogage avant publication de la Bibliothèque nationale du Canada
Bernuy, Luc, 1958-
  L'Intracostal, le guide : du lac Champlain aux Bahamas
  2e éd. avec mise à jour.
  ISBN 2-89381-910-9
    1. Navigation à voile. – Guides, manuels, etc. 2. Atlantic Intracoastal Waterway –
  Guides. 3. Navigation à voile – Amérique du Nord. I. Titre.
  GV811.B48 2004   797.1'24   C2004-940526-8

Révision linguistique : Louis Corbeil et Daniel Lemaire
Correction d'épreuves : Nicole Henri
Mise en pages : Édiscript enr.
Photo de la couverture : Luc Bernuy
Photos de la quatrième de couverture : Luc Bernuy (bateau), Anne Bernier (auteur)
Graphisme de la couverture : Christian Campana
Photos intérieures : Luc Bernuy (Anne Bernier, pages 57 et 194)

LOGIQUES est une maison d'édition agréée et reconnue par les organismes d'État respon-
sables de la culture et des communications. Nous remercions le Conseil des Arts du Canada,
le ministère du Patrimoine canadien et la Société de développement des entreprises cultu-
relles du Québec pour leur appui à notre programme de publication. Nous reconnaissons
l'aide financière du gouvernement du Canada par l'entremise du Programme d'aide à l'industrie de l'édition (PADIÉ) pour nos activités d'édition. Gouvernement du Québec – Programme de crédit d'impôt pour l'édition de livres – Gestion SODEC.

Tous droits de traduction et d'adaptation réservés ; toute reproduction d'un extrait quelconque de ce livre par quelque procédé que ce soit, et notamment par photocopie ou
microfilm, est strictement interdite sans l'autorisation écrite de l'éditeur.

Les Éditions LOGIQUES
7, chemin Bates, Outremont (Québec) H2V 4V7
Téléphone : (514) 270-0208 Télécopieur : (514) 270-3515

Distribution au Canada
Québec-Livres
2185, autoroute des Laurentides, Laval
(Québec) H7S 1Z6
Téléphone : (450) 687-1210
Télécopieur : (450) 687-1331

Distribution en Belgique
Diffusion Vander
avenue des Volontaires, 321
B-1150 Bruxelles
Téléphone : (32-2) 761-1216
Télécopieur : (32-2) 761-1213

Distribution en France
Casteilla/Chiron
10, rue Léon-Foucault, 78184
Saint-Quentin-en-Yvelines
Téléphone : (33) 1 30 14 19 30
Télécopieur : (33) 1 34 60 31 32

Distribution en Suisse
TRANSAT SA
Distribution Servidis s.a.
Chemin des Chalets
CH-1279 Chavannes-de-Bogis
Téléphone : 022-960-9510
Télécopieur : 022-776-3527

Les Éditions Logiques 2004

Dépôt légal : 2ᵉ trimestre 2004
Bibliothèque nationale du Québec
Bibliothèque nationale du Canada
ISBN : 2-89381-910-9

TABLE DES MATIÈRES

CONCLUSION GÉNÉRALE

LES ANNEXES

LISTE DES SITES DE MOUILLAGE : DU LAC CHAMPLAIN À KEY WEST

INTRODUCTION

QUI EST L'AUTEUR ?

Luc Bernuy s'intéresse à la voile depuis 1978. En fait, son intérêt pour la navigation remonte loin dans son enfance puisque, dans sa famille, il y a toujours eu une petite embarcation (canot, chaloupe, dériveur[1], et, depuis son plus jeune âge, l'auteur rêve de grands espaces. Sa rencontre avec Anne Bernier, en 1981, sera déterminante. Passionnée de voile, elle possède, elle aussi, un dériveur. Cinq ans plus tard, ils font cause commune et ils troquent les dériveurs pour leur premier quillard[2] : un Pearson 26. Aussitôt, ils entrevoient la multitude de destinations qui s'offrent à eux. En 1989, ils achètent ensemble un second voilier, un Hunter 34, le quillard sur lequel ils feront le voyage dont il sera question tout au long de ce livre. De 1991 à 1993, ce sera donc la période de ce que nous appellerons «l'Intracostal», version francisée de l'américain *Intracoastal Waterway*. Au retour, ils vendront leur bateau et achèteront une résidence dans les Laurentides, sur la rive d'un lac, pour retrouver un peu le style de vie «bahamien» qui leur avait tant plu. En janvier 2000, ce sera le retour à Montréal. Depuis, Luc Bernuy continue à vivre dans l'univers de la voile, cette fois davantage à titre de vidéaste, d'auteur et de conférencier que de navigateur. Il est aujourd'hui coordonnateur du Programme des cours en navigation de plaisance, de la Société de sauvetage.

Luc Bernuy a un baccalauréat en communications de l'Université Concordia à Montréal. Il est spécialisé en photographie commerciale et a même déjà eu son propre atelier. Il l'exploitera avec succès pendant les trois années précédant le départ.

---

1. Petit voilier de 12 pieds, à 1 voile.
2. Voilier habitable.

Fort heureusement pour nous, Luc Bernuy avait emporté dans ses bagages une partie de son matériel léger et il est revenu de son voyage avec une banque de mille images. La moitié d'entre elles sont utilisées dans son cours « Objectif Sud », et les plus belles ont fait l'objet d'un livre-album publié aux Éditions LOGIQUES en 2001 : *L' Intracostal, l'album.*

C'est pour aider ceux et celles qui projettent de partir – mais qui ne savent pas tout à fait où trouver l'information pertinente que Luc Bernuy, en plus d'écrire ce livre et de préparer l'album, a créé le cours « Objectif Sud ». Dix-neuf élèves se sont inscrits à la toute première session, en avril 1994. Aujourd'hui encore, le cours se donne au rythme de la demande. S'il faut en croire le nombre de recrues, il y aura beaucoup de monde aux Bahamas dans les années qui viennent...

TOUT LE MONDE À BORD !

Journal de bord,
lundi, 14 février 1992, 29 °C

L'air est chaud et humide. Le bateau se berce tout doucement au gré de la brise au bout de son câblot d'ancre, comme suspendu au-dessus d'une eau émeraude, pure et transparente ; le temps s'est arrêté. On entend les criquets sur l'île tout près et le bruissement des branches de cajuarinas [1]. On se cache du soleil sous un bimini tout blanc. Une queue de langouste, servie froide en salade avec une trempette à la mayonnaise, vient rafraî-chir nos esprits encore bouillants de cette pêche d'avant-midi... Deux raies tachetées glissent, avec toute l'élégance qui leur est propre, sous le ventre du bateau, espérant qu'on leur lance un petit quelque chose. Et une fois l'estomac rassasié, il ne nous restera plus qu'à aller à terre, explorer cette caverne dont on nous a parlé hier ; bien sûr, ce ne sera pas avant que le soleil ne perde un peu de son ardeur... On aura alors le temps de faire une petite sieste.

Non, ce n'est pas le début d'un roman d'aventure, mais ce pourrait bien être le début de votre quotidien, si vous vous laissez emporter par le désir d'un nouveau mode de vie. C'est souvent une image, une descrip-tion, un film ou des vacances inoubliables, qui engendrent ce goût de partir vers des latitudes plus clémentes. Certains partiront pour deux mois, six mois, un an ; d'autres partiront pour deux ans, mais tous trou-veront le bonheur à leur façon.

---

1. Conifère bahamien, ressemblant à un pin.

NOTRE HISTOIRE...

Pour Anne et moi, l'aventure a commencé durant l'hiver 1986. Pour notre première expérience de vie à bord d'un quillard (voilier habitable), nous avions décidé de faire notre apprentissage aux Bahamas. Alors, nous avons retenu les services d'un bateau-école pendant 15 jours de «vacances»; la formation que nous allions en tirer valait bien le coût. Mais ce que je retiendrai sans doute le plus de notre première leçon de vie en mer, c'est cette eau émeraude, à perte de vue, qui nous ordonne presque de ne pas cligner des yeux afin de ne rien manquer! Forts de cette expérience, nous avons fait le vœu d'y revenir un jour, mais cette fois-ci sur notre propre bateau.

L'été suivant, nous achetons donc un voilier de 26 pieds, un Pearson, qui revient tout juste des Bahamas. Après deux étés de navigation sur le lac Champlain, pendant lesquels nous accumulons les expériences, nous décidons que ce bateau est trop petit pour nos projets: la hauteur sous barrots[2] nous paraît insuffisante. Nous troquons donc le 26 pieds pour un Hunter 34 à l'automne 1989. Et pendant deux ans, nous préparons le Grand Départ. Que d'organisation pour un voyage d'un an!

Et puis, le grand jour arrive: le mardi 24 septembre 1991. Trois amis sont venus en ce jour de semaine nous dire un dernier au revoir. Et nous pointons l'étrave vers la Floride! Nous mettrons trois mois et demi avant d'arriver à Miami...

Nous avons la chance de pouvoir nous déplacer en bateau, le long de la côte américaine, **mais à l'intérieur des terres**. C'est l'Intracostal. Il s'agit d'un réseau complet de rivières et de voies d'eau, toutes reliées entre elles, nous permettant d'avancer, à notre rythme, jusqu'en Floride. Si on voulait continuer de longer l'Intracostal, nous irions jusqu'au Mexique!

Après deux semaines à attendre à Miami une météo favorable qui nous permette de franchir le fameux Gulf Stream, le 1er février, on traverse enfin. L'expérience, jusque-là, et dès ce premier mois dans les îles, nous fait réaliser à quel point nous aimons ce nouveau mode de vie... où chaque minute est une nouvelle aventure! Anne et moi décidons déjà de tout mettre en œuvre pour revenir l'année suivante. On ne vivra plus que pour ça. Finies les sorties, finis les restaurants, finies les marinas: on se jure qu'on passera en mode «économie» et qu'on reviendra. Mars est vite passé sous des cieux si cléments. Avril aussi. C'est le

---

2. Hauteur libre dans le bateau.

temps du retour. Fin avril, nous commençons à remonter vers le lac Champlain pour y arriver le 17 juin (après une petite halte de cinq jours à New York pour dépenser, malgré nos bonnes résolutions !).

Septembre 1992. Nous faisons le total de nos économies. Il n'en restera pas beaucoup pour nos dépenses personnelles, mais il y en aura amplement pour l'épicerie, le diesel et les dépenses courantes du bateau. On se permet même d'investir dans un moteur hors-bord de huit chevaux pour l'annexe. Fiou ! Et nous pouvons repartir pour dix autres mois. Fantastique ! Départ du lac Champlain : le 5 octobre. Arrivée en Floride : le 7 novembre. Nous y demeurons un mois. Puis, traversée aux Bahamas le 9 décembre. Et là, on se la coule douce pendant cinq mois ; ce qui nous a tout de même paru court. La mort dans l'âme, on lève l'ancre des Bahamas vers... les Keys, en Floride. Deux semaines encore à profiter des eaux vertes. Puis, le 14 mai, c'est la lente remontée vers le lac Champlain. On y sera le 30 juillet.

Fini le voyage ? Pas tout à fait. Nous resterons tout le mois d'août sur le bateau, à l'ancre. Septembre : on polit notre voilier, le *Sunshine Reggae*, et on le met en vente. Il sera vendu deux mois plus tard. Il continue aujourd'hui de voguer sur le lac Champlain, ses cales pleines d'équipement : il est prêt à repartir vers le Sud...

FAUT-IL DE L'EXPÉRIENCE ?

Je pense que si nous gardons un souvenir extraordinaire de ces années, c'est en grande partie grâce aux efforts que nous avons faits avant le départ. Comme pour n'importe quelles vacances, la préparation fait toute la différence entre un séjour au Paradis, et une descente aux Enfers, où il faut passer ses journées à réparer le moteur, ou encore passer ses nuits à se demander si l'ancre tiendra. À ceux et celles qui me demandent quelle expérience il faut posséder, je répondrai simplement qu'une bonne organisation avant le départ et une tête sur les épaules valent bien toute l'expérience du monde. Pour dire cela, je tiens compte des plans d'eau sur lesquels vous aurez à vous balader. En général, l'*Intracoastal Waterway* n'a que 100 pieds de largeur et 12 pieds de profondeur : je ne pense pas que vous aurez beaucoup de déferlantes[3] à y négocier ! Par contre, pendant le trajet, vous accumulerez de l'expérience avec votre propre bateau... et avec vous-même. Apprendre à se connaître soi-même, ses craintes, ses réactions, sa résistance, voilà la clé.

---

3. Grosses vagues dangereuses.

Le fait que la route jusqu'en Floride soit facile vous permettra de progresser à votre rythme et selon l'humeur de l'équipage. Et puis, même quand il s'agit d'une traversée océanique, personne n'a jamais d'expérience… avant la première fois.

À QUOI S'ATTENDRE DURANT CE VOYAGE ?

Le but premier de cet ouvrage est donc de démystifier la préparation d'une telle aventure et de vous aider à rendre concret ce qui, pour le moment, n'est peut-être qu'une idée vague et imprécise. J'ai cette conviction que si tout le monde allait au bout de ses rêves, la planète ne s'en porterait que mieux, puisqu'il y aurait moins de frustrations, de jalousies, de sentiments d'insécurité de toutes sortes, qui sont souvent à la racine de trop de nos maux…

Préparez-vous à un nouveau mode de vie. Non, bien sûr, personne n'y travaille le lendemain mais ce ne sont pas, non plus, des vacances comme beaucoup l'entendent : on ne reste pas couchés toute la journée sur une plage à se laisser bronzer. Non, ce n'est pas ça. Au contraire, ce sont plutôt des journées bien remplies. Parfois, il y a une succession d'activités passionnantes ; parfois, il faut s'atteler à une noria de corvées nécessaires à la bonne marche du bateau ; et parfois aussi, il y aura des moments d'inquiétude où l'on se demandera : « Mais qu'est-ce qu'on fait là ? » C'est donc un nouveau mode de vie qui s'offre à vous, et non une nouvelle forme de vacances.

D'abord, on vit sur un bateau. Voilà un univers qui est artificiel. Les humains n'ont pas été créés pour vivre sur l'eau, ni dans l'eau, ni dans l'espace, ni à 10 000 pieds d'altitude au sommet d'une montagne. Si nous tenons à vivre ainsi, il faut accepter que tout devienne artificiel. Nous devons tenter de recréer nos conditions de vie terrestre. Il faut donc faire un effort dès le départ. Dans notre société, qui dit effort dit aussi argent. Il faut penser constamment argent. Vivre sur un bateau, c'est prendre l'engagement de toujours le tenir à flot et donc de dépenser au fil de sa détérioration. Et puis, comme le milieu est hostile (air et eau salés), on devra choisir des matériaux de qualité supérieure. Un simple barbecue, qui coûterait moins de 150 $ pour la cour arrière de la maison, coûtera 300 $ pour un bateau et offrira deux fois moins de surface de cuisson ! Parce qu'il doit être en acier inoxydable… Et il en va ainsi pour tout ce qui est à bord

Il faut ensuite savoir que la contrainte rattachée à cette liberté offerte par un bateau est simple : être toujours prêt à tout. Tout peut arriver. De notre côté, Anne et moi avons toujours essayé de nous positionner de manière à ce que les hasards nous soient le plus souvent favorables. Et ça, c'est une nouvelle façon de voir les choses : les prévoir. Que ce soit pour approcher un quai ou pour choisir un emplacement au mouillage, il faut toujours se demander : « Quelle est la meilleure position au cas où la pire des catastrophes se produirait ? » Je l'ai dit plus haut, ce mode de vie est artificiel. Par exemple, en se couchant le soir, on doit être prêt à ce que la maison (notre bateau) ne soit pas à la même adresse le lendemain ! Encore là, ce n'est pas tout le monde qui peut se faire à l'idée. Chacun doit apprendre à se connaître sous un nouveau jour. Dans notre quotidien, ici, on répète chaque jour le même rituel : métro, boulot, dodo. Il y a très peu de surprises. Mais dans ce nouveau mode de vie, chaque minute est un imprévu ! Vous pouvez peut-être essayer de prévoir comment réagira votre bateau s'il heurte un récif ; mais pouvez-vous savoir comment vous réagirez, et comment réagira l'équipage ?

Un jour, par exemple, nous captons un appel de détresse sur la radio de bord (VHF). La victime explique d'une voix angoissée et presque paniquée que son embarcation coule. La garde côtière lui demande sa position : elle est dans l'Intracostal et il y a à peine huit pieds d'eau sous la coque ; on est par un beau dimanche après-midi, et la « naufragée » est entourée de bateaux par dizaines ! Et pourtant, cette personne réagissait comme si elle était en pleine mer, la nuit, avec des vagues de trente pieds, et elle se voyait perdue corps et biens, sans espoir de revoir la terre ferme !

N'OUBLIONS PAS : ON EST EN VACANCES !

Un bon truc pour se sentir en sécurité, c'est de passer quelques jours au même endroit. On fait alors le plein de nouvelle énergie. On reprend une routine de vie avec des repas à heures régulières. On accorde sa confiance à l'ancre qui sait tenir le bateau en place malgré les quatre marées quotidiennes, et ce, peu importe d'où vient le vent. On se permet de se lever un peu plus tard – à l'inverse des jours où l'on se déplace et où il faut se lever tôt parce que l'on doit faire de la route. On se couche avec moins de stress que si l'on avait navigué et même, on a peut-être fait une rencontre agréable. **Bref, s'arrêter de temps en temps ne veut pas dire qu'on sera en retard, bien au contraire.** En agissant de cette manière, on a l'impression que les vacances commencent le jour où on largue les amarres. Notre erreur de la première année a été de penser que nos vacances ne commençaient qu'en Floride et que, d'ici là, c'était l'autoroute. Il faut profiter de chaque instant : la beauté des montagnes qui se reflètent sur le lac Champlain ainsi que l'eau douce et claire du lac… la tranquillité des eaux du canal Champlain avec les quelques quais où l'on peut s'arrêter gratuitement… les rives escarpées de la rivière Hudson… la quantité quasi infinie de mouillages et la pêche aux crabes qu'il est si facile de pratiquer dans la baie de Chesapeake… les immenses étendues sauvages des Carolines et de la Géorgie… les merveilleux restaurants de Charleston… l'escorte faunique infatigable dans ces États du Sud américain : hérons, aigrettes blanches, cormorans, dauphins, faucons, lamantins, alligators (plus discrets, heureusement)… et sans compter les nombreux autres voyageurs comme vous, qui viennent de partout et ont, eux aussi, plein de trucs, d'informations et de joie à vous transmettre. Tout ça, avant même d'arriver en Floride…

Et puis, les Bahamas. Alors, si vous n'avez pas encore adopté un mode de vie au ralenti, ici, vous n'aurez plus le choix ! Une chose par jour. Voilà le mieux qu'on puisse espérer. Autrement, ce ne sont plus des vacances. **Tout prend du temps.** Et le sacro-saint apéro est à 15 h 30 ! Alors si on revient de l'épicerie vers 12 h 30 et que c'est l'heure de manger, qu'est-ce qu'on aura le temps de commencer à 14 h ? Rien. Il faudra donc se baigner un peu…

LES BAHAMAS, CE N'EST PAS OBLIGATOIRE

J'ai dit plus haut qu'un des prix à payer, c'est qu'il faut s'attendre à tout. Ce n'est pas seulement dans un sens négatif. Cela va même jusqu'à ne jamais se rendre aux Bahamas parce que vous aurez trouvé mieux en cours de route. En effet, plusieurs dénichent leur petit coin de paradis sans jamais avoir fait la traversée vers les îles. Je connais une équipière qui s'était embarquée avec un gars pour les Bahamas. Finalement, ils ont passé l'hiver dans la très grande (et belle) baie de Key Biscayne, au sud de Miami, et dans les Keys. Ou encore ces deux frères de Sherbrooke, avec leur conjointe, qui avaient suivi mon cours, et qui se sont arrêtés à Vero Beach, en Floride, pour trois mois. Ils n'ont jamais vu l'eau des Bahamas. La même chose s'est produite une autre fois. Un de mes premiers élèves est venu me voir, le visage radieux de bons souvenirs encore frais, pour me dire qu'il avait passé l'hiver à Fort Pierce, en Floride. Et tous ces gens ont quelque chose en commun : ils vous diront que ce fut le plus beau voyage de leur vie. Comme quoi, il est faux de penser que c'est l'endroit où l'on va qui fait la différence. Non. Vous, celui ou celle qui vous accompagne, et les gens que vous rencontrez, feront de vos vacances un moment inoubliable.

TOUT LE SECRET EST DANS LA PRÉPARATION

Partez avec un bateau en parfait état. Votre moteur ne coule pas. Tout votre équipement fonctionne. Vous avez toutes les cartes et les guides nécessaires, y compris le livre que vous avez entre les mains. Ayez un bon moral. Et ne vous en faites pas : il vous arrivera tout de même des imprévus ! Laissez-moi vous confier mon secret :

INUTILE DE CHERCHER L'AVENTURE : C'EST ELLE QUI VA VOUS TROUVER !

Si vous avez le goût de vivre l'expérience qui sera probablement la plus intense de votre existence, si vous avez le courage de mettre entre parenthèses votre vie quotidienne pour quelques mois, nous allons ensemble préparer votre départ. Suivez-moi au long de ces pages et laissez-moi vous guider. En route !

AUTRES COURS PRATIQUES

Bien sûr, on peut tout apprendre par l'expérience et dans les livres… si on possède plusieurs vies. Suivre des cours théoriques donne, entre autres avantages, celui de sauver du temps. Le présent ouvrage donne plusieurs aspects pratiques d'un voyage vers le Sud via l'Intracostal, mais il ne couvre pas la navigation à vue, les vidanges d'huile, l'interprétation du ciel, l'installation d'un radar ou son interprétation, les premiers soins ou comment pratiquer la respiration artificielle, etc. Bref, une foule de sujets tout aussi importants. Il existe de très bons cours théoriques pour encore mieux se préparer. La Société de sauvetage offre maintenant l'ancien programme qui était offert par L'Institut maritime du Québec. La Fédération de voile du Québec en offre par l'entremise des cégeps. Et, bien sûr, il y a tout le réseau des ECP, soit les Escadrilles canadiennes de plaisance, desservant le Canada.

De toute façon, quoi de mieux pour passer la saison froide de l'hiver que de s'enrichir en suivant un cours ou deux ?

Certains me demandent : « Si je pars dans quatre à six mois, quels sont les cours essentiels et lesquels sont facultatifs ? » Répondre à cette question m'embête un peu, parce que les cours sont tous utiles, mais je soulignerais les quatre suivants, qui nous ont souvent été utiles à Anne et à moi.

Navigation côtière

C'est plus que la base. On y acquiert plusieurs heures de pratique sur cartes marines à simuler toutes sortes de situations. C'est le mode d'emploi pour se déplacer avec un bateau sur un plan d'eau. Comment se positionner sur une carte ? Comment faire la relation entre la carte et ce que je vois? Comment lire et comprendre une carte? Pourquoi une bouée est-elle rouge ou verte? Comment se servir d'un compas de relèvement? Nul ne peut prétendre au titre de chef de bord sans ces connaissances.

Entretien du moteur de bord

Ce cours ne fera pas de vous un mécanicien, mais vous rendra responsable de l'entretien normal de votre moteur; il vous guidera si vous devez effectuer un changement de pièce ou si le moteur cale sans raison. Il vous aidera aussi à avoir de l'assurance devant le «vrai mécanicien» qui montera à bord pour une réparation majeure.

Météorologie marine

Capter la météo à bord n'est, en règle générale, pas un problème. Au pire, il y a un bateau mieux équipé que le vôtre qui aura reçu le dernier bulletin. Là où tout ça prend son importance, c'est dans **l'interprétation** de ce bulletin; et pour y arriver correctement, mieux vaut suivre un cours donné en classe ou passer par la formation à distance. Il faut aussi pouvoir interpréter une baisse (ou une hausse) soudaine du baromètre, ou encore tel état du ciel. Dans ce mode de vie que sont la navigation et la vie sur l'eau, ce n'est pas votre patron qui dicte l'agenda ni l'horaire de la journée, c'est le ciel. Ne pas savoir ce que les nuages vous disent peut être dangereux ou encore vous faire rater de bonnes occasions de vous déplacer...

Secourisme

Un cours de premiers soins vous permettra de «stabiliser l'état de la victime en attendant l'arrivée des soins médicaux». Hélas, même le 9-1-1 ne pourrait vous être utile dans la plupart des cas d'urgence, puisque vous êtes souvent trop loin des centres de santé conventionnels. De toute manière, il faudra toujours commencer par stabiliser l'état de la victime. Il peut s'agir d'une affection banale qui tourne au drame lorsqu'on ne sait pas s'y prendre, par exemple une obstruction des voies respiratoires ou une victime inconsciente qui a avalé de l'eau.

Avec le recul, ce sont là les cours qui nous ont le plus servi. Mais pour ceux qui ont le temps, il existe d'autres très bons cours et nous les avons presque tous suivis, Anne et moi. Familiarisez-vous avec cette liste, et vous en aurez pour plusieurs hivers:

Introduction à la navigation ;
Théorie et design du voilier ;
Navigation électronique ;
Électricité à bord ;
Matelotage ;
Mesures d'urgence sur l'eau ;
Plongée sous-marine ;
et j'en passe…

PROFIL DU NAVIGATEUR TYPE

Mais qui sont donc ces gens qui peuvent se permettre une telle épopée ? D'où viennent-ils ? Sont-ils riches ? Quelle expérience ont-ils ? Les réponses données ici sont le résultat de deux ans d'observation et de questions posées en personne aux navigateurs. Ces résultats n'ont rien de scientifique et aucune méthode de sondage n'a évidemment été utilisée ; c'est pourquoi je ne conserve que les réponses les plus fréquentes. Les pourcentages inscrits sont très arbitraires.

La plupart des navigateurs rencontrés ne sont pas, comme on pourrait le penser, des retraités. Ce sont, pour la plupart, des entrepreneurs ou des gens qui l'ont déjà été (75 %). Certains ont tout vendu, d'autres tout perdu (eh oui !), et quelques rares individus ont gardé leur entreprise. De ceux-là, certains ont trouvé le moyen de louer leur commerce, et la plupart continuent d'en tirer profit, même durant leur absence. D'ailleurs, plusieurs n'arrivent à se libérer que partiellement pour leur voyage et reviennent au nord pour voir à leurs affaires pendant quelques semaines, puis repartent pour une période de trois à six semaines.

Il n'est donc pas étonnant que les traits de caractère communs aux navigateurs au long cours soient les mêmes que ceux des gens qui dirigent leur propre entreprise. Voyez si vous ne vous reconnaissez pas un peu dans ce qui suit :

- *il a un sens de l'organisation supérieur à la moyenne des gens ;*
  il aime être autonome et ne pas se faire dire quoi faire ;
- *il a un sens du risque calculé, mais il se fie à son intuition pour foncer ;*
  il est aventurier dans l'âme ;
- *il est ambitieux : il veut tout voir, tout savoir, tout faire, tout essayer ;*

> *il ne reste pas en place ;*
> - *il veut améliorer sa condition de vie et il est prêt à risquer son confort actuel pour y arriver ;*
> - *il investit de sa personne et il comprend que même la liberté a un prix ;*
> - *il a un sens du partage, qui varie selon les individus, mais il accepte que le choix de son mode de vie impose une mise en commun des ressources. « Mes affaires sont les tiennes et les tiennes sont les miennes. » Les Américains sont les champions toutes catégories dans cette discipline ;*
> - *il est orgueilleux, hélas ! Mais cela vient avec le reste. Heureusement, cet orgueil prend une tournure positive en cas de besoin ;*
> *il a toujours une meilleure histoire à raconter*

Je dis « il », mais ça peut aussi bien être « elle ».

Viennent ensuite les retraités (20 %). Ils laissent souvent leur bateau en Floride l'été ; ils s'y rendent juste à temps pour les fêtes et ils reviennent avec le printemps. Aux États-Unis, il y a beaucoup de jeunes retraités (45 ans) qui ont fait carrière dans les forces de l'ordre ou dans l'armée.

Enfin, une petite portion (5 %) des navigateurs sont des salariés en année sabbatique ou en congé avec traitement différé. Certains en assument eux-mêmes les frais, c'est-à-dire qu'ils ont démissionné ou perdu leur emploi et prennent une année de répit, sans savoir ce qu'il adviendra par la suite. Et d'autres ont leur poste de travail qui les attend le jour même de leur retour. Cette catégorie comprend beaucoup d'enseignants.

Pour ce qui est d'être riche, allez donc voir. Les qualités énumérées ci-dessus sont des richesses qui se situent loin devant n'importe quelle richesse financière. Une fois le bateau sous les pieds, ce mode de vie ne coûte pas très cher et la plupart des navigateurs, n'ayant plus ou peu de revenus, ne sont pas si riches qu'on pourrait le penser ; du moins, ils font tous attention à leurs dépenses. Car, avouons-le, ce mode de vie peut aussi occasionner des dépenses majeures imprévisibles.

Mais qu'est-ce que c'est que d'être riche ? Voilà un concept qui varie beaucoup d'un individu à l'autre. Anne et moi avons connu un couple qui a traversé vers les Bahamas avec 800 $ pour l'hiver et un autre qui avouait dépenser 2 000 $ par mois. Les deux équipages se disaient heureux de leur condition. Un autre exemple : nous avons rencontré le plus heureux couple de la terre sur son petit catamaran en contreplaqué. Ils arrivaient au sud des Bahamas depuis Nicolet et se nourrissaient de noix de coco et de tomates ! Mais aussi, nous avons vu un yacht assez gros pour supporter l'hélicoptère familial et ses occupants : ils faisaient de la motomarine pendant vingt minutes avant de retourner au yacht et s'ennuyer ferme… Alors, qu'on ne vienne pas me dire qu'il faut être « riche » pour choisir ce mode de vie et être heureux

Si vous vous reconnaissez dans les caractéristiques du « navigateur type », même si vous n'avez pas toute l'expérience souhaitée, vous êtes déjà un peu plus près des Bahamas que d'autres marins d'expérience qui ne sortent jamais les voiles…

Je me répète, mais le plus difficile est encore de quitter le connu pour s'aventurer dans l'inconnu… À vous de choisir !

TEMPS MINIMUM DE CROISIÈRE

On me demande souvent combien de temps il faut prévoir pour se rendre à tel ou tel endroit. C'est tout à fait naturel de se poser ce type de question. Il vous faudra vite vous rendre compte que ce mode de vie demande beaucoup de souplesse. Supposons un voilier se déplaçant en moyenne à 5 nœuds [1], parti du lac Champlain en direction de Miami. Les 1 560 milles nautiques imposés par le système intérieur de canaux, l'Intracostal, devraient pouvoir être franchis en une trentaine de jours, mais pas nécessairement consécutifs. Pour nous, la première fois, tout était sujet à une halte, tout était nouveau et à découvrir ; il nous a fallu trois mois et demi pour faire le trajet. La deuxième année, nous voulions arriver au chaud le plus vite possible ; nous avons mis cinq semaines pour couvrir la même distance.

N'oubliez pas que vos vacances commencent le jour où vous larguez les amarres ici et non pas le jour où vous jetez l'ancre aux Bahamas ! Alors, pourquoi donc se dépêcher ? De toute façon, à cinq milles à l'heure, ne pensez pas briser de record. Habituellement, ceux qui poussent trop fort sur la manette des gaz se retrouvent plus vite en Floride... à attendre des pièces de moteur.

Enfin, voici quelques distances mesurées sur une carte « grande routière » qui peuvent vous aider à planifier votre expédition.

---

1. Vitesse qui équivaut à 1 mille nautique (1,8 km/h).

« Ça prend combien de temps pour se rendre… »

de Plattsburg (lac Champlain) à New York (Sandy Hook) . . . . 260 mi. n.

de New York à Miami (par l'Intracostal) . . . . 1 300 mi. n.

de New York à Miami (par la mer, sauf Cap Hatteras) . . . . 950 mi. n.

de Miami à Nassau . . . . 180 mi. n.

de New York à Nassau (par la mer) . . . . 930 mi. n.

de New York à Cape May (N.J.) . . . . 110 mi. n.

de Cape May à Norfolk (VA) (par la mer) . . . . 125 mi. n.

de Miami aux Bahamas (Gun Cay) . . . . 47 mi. n.

de Nassau aux Bermudes . . . . 800 mi. n.

des Bermudes à New York . . . . 670 mi. n.

des Bermudes à Norfolk (VA) . . . . 650 mi. n.

Pour un bateau filant à 5 nœuds, à l'automne
(journée de 10 heures) [durée minimale]

du lac Champlain (Whitehall) – N. Y. (Sandy Hook) . . . . 4,5 à 7 jours

remonter la baie du Delaware (jusqu'à Annapolis) . . . . 2 jours

descendre la baie de Chesapeake (de Annapolis à Norfolk) . . . . 2 à 3 jours

Par la voie navigable intérieure (Intracostal) :

de Norfolk à Beaufort (N.C.) . . . . 3 jours

de Beaufort à Fernandina Beach (nord de la Floride) . . . . 8 jours

de Fernandina Beach à Miami (Key Biscayne) . . . . 7 jours

de Key Biscayne à Key West (par le Hawk Channel) . . . . 3 jours

Ces données sont subjectives et ne servent qu'à évaluer approximativement la durée du voyage.

La meilleure façon d'être heureux et en harmonie avec son horaire… est de ne pas en avoir ! Donc, pas de but précis, surtout pas de rendez-vous trop serré non plus. Et chaque jour, on avance son petit bout de chemin. Si on aime l'endroit ou si la température n'incite pas au déplacement, pourquoi ne pas y rester quelques nuits ? De plus, toutes les raisons sont valables quand il s'agit de demeurer deux nuits au même endroit. **Ne perdez pas de vue que vous logez dans l'hôtel le moins cher du coin !**

PRÉPARATION
AVANT LE DÉPART

L'ACHAT DU BATEAU

Nous voici donc à une étape cruciale de votre préparation : l'achat de votre bateau qui vous mènera vers le sud. Vous vous dites en lisant ces lignes : « Enfin je vais tout savoir et trouver réponse à toutes mes questions. Enfin je vais savoir quel bateau m'acheter. » Détrompez-vous. Au contraire, vous aurez peut-être encore plus de questions en tête dans quelques pages… Mais vous aurez les bonnes questions ! On pourrait écrire un livre juste sur ce sujet, alors tenons-nous en à l'essentiel.

QUESTIONS DE BASE

Pourquoi partez-vous ?

La première question à laquelle il faut répondre est : pourquoi partez-vous ? De cette réponse dépendra le type de bateau que vous achèterez. Par exemple, si vous partez pour les Bahamas, ce n'est pas la même chose que si vous voulez faire le tour du monde… Non mais sans blague…

Où allez-vous ?

Naturellement, en répondant à la première question, vous arriverez à celle-ci. Je reviens à notre expérience puisque je la connais bien. Pour nous, c'était clair. Nous partions pour avoir un coin de paix, loin du quotidien montréalais. Juste à nous. Vivre tranquille au mouillage, profiter du temps libre pour s'adonner à nos loisirs comme la plongée, la marche à terre, la méditation, écouter de la musique, rencontrer des gens. Nul besoin d'aller très loin pour ça. Les hivers québécois étant ce qu'ils sont, les Bahamas nous paraissaient la terre promise la plus proche.

Si, de votre côté, vous partez pour explorer les Antilles ou le monde, la prochaine question est cruciale…

Combien de temps partez-vous ?

La réponse à cette question déterminera votre périmètre. Six mois : la Floride, peut-être les Bahamas. Neuf mois : les Bahamas, peut-être Cuba. Douze mois : les Antilles jusqu'au Venezuela, mais à la course. Et ce ne sont là que des exemples bien arbitraires. Mais une chose est sûre, si votre rêve (première question) est de faire le farniente, oubliez les grandes distances. C'est un ou l'autre. J'ai connu un couple qui disposait de douze mois ; il est allé toucher la plage du Venezuela et est revenu. Moi, j'aurais pu partir douze mois sans même me rendre aux confins bahamiens.

Vous partez avec combien de personnes ?

De cette réponse peut dépendre la longueur du bateau. Mais surtout, vous déterminerez quel aménagement intérieur est important pour vous. Nous étions deux sur un voilier de 34 pieds avec deux cabines fermées. C'est, je pense un confort assuré. On peut très bien passer une semaine ou un week-end avec six personnes à bord d'un même voilier. Mais pas dix mois ! Au bout de dix jours, la plupart des voiliers rétrécissent de un pied par jour lorsqu'il y a surpeuplement à bord…

Vous naviguerez sur quel plan d'eau ?

De cette question, à première vue anodine, dépendra la qualité du bateau. L'accastillage sous-dimensionné pourra mettre votre sécurité en péril dans un coup de tabac sur l'Atlantique, alors que cela n'aura aucune répercussion dans l'Intracostal. Ou encore, vous n'aurez pas besoin du même type d'équipement de manœuvre ou de navigation. À quoi bon un radar dans l'Intracostal ? Et à quoi bon une ancre de 60 livres sur la mer ?

Naviguer aux Bahamas n'est pas du tout la même chose qu'aller se balader aux Antilles ! L'un est un grand lac aux eaux vertes où l'on navigue dans 20 pieds d'eau et l'autre relève de la navigation hauturière !

De quel budget disposez-vous ?

À la fois pour le bateau ET pour le voyage ! Inutile de vous ruiner sur un voilier de qualité supérieure si votre budget de voyage vous limite à Key West. À moins que vous ne comptiez y élire domicile… Et encore ! Il est important d'accorder un budget équilibré à l'achat de votre bateau avec votre plan de voyage. Et à l'inverse, si vous comptez faire une traversée vaudrait mieux avoir un bateau de qualité sous les pieds. Beaucoup de gens, par exemple, vont acheter leur bateau en Floride pour y trouver LA bonne affaire. Ouais. Mais cette bonne affaire est au quai de Fort Lauderdale depuis cinq ans et n'en bouge plus. La coque est une éponge plutôt qu'une coque. Parfait pour les Bahamas (et encore !), mais dès qu'on prendra la mer, celle-ci avalera le bateau !

Avez-vous des habiletés manuelles ; êtes-vous fort ou débrouillard ?

Bravo pour ce couple qui a acheté une coque à finir. Pas cher. Merveilleux. Cinq ans plus tard, le voilier est toujours dans la cour en attente de ses cloisons intérieures. Pendant ce temps, leurs amis sont partis sur un voilier tout prêt. Cher. Mais ils sont partis… sont revenus, et ont vendu le bateau le prix qu'ils l'avaient payé !

Si vous avez peu d'expérience de voile ou aucune, peut-être pourriez-vous laisser faire le voilier de 45 pieds qui demande 30 minutes pour ajuster la grand-voile et deux hommes pour la hisser ? Sans compter que, pour entrer dans la marina, on y repensera…

Dans combien de temps prévoyez-vous partir ?

Évidemment, plus votre date de départ est éloignée, plus vous aurez de temps pour aménager (lire : acheter) votre nid, mais également plus vous aurez de temps pour vous préparer, voire économiser pour acheter le bateau de vos rêves. Moins vous serez pressés d'acheter, meilleures sont vos chances de dénicher une perle rare. Plus vous aurez de temps pour apprendre à connaître votre bateau en eaux connues, mieux ce sera.

Alors,

la réponse à toutes ces questions vous amènera vers le bateau qu'il vous faut. J'insiste pour dire que c'est l'ensemble des réponses qui est votre réponse. Toutes les questions aident à déterminer la longueur idéale, le prix à payer, l'équipement dont on aura besoin, le budget supplémentaire, l'aménagement intérieur ou même de pont.

Finalement, vous avez votre profil de départ. Vous pouvez maintenant commencer à chercher.

DÉTERMINER VOS PRIORITÉS

Une fois les questions de base répondues, vous saurez ce qui est le plus important et ce qui l'est moins. Pour certains, avoir des cabines fermées est une priorité. OK. Mais lorsqu'il fera 30 degrés dans le bateau, vous trouverez peut-être les portes de trop… D'autres ne partiraient pas sans un dessalinateur d'eau. Bon. Sachez bien que pour être efficaces ces bidules *doivent* servir, donc, utiliser beaucoup d'électricité, donc, avoir l'énergie à bord. D'autres ne partiraient pas sans réfrigération ; même remarque. Et pour d'autres, c'est d'avoir un pont dégagé et plat pour permettre des manœuvres rapidement ou simplement avoir de la place pour se faire bronzer. Et d'autres encore voudront mettre leur budget sur une annexe à fond rigide avec un hors-bord puissant… Et la liste est sans fin. Sans fin, je vous dis ! Attendez-vous à des compromis.

Tenez-vous-en à quatre ou cinq grandes lignes. Par exemple, avoir deux cabines fermées, être équipé de réfrigération, d'un enrouleur de voile avant, de voiles jeunes, d'un moteur diesel et ne pas coûter plus de 80 000 $. Du coup, tout ce qui ne répond pas à ces critères est éliminé. Autrement, vous allez vous perdre à chercher. Vous aurez toujours l'impression de ne jamais trouver le bateau qui répond à TOUS vos critères… Vous voyez l'importance d'avoir répondu aux questions de base avec honnêteté…

Pour nous, le choix était le suivant : un voilier offrant six pieds de hauteur sous barrots et coûtant autour de 50 000 USD, avec deux cabines fermées, moteur diesel et un vaste carré. Le reste était secondaire et serait du bonus selon ce que nous trouverions. On peut traduire nos priorités de la façon suivante, dans l'ordre ci-haut : un voilier où je peux tenir debout partout, respectant le budget fixé, pouvant servir au charter (finalement nous avons laissé tomber cette activité), économique en fuel considérant les 800 heures de navigation par moteur à venir, et où il ferait bon vivre à l'intérieur sachant qu'en partant un bateau est un milieu restreint.

Nous avons perdu sur certains points comme la réfrigération, le guindeau électrique, la finition et la qualité de construction d'autres modèles, mais, en revanche, nous avons trouvé avec le Hunter 34 des extras comme l'eau chaude, la douche, une chaufferette d'appoint, un magnifique DRS[1], un grand puits d'ancre, des rails de renvoi à ras le pont, deux éviers, six haut-parleurs, des coffres et équipets pour stocker trois mois de denrées, etc.

Nous avions déterminé que nous n'irions pas plus loin que les Bahamas, donc nous n'avions pas vraiment besoin de ce qui semblait

---

1. Grand-voile légère et multicolore.

manquer, et nous n'avons jamais regretté notre choix, si ce n'est le poids du bateau. J'aurais bien aimé qu'il pèse 3000 livres de plus, question d'être plus stable au mouillage, mais cela nous aurait souvent empêchés d'arriver les premiers dans les mouillages bahamiens et de pouvoir ainsi choisir le meilleur coin. On ne s'en sort pas : il faut faire des compromis.

Vous trouverez mes commentaires sur l'équipement dont nous disposions à bord un peu plus loin.

QUOI CHERCHER ?

Bon, nous voici au cœur du sujet. Imaginons un instant que je veuille refaire mon voyage. Et non le vôtre, car je ne le connais pas. Mais n'oublions pas que ce livre s'adresse surtout à ceux et celles qui suivront notre sentier…

Que représente un tel voyage ? Je reprends quelques questions de base et je réponds ceci. Nous sommes un couple qui part pour dix mois, vers les Bahamas, à la limite Cuba. Ces gens aiment se la couler douce, faire la farniente, rencontrer d'autres gens, visiter les contrées traversées et coucher à l'ancre le plus souvent possible. La plupart d'entre vous avez ce profil. Même les journées où l'on se déplace aux Bahamas, on est à l'ancre au moins 17 heures, voire plus, non ?

Alors, je chercherai un bateau qui performe bien… à l'ancre ! Soit à déplacement moyen ou même lourd, avec deux bonnes grosses ancres, une trentaine de pieds de grosse chaîne, avec un bon gros davier et peut-être un guindeau. La réfrigération ? Peut-être, mais n'oublions pas que je serai aux Bahamas un maximum de cinq mois et qu'on y trouve quand même de la glace un peu partout. Enfin, c'est secondaire. Par contre, nous écouterons de la douce musique, donc le système de son aura sa place, ainsi que l'espace pour les 250 CD ! Il faudra des coussins et des livres en quantité, et pourquoi pas la guitare ? L'accès au bateau doit se faire facilement puisque nous en descendrons souvent, il faut donc une bonne échelle, avec des marches si possible. Et pourquoi pas faire aménager une portière dans la filière du côté ? N'oublions pas le soleil ! Vu de notre pays, on en voudrait plus, mais dans les îles, on bénit les jours nuageux ! Donc, un bon taud ou même un bimini rigide, mais définitivement pas une simple bâche bleue, bruyante, fragile et inconfortable à long terme.

L'aménagement

Alors, vous commencez à vous demandez comment se fait-il que je ne parle pas encore de type de moteur, ou d'électronique, ou d'osmose, ou même de voile ? Je dis souvent aux futurs acheteurs de bateau : magasinez un bateau où vous sentez que vous serez confortable, dont les hublots ne coulent pas (et ça se répare), assez grand pour loger un gros inventaire de bouffe, de pièces de rechange, pour ne pas toujours être rendu à terre, en train de travailler ! Et laissez le soin de valider votre choix sur l'aspect technique par un inspecteur maritime.

Choisissez un bateau dont l'aménagement intérieur vous plaît tout en étant fonctionnel. Un coin cuisine bien pensé, après tout vous y passerez beaucoup de temps ! Y a-t-il des équipets en quantité ? Sont-ils assez grands pour contenir votre vaisselle, vos chaudrons et poêles, vos ustensiles, vos épices, etc. ? Y a-t-il une arrivée d'eau de mer à l'évier ? (sinon, on peut s'en installer une plus tard). Les réserves d'eau du bord sont-elles grandes ?

La table est-elle assez grande pour accueillir tout le monde ? Les cabines permettent-elles du rangement de vêtements suffisant ? Y a-t-il au moins une penderie pour les cirés, pantalons, manteaux, etc. ?

Le cockpit est-il invitant ? Les banquettes sont-elles confortables ? Y a-t-il des coussins pour s'y asseoir des heures ? Les instruments sont-ils facilement visibles (surtout le profondimètre) ? Y a-t-il un bon puits d'ancre ? Un davier double (sinon, il faudra en poser un) ?

POINT PAR POINT

Malgré tout, il y a quelques points que vous devrez rechercher et qui ne sont pas nécessairement évidents pour quelqu'un qui n'est jamais parti à long terme, vivre sur son bateau. En vrac…

À l'extérieur du bateau
La longueur du bateau

Pour les Bahamas, on observe surtout des bateaux d'au moins 30 pieds. Plus petit n'est pas impossible, mais où allez-vous ranger vos denrées non périssables ? Vos pièces de rechange ? Aurez-vous hauteur sous barrot ? Vous entendez-vous TRÈS, TRÈS, TRÈS bien entre vous ?

Au mouillage, un petit bateau sera plus remué qu'un plus long. À la longue, on finit par miner le moral de l'équipage. Nous avons navigué auprès d'un Sonic 23 qui arrivait de Matane ; le couple propriétaire était très heureux, mais il avait fait beaucoup de compromis que la moyenne des gens ne ferait pas. Ou encore cette famille de quatre qui est revenue des Bahamas sur son Fantasia 27. Même remarque. Ce sont là des cas exceptionnels.

Sur le plan des assurances, vous lirez le chapitre sur le sujet, mais les bateaux de moins de 30 pieds sont un « risque » plus grand. Certains courtiers n'assurent même pas les petites unités. Et si vous comptez aller aux Antilles, alors là ces mêmes courtiers peuvent exiger des unités de 40 pieds ou plus, les conditions de navigation en haute mer s'appliquant !

À l'autre extrême, la longueur moyenne observée est autour de 38 pieds. Bien sûr, nos voisins du Sud possèdent en général des unités plus grandes. La question ici est aussi de savoir quelle est la plus grande unité que vous pensez pouvoir manœuvrer seul ou à deux ? Nous avons rencontré un type de Québec sur un voilier de 54 pieds, seul, et il n'était pas malheureux. Mais il avait une expérience que tous n'ont pas.

En général, les navigateurs se promènent sur des unités de 33 à 40 pieds. J'avais lu un article sur les tourdumondistes qui avait établi la longueur moyenne de ces bateaux à 38 pieds. Et ne perdez pas de vue qu'entrer dans une marina avec un 34 pieds n'est pas la même chose qu'avec un 45 pieds, surtout si la météo ou le courant n'est pas favorable… Enfin, c'est une question personnelle.

Le pont

Partons de l'avant. Un enrouleur de voile avant. Alors là, oui. Même si le bateau convoité n'en a pas, vous devriez en poser un. Dès que le bateau fait plus de 32 ou 33 pieds, la manœuvre d'affaler et de hisser une autre voile en avant devient fastidieuse. La poche de voile prend un espace non négligeable dans les coffres dont nous avons besoin pour d'autres denrées. Et puis, dans l'Intracostal, quoi de plus agréable que de soulager un peu le moteur en déroulant le génois ? Or, beaucoup de tenanciers de ponts n'aiment pas qu'on passe sous voile, sans compter les fois où on aura à attendre dix minutes, voir plus, l'ouverture du pont. Vive l'enrouleur ! Hop, c'est réglé.

Nous avions un foc de route et un génois. Les mois d'hiver aux Bahamas sont très venteux et il est plus intéressant de se servir d'un foc bien déroulé que d'un génois toujours roulé à demi.

Les ancres

Vous lirez le chapitre sur les Bahamas où je parle des techniques et des variétés d'ancres. Ici, ce qu'il faut se demander, c'est : y a-t-il deux ancres et deux daviers ? Si oui, sont-ils de bonnes dimensions ? C'est LA clé de votre sécurité. Vous ne vous en sortirez pas, vous aurez à mouiller sur deux ancres. Et deux ancres principales. La plupart des bateaux sur nos lacs n'ont qu'un seul davier ou pas du tout ! Y a-t-il de la place pour y aménager un deuxième davier ? Ensuite, y a-t-il un puits d'ancre ? Obligatoire ! Sinon, où allez-vous mettre toutes vos chaînes et cordages ? N'oubliez pas que les ancres et les daviers sont les pièces d'équipement dont vous vous servirez le plus, bien avant votre radar ou votre portable de navigation ! C'est ici que se fera la différence entre manœuvres rapides et faciles ou manœuvres longues, fatigantes, risquées, voire dangereuses ! Vraiment, je n'insisterai jamais assez pour avoir non seulement de bonnes ancres et une longueur de chaîne suffisante, mais aussi les bons outils pour utiliser ces équipements.

Un feu de pont dans le mât
C'est certainement un avantage. Il y aura cette fois où vous voudrez aller à l'avant la nuit et aurez besoin de clarté. Les lampes de poche, c'est bien, mais cela comporte des désavantages qu'un feu fixe, situé à l'avant du mât ou sous les barres de flèche, n'a pas.

Un tangon fixé au mât versus sur le pont
Moins on a d'items sur le pont, mieux c'est, mais c'est un avantage négligeable par rapport au reste. Par contre, oubliez les tangons télescopiques. À l'eau de mer, ils vont devenir fixes de toute façon !

Les taquets et les chaumards
Les taquets doivent être le plus gros possible pour plusieurs raisons. D'abord qui dit qu'on y frappera qu'un seul cordage ? Ensuite, ils déterminent la grosseur de vos amarres et câblots de mouillage ! Inutile d'acheter des amarres de $5/8$ de pouces si vos taquets sont trop petits. Autre élément : sont-ils bien fixés à l'aide d'une plaque de renfort sous le pont et boulonnés ou simplement vissés dans la fibre de verre ? Vous ne croirez pas la tension que ces petits trucs auront à supporter... Même à l'intérieur du puits d'ancre, il devrait y avoir un taquet surdimensionné fixé à l'aide de quatre boulons et supporté sous le pont par une plaque de bois, d'acier inoxydable, ou d'aluminium.

Quant aux chaumards qui sont supposés protéger les amarres, j'en ai vus qui les coupaient à l'usure ! Une sortie du cordage vers l'extérieur doit être grosse, ronde, ou en métal poli. Sur les grosses unités de plus de 40 pieds, on a parfois le luxe d'avoir des chaumards composés de trois rouleaux montés sur roulement à billes !

Les passe-avant

Ce facteur n'est pas majeur, mais l'idéal, pour moi, ce sont les passe-avant larges et dégagés. Donc, les haubans sont ancrés à l'intérieur des coursives, sinon à l'extérieur, mais, de grâce, pas en plein centre ! Là où on marche… Et toujours sur le bateau idéal, les rails de renvoi d'écoutes sont encastrés à ras le pont. Notre Hunter 34 était ainsi équipé et il en va de même pour d'autres modèles comme le Catalina 30.

Les coffres

On n'en a jamais assez. Le problème que j'ai souvent observé, c'est qu'on construit de grands coffres, mais avec de petites ouvertures. Alors qu'on aurait la place pour une génératrice, on ne pourra l'y rentrer ! Et avec l'avènement des bateaux à deux cabines à l'arrière, on a sacrifié les coffres gigantesques ! Une raison de plus pour éviter les petits voiliers. Avoir de grands et nombreux espaces de rangement vaut bien une cabine de moins à l'arrière, autrement il se peut que vous ayez, comme j'ai vu, à aménager la troisième cabine du bateau en cabanon de jardin !

Une barre à roue ou franche ?

Tout un débat que je ne trancherai pas ici. La barre à roue permet de diriger le bateau presque comme une voiture, et le poste de commande permet d'y fixer les instruments, ou une table de cockpit, ou un support à verre. Par contre, la barre à roue prend de la place dans un cockpit et demande parfois des ajustements de câbles. La barre franche est plus directe, coûte moins cher, mais il faudra imaginer pour une table de cockpit et/ou des verres… Personnellement, je préfère la barre à roue pour avoir les commandes des gaz et d'inverseur au bout des doigts, mais vraiment, c'est une question de goût personnel ici.

Une jupe arrière de baignade

Rien de majeur ici non plus, mais que vous apprécierez beaucoup, surtout si le franc-bord est haut. Elle permet de faciliter la remontée à bord avec une épicerie par exemple, ou de mieux pouvoir préparer l'annexe, ou de s'asseoir à ras l'eau pour se laver discrètement…

Les winches

Un outil qui ne sert pas souvent si on tient compte de ma remarque sur le temps total de voile et pourtant… Quand on s'en sert, on aime bien que les choses soient faciles. La plupart des voiliers sont équipés au minimum, c'est-à-dire pour le foc de route. En ajoutant un génois, il se peut que les winches soient trop petits et demandent un effort supplémentaire. Si les winches sont déjà surdimensionnés, c'est un atout que vous apprécierez à l'occasion.

Le tirant d'air et d'eau

Ces mesures peuvent paraîtrent secondaires, mais attention! Si votre plan de navigation (questions de base) est l'Intracostal et les Bahamas, vous allez vous moquer des ponts fixes et des mouillages peu profonds des îles, si vous tirez moins de 55 pieds d'air et moins de 4,5 pieds d'eau. Vous allez pouvoir naviguer partout en faisant attention, et aurez à parfois faire des compromis, si on parle de 62 pieds de tirant d'air et de 6,5 pieds d'eau. Mais vous allez vous limiter sérieusement et être nerveux pour des bateaux avec les mêmes mesures autour de 65 pieds et 8 pieds. Au-delà de ces mesures, oubliez ce plan de navigation et visez plutôt les Antilles et les passages en mer presque exclusivement. Notre Hunter 34 tirait 55 pieds d'air (antenne VHF) et 6 pieds d'eau. Nous sommes passés partout et avons accroché quelques fois dans l'Intracostal en allant s'ancrer. Pour les Bahamas, on s'approchait autant que notre tirant d'eau le permettait. J'aurais bien aimé ne pas tirer plus de 5 pieds pour le côté nord des Keys (Floride) et la superbe région de Pipe Creek aux Exumas (Bahamas), ou même les Abacos (Bahamas). Ce sera pour une autre fois, c'est tout.

À l'intérieur du bateau

Ici, c'est vraiment une question de goût personnel. Mais attention aux points suivants:

La hauteur sous barrot

LE point le plus important, je pense. Pouvoir tenir debout dans le bateau. Du moins dans le carré, la cuisine, la toilette. Si vous avez à vivre penché, ce sera un véritable irritant qui risque de tout gâcher à moyen terme.

Les équipets

Depuis une dizaine d'années, on construit des bateaux pour les week-ends. On a laissé pour contre les nombreux et grands équipets ou coffres intérieurs. Place au design et aux courbes élégantes. À quoi bon les courbes élégantes si je n'ai pas de place pour ranger mes 24 conserves de litre de jus, mes 48 conserves de tomates, et mes 96 rouleaux de papiers de toilette, et mes boîtes de lait en poudre, et mes kilos de riz Uncle Ben's, et mes 12 boîtes de céréales Croques Nature, et mes 15 litres de lait Grandpré...

L'eau sous pression, la douche, et l'eau chaude

Oui, nous avions tout ça à bord et ce n'était pas un luxe dans l'Intracostal. Une bonne douche chaude pendant qu'on roule au moteur et qu'il fait frais à l'extérieur, ça fait du bien. Mais, rendus aux Bahamas, tous ces luxes ont été condamnés à cause de la rareté de l'eau. Je dirais que c'est un bonus si votre bateau en est équipé, mais on ne dépensera pas pour installer tout ça ; il vous en coûtera moins cher de prendre quelques marinas pour avoir une bonne douche chaude de temps à l'autre. Par contre, il vous faut un robinet ou une pompe pour l'eau de mer dans l'évier, en plus d'un autre pour l'eau douce du bord.

La table au centre du carré, escamotable ou sur le côté

La dernière version, en ce qui me concerne, m'a toujours davantage attiré. Cette version permet de tenir l'allée centrale toujours libre, en plus de toujours avoir une grande table sous la main. Mais peu de bateaux offrent cette configuration.

Les cabines fermées ou ouvertes

Préférence personnelle. Si vous comptez faire du charter avec votre maison, oui. Les visiteurs préfèrent toujours leur coin intime, du moins, croire qu'ils en ont un... Mais la réalité, dans le Sud, c'est qu'il fait parfois si chaud qu'on dort chacun dans sa cabine, et la porte ouverte ! Par contre, ce qui est beaucoup plus important qu'une porte, c'est l'espace de rangement pour les vêtements. On ne vit pas dans une valise, ici ! Donc, il nous faut équipets, tiroirs, penderies ou aménager de jolis filets sur les cloisons.

Le coin cuisine

Avoir des éviers profonds. Combien de fois avons-nous dû mettre de la vaisselle sale ou des bouteilles dans les éviers pour éviter qu'elles ne glissent à terre, en attendant de les laver ou de s'en servir ! Le couvert de la glacière qui reste ouvert est un avantage ; avoir à le mettre ailleurs pendant qu'on se penche dans la glacière est un moins : où ça, ailleurs ? Vos espaces de comptoir sont déjà couverts de bouffe ou d'assiettes, etc.

On peut toujours poser une penture à piano avec un système de blo-cage… La cuisinière avec un four (et monté sur cardan !) est certai-nement un avantage majeur. Gâteaux, pains, tartes, pizzas, gratins viennent tous du four ! Et alimenté au propane de préférence ! On trouve du propane partout et c'est ce qui équipe la plupart des bateaux en croisière. L'alcool est bien, mais difficile à trouver, dispendieux, et, surtout, il faut en ranger les contenants partout dans le bateau !

L'arrivée d'eau directement à l'évier : eau du bord et eau de mer s'il vous plaît ! Mais il est facile d'installer ce dispositif s'il n'est pas d'ori-gine.

Moteur auxiliaire au diesel ou à l'essence ?

Diesel, diesel, diesel. D'autres questions sur le sujet ? Du lac Champlain à Miami, on parle d'environ 400 heures de moteur. Faites le calcul. Un moteur au diesel consomme environ un demi-gallon à l'heure, soit 0,70 $ en 2003. Multiplions par 400 et on obtient 280 USD. On n'en parle plus. Sans compter la simplicité de fonctionnement d'un engin au diesel qui s'entretient très facilement. Par contre, dans votre magasi-nage, vous pourriez évaluer la facilité d'accès à l'engin. C'est important parce que vous passerez plusieurs tête-à-tête de routine ensemble.

Si le bateau de vos rêves est équipé d'un moteur auxiliaire hors-bord, ne faites pas de compromis et équipez-vous d'un moteur quatre temps. Beaucoup plus silencieux et surtout moins vorace en carburant ! Vous regagnerez sur le prix d'achat ! *Attention, je ne parle pas ici du hors-bord de l'annexe, dont la quantité d'essence utilisée est négligeable par rap-port à celle du bateau principal.* (Voir plus loin sur l'achat d'une annexe.)

Les équipements et appareils électroniques

Vous lirez mon chapitre sur le sujet plus loin, mais j'ai toujours été déçu de voir combien les gens qui revendent leur bateau ne se gênent pas pour annoncer un équipement qui ne fonctionne pas à 100 %. Par exemple, on vous dit que le bateau comprend un anémomètre, un profondimètre et la réfrigération. Or, la tourelle de l'anémomètre n'est pas en tête de mât. Et le profondimètre fonctionne, mais de façon irrégulière ; ou il n'indique plus rien en deçà de 12 pieds ! Quant à la réfrigération, elle fonctionne quand il fait froid ! Soyez TRÈS vigilant relativement à tous les appareils promis. Demandez de les voir en fonc-tion, au cas où l'inspecteur maritime ne pourrait le faire. Si le bateau est sorti de l'eau, incluez une clause dans votre offre qui la rend conditionnelle au bon fonctionnement de TOUS les appareils inclus. Vous allez être surpris des petits bémols qui vont s'avouer…

Les accumulateurs

Appelés « batteries » dans le langage courant… Peu importe ce qu'il y a à bord, il vous faut surtout évaluer l'espace disponible pour en avoir au moins deux, si ce n'est pas déjà le cas. Si vous songez à la réfrigération, alors on parle de trois, voire quatre. Y a-t-il de l'espace ? Sont-ils bien arrimés au bateau, dans des contenants réglementaires ? Quel système de recharge est actuellement utilisé ? Les accu ont quel âge ? De toute façon, il y a de bonnes chances que vous ayez à les remplacer à un moment donné. Y a-t-il un isolateur de batterie ? Vous pourrez toujours voir à ces détails plus tard.

Un bateau sec

Normalement, un bateau ne devrait pas prendre l'eau, autrement on appelle ça un bateau qui coule ! Ni l'eau de pluie, ni l'eau de mer, si ce n'est l'eau qui entre un peu par l'arbre d'hélice et encore, certains systèmes sont étanches. L'inspection maritime déterminera s'il y a infiltration d'eau, mais vous pourrez vous faire une idée en entrant dans le bateau. Y a-t-il une odeur d'humidité, de pourriture ou de vinaigre ? Y a-t-il des coulisses noires le long des parois ? Le fond des cales est-il sec ? Les boulons d'ancrage de la quille trahissent bien l'humidité qu'il peut y avoir dans un fond de cale.

L'INSPECTION MARITIME

Ne vous inquiétez pas de savoir si votre coque est humide, si vos voiles sont valables, s'il y a des problèmes d'installation électrique ou si le moteur est en ordre. Toutes ces questions trouveront leur réponse auprès d'un inspecteur maritime compétent. C'est pour ça que vous le payez.

Je vous dirais même qu'il peut être bon de faire inspecter AVANT d'acheter. Cela vous donnera l'heure juste sur votre future acquisition, en plus du prix du marché. Cette inspection peut même vous servir à négocier votre prix. Vous allez vous rendre compte que les équipements sur un bateau n'en font pas beaucoup monter la valeur, mais aident plutôt à vendre rapidement. Essayez de visualiser combien vous pourrez vendre votre bateau dans 3 ou 5 ans et essayez de payer ce prix ou le plus proche possible. Peu importe que vous rajoutiez 25 000 $

d'équipements d'ici la revente, vous n'aurez pas augmenté la valeur du bateau d'autant.

Parlant de prix…

Combien coûte un voilier ? Si vous avez déjà un voilier, vous connaissez le marché. Sinon, vous allez être surpris de ce que vous pouvez trouver sur le marché, à bon prix. J'ai toujours favorisé l'achat d'un bateau usagé. Ainsi, vous achetez une foule de petits aménagements déjà faits. Vous achetez aussi pour bien moins cher qu'à l'état neuf. Ainsi, on peut encore trouver de bons voiliers de croisière de 33 à 36 pieds, âgés entre 15 et 25 ans, et payer entre 35 000 $ et 55 000 $. L'aubaine à 20 000 $ existe aussi, mais flotte-t-elle ? ou demande-t-elle qu'on y rajoute 25 000 $ pour une remise à neuf ? De toute façon, on est loin du prix d'un bateau de moins de 5 ans qui coûtera facilement entre 100 000 $ et 225 000 $, non équipé !

Voici quelques exemples de prix moyen que l'on retrouvait en janvier 2004 sur le site du BUC, considéré comme LA référence en matière d'évaluation de bateau (www.bucvalu.com). *Tous les prix sont en dollars américains.* Par ordre de prix décroissants (à titre informatif seulement) :

Jeanneau 37,	2002	165 000 $
Catalina 33,	2003	128 000 $
Bénéteau 36,	2003	125 000 $
Hunter 33,	1997	70 000 $
Catalina 34,	1983	35 000 $
Pearson 35,	1978	30 000 $
Bénéteau 34,	1983	30 000 $
Hunter 34,	1983	25 000 $

Et attendez-vous à payer plus cher au Canada. Les bateaux sont en meilleur état et parfois ne sont jamais allés à l'eau de mer.

Où trouver un inspecteur maritime ?

Il y a plusieurs façons de faire. La meilleure est d'avoir une recommandation de quelqu'un qui a été satisfait. Sinon, on peut se tourner vers les courtiers d'assurances maritimes, parce que l'inspection devra éventuellement être approuvée par l'assureur. Ils ne peuvent vous en recommander un en particulier, mais vont vous donner quelques noms. À vous de juger d'après votre premier contact. Une autre façon, moins commune, consiste à aller faire un tour dans les grosses marinas, au printemps ; vous les verrez au travail! C'est la période de l'année où leurs journées comptent 16 heures de travail!

• *CONCLUSION* •

Posez-vous des questions de base autour des motivations d'un tel projet. Magasinez un bateau pour votre confort et votre goût d'abord. La performance sous voile est très secondaire considérant le peu de temps où vous en pratiquerez. Allez-y avec votre budget et soyez conscient que les dépenses ne s'arrêtent pas à l'achat du bateau (comme une maison), alors gardez-vous de la liquidité pour le reste. Faites une offre conditionnelle à une inspection maritime, ou mieux, faites-la faire avant votre offre. Une fois votre bateau acheté, continuez à l'équiper et à le préparer en gardant en tête vos réponses de base. Par exemple, inutile d'investir dans un radar pour l'Intracostal ou les Bahamas!

Finalement, un très bon site Internet pour avoir l'opinion de beaucoup de gens, dont certains très qualifiés, est le forum de l'organisation Voile abordable (http://voile.org).

Bon magasinage et laissez venir les occasions à vous!

LE BUDGET À PRÉVOIR

Lorsqu'on demandait à Bernard Moitessier[1] combien pouvait coûter ses voyages, il répondait toujours la même chose : « Ça coûte ce que vous avez en banque ! », et c'est vrai. Donc, si vous ne voulez pas revenir ruinés, il faut d'abord ouvrir un « compte bateau » dans lequel vous déposerez précieusement vos économies en vue du voyage, lesquelles serviront également à la préparation au départ. La présente section portera sur toutes les questions d'argent : combien en faut-il, mais, aussi, comment font les autres voyageurs ; comment gérer son argent une fois parti ?

Disons d'emblée que j'aime établir un budget et savoir où j'en suis dans mes dépenses. Mais nous avons rencontré des gens qui conservaient leur magot dans un gros sac vert et qui dépensaient sans limites, jusqu'au jour où il ne leur resta plus un rond ! Ils ont dû vendre leur bateau en Floride pour se payer un billet de retour. Je pense qu'on peut se situer entre les deux extrêmes pour ne pas avoir de surprise.

Votre profil économique

Une fois parti, allez-vous continuer de recevoir des revenus, par exemple une pension, une rente ou un salaire différé ; des revenus de placements substantiels, des revenus d'entreprise ou de location d'entreprise ? Au contraire, est-ce que le début de votre voyage marque la fin de vos revenus réguliers ? Si votre situation correspond à la première hypothèse, vous aurez un budget beaucoup moins restreint et vous pourrez vous laisser aller à plus de dépenses « folles ». Si, par contre,

---

1. Grand navigateur français.

vous êtes dans la catégorie de ceux qui partent avec leurs économies, sans autres revenus, vous constituez la majorité des navigateurs et c'est pour vous surtout que j'écris ces lignes, puisque c'était également notre situation. Donc, je suppose ici que le lecteur sera financièrement autonome mais qu'il conservera des fonds pour le retour à la maison.

Si vous partez un an ou deux, économisez tout l'argent dont vous aurez besoin avant de partir. Combien de couples partent pour un an avec l'idée de faire du « charter », et déchantent drôlement une fois là-bas. Le problème n'est pas tant de trouver la clientèle, mais bien de « livrer la marchandise ». Aussi bien le dire tout de suite : faire de la location à la cabine est un travail, et doit être considéré comme tel. Est-ce là votre idée de vacances que d'économiser temps et argent et de sacrifier vos loisirs pendant un, deux ou trois ans avant de partir, pour finalement vous retrouver au Paradis, et être encore obligé de travailler… Il est beaucoup plus facile de faire des économies avant le départ que de travailler en vacances. Et puis, même si on part « un an », la plupart d'entre vous ne passeront que dix à quinze semaines aux Bahamas.

Si vous partez plus de deux ans, alors, vous n'avez pas le choix, il vous faudra à un moment ou à un autre trouver le moyen de gagner des sous. Le « charter » est une solution, mais il y a aussi la menuiserie, les soins infirmiers, l'enseignement, les arts, la rédaction pour ne nommer que ceux-là. Il n'est pas interdit d'aller au bout de ses économies, puis de revenir travailler ici quelques mois pour repartir quelques années selon vos habiletés…

« Magasinage » des devises étrangères

Comme nous voyagerons aux États-Unis et aux Bahamas, ce sont des dollars américains qu'il nous faut, et cela « se magasine », comme on le fait pour toute pièce d'équipement.

Le pire endroit est votre succursale bancaire. Par contre, vous devrez y ouvrir un compte chèques en dollars américains pour y déposer vos achats d'argent faits ailleurs. Un bon endroit pour acheter à Montréal se trouve à l'angle des rues Peel et Sainte-Catherine. Les taux de change sont indiqués dans la fenêtre. On s'y présente avec de l'argent comptant canadien et on en ressort avec de l'argent comptant américain, qu'on va aller déposer dans notre compte chèques.

Combien acheter ? Nous répondrons de façon précise plus loin, mais supposons que vous ayez déterminé avoir besoin de 24 000 USD et que vous partiez dans 24 mois. Je vous conseille d'aller acheter 1 000 USD à date fixe, chaque mois. Vous profiterez ainsi de ce que l'on appelle un « taux de change moyen ». Une erreur commune est de changer tout son argent dans les jours ou dans le mois précédant le départ. Cela peut jouer en votre faveur, mais peut aussi vous causer de mauvaises surprises, puisque le dollar canadien subit plus souvent de fortes baisses temporaires que de fortes hausses temporaires.

Une autre façon de profiter du taux de change moyen est de payer avec sa carte de crédit tout au long du voyage, mais, comme on le verra, la carte de crédit a ses limites.

Pendant le voyage, comment transporter cet argent ou comment y avoir accès.

Les guichets automatiques
Où sont situés les guichets ?
Les guichets sont dans les villes, et les villes sont rares le long de l'Intracostal.

Et il faut vous rappeler que vous n'avez plus de voiture et que les guichets pourront donc vous sembler loin même s'ils ne sont qu'à « 2 miles up the road » ; il s'agit ici de milles « américains » et non de petits kilomètres !

Aux Bahamas, il n'y a qu'un seul guichet : il est à Nassau, près du quai des paquebots (Banque Royale).
Conclusion : ne pas compter sur les guichets.

Les banques
Il y en a plus que de guichets, mais elles ne bordent pas non plus l'Intracostal !

Aux Bahamas, toutes les banques canadiennes sont à Nassau. Dans les Exumas, il n'y a qu'une seule banque : au sud, à Georgetown (Banque Scotia). Dans les autres îles, on peut trouver une banque là où la population est assez nombreuse, mais les heures d'ouverture peuvent ressembler à ceci : le mardi et le jeudi de 13 h à 15 h.

Conclusion : on trouvera toujours une banque en cas d'urgence, mais il ne faudra pas que l'urgence soit trop urgente…

Transfert d'argent
C'est une possibilité qui ne devrait être considérée qu'en cas d'urgence. Dans les succursales bancaires ou les comptoirs American Express, les

frais (élevés : 30 $ à 75 $) varient selon le montant d'argent transféré. Oui, on peut ouvrir un compte à sa succursale de Nassau et y faire un transfert intercomptes, mais les frais s'appliqueront quand même et des délais sont à prévoir. Informez-vous de tous ces petits détails à votre succursale.

Avance de fonds sur carte de crédit

Alors là, c'est le nec plus ultra des vacances à prix d'or. Mais oui, nous avons côtoyé des gens qui procédaient ainsi. Toutefois, les frais d'avance de fonds commencent à s'appliquer le jour même où vous faites votre retrait, et on parle ici de 18 % par année !

Par contre, c'est LA solution à adopter pour ceux qui reçoivent un revenu régulier. Vous aurez besoin d'un service de transfert d'argent ; alors voici la marche à suivre :

1) il faut que votre pension ou salaire différé soit transféré dans votre compte de carte de crédit ;

2) vous vous présentez aux banques ou guichets le long de la route et procédez à une « avance de fonds » ;

3) votre opération sera alors débitée et non créditée : donc il n'y a pas d'intérêts à payer.

Plusieurs personnes m'ont confirmé qu'elles procédaient ainsi sans problème... et surtout sans frais !

Les cartes de crédit

Le long de la côte américaine, à peu près tous les commerçants acceptent les cartes de crédit. Notez que le prix de l'essence et du diesel peut varier selon que vous payez comptant ou avec une carte de crédit.

Aux Bahamas, il n'y a qu'à Nassau que les cartes de crédit sont répandues et encore, on vous fera un prix sur certaines marchandises si vous payez comptant... Dans les petites îles, seul l'argent comptant a cours auprès des petits marchands et des pêcheurs locaux. Les marinas, les cabarets et les bars accepteront les cartes de crédit.

Gardez plutôt votre carte de crédit « vide » pour une urgence et payez tout comptant.

Les chèques de voyage

C'est LA solution. En cas de perte ou de vol, les chèques de voyage peuvent être remplacés rapidement. Ils permettent de gérer visuellement son budget : le paquet diminue à mesure qu'on dépense ; on fera un «paquet» pour chaque catégorie de dépenses: épicerie, marina, diesel, bateau, etc.

Inutile d'acheter des petites coupures; achetez des coupures de 100 $. Ne soyez pas impressionné; 10 000 $ en coupures de 100 $ ne donne qu'une pile de 2 cm.

Trouvez un endroit qui vend des chèques **sans frais.** Attention, certains endroits, comme le CAA (*Canadian Automobile Association*) n'accepteront pas votre argent comptant US.

En résumé

1) Ouvrir un compte bateau (compte chèques) en dollars américains à votre succursale bancaire.

2) Aller acheter de l'argent américain au meilleur prix en ville et venir le déposer dans ce compte.

3) Trouver un endroit où les chèques de voyage ne coûtent rien et y apporter votre argent comptant américain pour acheter des coupures de 100 $.

Les chèques de voyage sont acceptés partout aux États-Unis, que ce soit à la banque, au resto, à la marina ou à l'épicerie, et généralement sans frais. Aux Bahamas, il est préférable de ne compter que sur les banques pour l'encaissement et il y a souvent des frais variant de 0,50 $ à 2 $ par chèque, peu importe le montant de la coupure. Alors, imaginez si vous n'avez que des coupures de 20 $ et que les frais sont de 2 $!

De toute façon, aux Bahamas les occasions de dépenser sont plus rares et on fait plus avec moins d'argent. Peu ou pas de bars, de restos, de marinas, de cinémas, de boutiques, d'hôtels, de casinos, etc.

Et la langouste ne coûte pas cher lorsqu'on la pêche soi-même!

Pour gérer vos dépenses

Avoir un livre des dépenses. J'avais un livre à colonnes, distinct du livre de bord principal.

Utiliser des portefeuilles différents pour chaque type de dépenses.

S'en tenir au budget prévu avant le départ, et ne pas tomber dans la facilité en le dépassant.

600 $ ou 2000 $ par mois?

Voyons maintenant comment préparer un tel budget avant le départ. Vous trouverez aussi, en annexe A, une grille indiquant combien nous avons dépensé. Depuis notre retour, plusieurs personnes nous ont avoué avoir dépensé beaucoup plus que nous l'avions fait et pourtant le coût de la vie n'a pas triplé en 10 ans. Nous pêchions notre souper régulièrement, ce qui n'est pas le cas de la majorité des gens. Par ailleurs, certains vivent très bien à Montréal avec 2 000 $/mois, et d'autres ont besoin de 4 000 $; pourtant, la laitue coûte le même prix pour tous. Certains aiment la Boston, d'autres préfèrent la Iceberg; certains le cheddar, d'autres le camembert; certains le Vin Fou, d'autres le Dom Pérignon, et ainsi de suite.

Pour estimer votre budget, à partir de la grille de calcul en annexe A

Diesel ou essence : se servir de la formule en page 317
À titre d'information, notre Hunter 34 de 12 000 livres, avec un moteur de 20 chevaux, consommait environ 1/2 gallon/heure. Il en avait coûté moins de 200 USD du lac Champlain à Miami.

Marina
Prévoyez un certain montant, même si vous n'êtes pas des fervents de marinas. Une panne mécanique, une visite impromptue, un imprévu, etc.

Auto
Que ce soit pour aller visiter Washington à partir d'Annapolis, ou Orlando depuis Titusville, pourquoi ne pas louer une voiture pendant quelques jours ?

Bateau
En supposant que votre bateau et votre moteur soient en bon état au départ, il vous en coûtera toujours quelque chose pour le faire fonctionner. Démâtage, propane, bris mineurs, remplacement de matériel de pêche, etc. Pour un voilier de 27 pieds, comptez 125 $/mois, pour un 35 pi, 250 $/mois, pour un 40 pi, 400 $/mois. C'est le genre de dépenses qu'on ne fait pas pendant 3 mois, et puis il y a un bris et ça coûte 1 000 $; vous voyez le genre ? Bref, il faut une réserve pour faire marcher un bateau (à part le carburant).

Épicerie
1) Combien vous en coûte-t-il ICI par mois pour 3 repas par jour ? (par exemple, 400 $)

2) Ce montant nous donne le coût aux États-Unis, mais en dollars américains (400 USD). Il vous faut donc 400 USD pour acheter le même panier d'épicerie qui se vend ici 400 $.

3) Aux Bahamas, certains produits sont chers, d'autres pas. En général, tous les produits non périssables (céréales, conserves, papiers, condiments) coûtent cher, mais pour les produits frais, c'est abordable. Donc, dans mon exemple, j'additionnerais 35 % à la facture américaine, ce qui donnerait 540 USD par mois aux Bahamas. Mais comme vos coffres devraient être pleins depuis la Floride de produits non périssables, vous n'aurez à payer que les produits frais. En ne mangeant pas trop de viande, en pêchant votre souper et en oubliant le camembert, votre budget ainsi calculé sera amplement respecté. L'idée étant d'établir un budget, non de deviner combien il en coûtera vraiment.

Un bateau comme le Hunter 34 peut avoir une autonomie de trois à quatre mois en produits non périssables. Pour plus de détails, voir le chapitre sur l'approvisionnement.

Glace

Nous n'avions pas de réfrigération et la glacière a toujours été froide. Coût de dix mois de glace : 6 lb/jour, soit environ 1 $/jour. La quantité de glace achetée était minutieusement inscrite au livre des dépenses.

Dépenses personnelles

Ne les oubliez pas, même si elles ne figurent nulle part dans ma grille de calcul. Mais je laisse à chacun la liberté de dépenser follement son fric ! Vêtements, sorties, casinos, restaurants, cinémas, fêtes, discothèques, excursions en avion ou en hélicoptère, le tout Orlando (Disney), etc. N'oubliez pas que vous êtes en vacances et que vous êtes dans l'hôtel le moins cher, alors profitez-en pour le reste !

• CONCLUSION •

Le budget est un sujet qu'il ne faut pas prendre à la légère. Ne faites pas comme ce couple qui avait tout dépensé et qui a dû vendre son bateau pour se payer un billet d'autobus de retour ! Certains auront plus de facilité à « remplacer » l'argent dépensé, mais la plupart des gens partent avec un budget fixe.

Recommandations pour ne pas trop dépenser

- Avoir quelqu'un de confiance ici, qui continue à gérer vos affaires ou à payer les dépenses imputées à votre carte de crédit.
- Signer une procuration à quelqu'un pour toute éventualité où un transfert de fonds urgent serait requis.
- Faire acheminer votre courrier pour quelques mois chez un ami, au cas où vous auriez oublié quelque chose d'important.
- Être bien organisé dans vos affaires, votre budget, votre approvisionnement, votre croisière, etc.
- Être le plus autonome possible sur tous les plans.
- Voir à ce que votre bateau soit dans le meilleur état possible en partant : voiles, moteur, équipement, etc.
- Voir à ce que votre moteur soit en parfait état, ainsi que le presse-étoupe et l'alignement de l'arbre d'hélice.
- Connaître vos limites budgétaires (qui ne sont peut-être pas les mêmes que celles de vos amis).
- Être conscient que chaque fois qu'on met pied à terre, surtout aux É.-U., on dépense plus que prévu.
- Éviter les marinas : goûtez à la douceur d'être à l'ancre.
- Boire du rhum aux Bahamas (farce) !
- Se déplacer lentement. Arrêtez-vous quelques jours. Plus vous chercherez à couvrir de grandes distances, plus il vous en coûtera d'argent.

L'APPROVISIONNEMENT EN NOURRITURE ET SUJETS CONNEXES
(avec la collaboration d'Anne Bernier)

QUOI EMPORTER, QUOI MANGER EN BATEAU?

D'abord, il faut tenir compte de ses habitudes, ne pas penser qu'on va changer tout ça du jour au lendemain. Si vous êtes un grand mangeur de viande, du genre « à en manger trois fois par jour », vous trouverez ce qu'il vous faut ; si vous êtes végétarien, vous trouverez des légumes frais, du tofu et des boissons de soya à intervalles réguliers.

Vous voudrez manger aussi bien, sinon mieux. Comme vous disposerez de plus de temps et que plus de repas seront cuisinés et non achetés tout faits ou consommés au restaurant, c'est ce qui se produira. Mais cela exige plus de planification. On fonctionnera donc avec une liste d'aliments de base, assaisonnés de créativité !

Cette façon de s'alimenter est aussi le résultat d'un choix. Il y a toujours la possibilité de cuisiner avec des mélanges tout faits, comme une sauce à spaghetti en pot, en sachet ou en conserve. Une judicieuse combinaison des trois dans le garde-manger fera l'affaire.

Sous l'angle du budget, il faudra observer combien vous coûte ici votre épicerie et prévoir à peu près le même montant, cette fois en dollars américains (c'est-à-dire que 400 USD suffiront à acheter là-bas à peu près le même sac d'épicerie que 400 $ ici). Toutes proportions gardées, ça devrait vous coûter un peu moins cher qu'ici puisque vous cuisinerez presque tous vos plats et que vous ne serez plus exposé aux sollicitations continuelles de la publicité.

APPROVISIONNEMENT

Le mot clé, c'est l'autonomie. En cherchant d'abord à être autonome, on évitera d'avoir à se rendre à l'épicerie à tout moment, ce qui, en

Ce petit chariot est entièrement démontable et trouvera place dans le bateau. Un conseil: faites filer les extrémités d'essieu afin de pouvoir enlever les roues, ce qui permet de ranger le tout à l'intérieur du bateau. Tout le long de la côte américaine, nous nous sommes beaucoup servis de cet accessoire, soit pour la nourriture ou pour la glace.

bateau, n'est pas une sinécure. On se constituera donc une banque de denrées non périssables à bord (conserves, farine, riz, céréales, condiments, croustilles). (*Voir la liste complète en annexe B.*)

Évidemment, tout le monde ne dispose pas de la même capacité de stockage à bord, mais vous serez tout de même étonné de constater à quel point chaque recoin peut servir. Par exemple, qui aurait idée de stocker loin dans la pointe en avant, là où tout est si difficilement accessible? C'est pourtant un bon endroit pour tous les produits de papier, qui prennent beaucoup d'espace sans être lourds (papier hygiénique, serviettes de table, rouleaux de papier essuie-tout, mouchoirs jetables, etc.).

Une réserve bien garnie vous permettra d'avoir à bord, en tout temps, les éléments de base nécessaires à une bonne cuisine. Il ne vous manquera plus que les produits frais (viande, produits laitiers, fruits et légumes).

Un bateau de 34 pieds, comme celui que nous avions, devrait pouvoir contenir une telle réserve, valable pour une durée de trois à quatre mois. En suivant cette méthode, vous n'aurez que deux approvisionnements en denrées non périssables à faire.

Dans un premier temps, vous vous approvisionnerez ici. Votre but : être autonome jusqu'en Floride. Vous achèterez vos provisions selon vos habitudes alimentaires en misant sur les produits auxquels vous tenez et que vous n'êtes pas certain de retrouver là-bas : sirop d'érable, céréales préférées du matin, suppléments alimentaires particuliers, aliments naturels, etc.

Dans un deuxième temps, vous vous approvisionnerez en Floride, quelques jours ou quelques semaines avant de traverser vers les Bahamas. Refaites le plein de ce qui a été le plus utilisé, pour avoir le plus de denrées fraîches possible. Complétez le tout avec certaines conserves pour cuisiner (lait condensé, certains légumes en boîte pour la cuisson ou pour les salades, etc.). Un bon endroit pour procéder à cet approvisionnement est le « Save-A-Lot » de Titusville.

CONSERVATION

Denrées sèches

Ceux qui auraient le luxe de la congélation à bord pourront se permettre d'arriver aux Bahamas avec toute leur viande achetée en Floride à bon prix et d'en repartir, à la fin de l'hiver, le congélateur plein de mérous et de langoustes !

Quelle que soit votre situation personnelle, il est bon de prévoir l'éventualité d'une panne temporaire de votre appareil de réfrigération. Il faut alors miser sur certains produits dans de petits contenants (lait longue durée, jus, viande en conserve) ; l'objectif, c'est qu'il n'y ait pas de restes à conserver après usage. C'est plus coûteux à l'achat mais drôlement pratique si, par exemple, vous n'avez plus de glacière ou de frigo pendant quatre jours !

L'ennemi numéro un de la conservation est l'humidité ! Elle s'infiltre partout, même à l'intérieur des sachets scellés ! Les soupes instantanées, les sauces en sachet, les céréales en boîte, les craquelins, les pâtes en boîte et le reste devront être protégés dans des contenants en plastique ou en verre parfaitement étanches. À mon avis, des sacs comme les « Ziploc » ont été inventés pour les gens de bateau ! On se servira des deux formats disponibles, et ce qui est trop gros devra aller dans de petits sacs à déchets en plastique de qualité. Les pots hermétiques serviront à conserver en petite quantité les produits utilisés tous les jours et les restes de conserve ; on parle ici des pots en verre de type « Mason » et des pots en plastique de type « Rubbermaid » ou « Tupperware ». Ils ont aussi l'avantage de résister aux éventuels dégâts dans les cales ou à toute entrée d'eau accidentelle.

Lors de nos voyages, nous utilisions également une douzaine de barils en plastique d'une capacité d'environ dix litres chacun pour ranger les aliments achetés en vrac (épices, farine, riz, etc.), qui sont vendus dans de petits sacs en plastique fragile. Ces barils possédaient une fermeture étanche et avaient servi, à l'origine, au transport d'olives grecques calamata. On peut encore en récupérer dans certaines fromageries et certains restaurants grecs qui vendent ou qui servent ces olives. Ces barils sont habituellement jetés aux poubelles.

Denrées fraîches

Au fur et à mesure qu'on avance vers le Sud, les fruits et légumes, s'ils sont laissés à la température ambiante du bateau, se détériorent de plus en plus vite. Il faut les réfrigérer, surtout ceux qu'on a achetés dans les épiceries américaines qui sont elles-mêmes de véritables réfrigérateurs à grande surface !

Congélateur, réfrigérateur ou glacière ?

Le congélateur et le réfrigérateur permettent d'éviter les achats de glace, qu'il faut sans cesse renouveler. Mais il faut payer le prix au moment de l'installation, se doter de batteries supplémentaires ainsi que d'une génératrice éolienne ou de panneaux solaires ; à cela s'ajoute la préoccupation constante de voir à ce que tout ça fonctionne bien. Si vous partez pour moins de deux ans, comme nous l'avons fait, et si vous n'avez pas déjà la réfrigération à bord, et que, de plus, votre budget est limité, je ne vous conseille pas d'en faire l'acquisition. Vous allez toujours trouver de la glace ; le truc, c'est qu'elle fonde le plus lentement possible… Lorsque la glacière est bien isolée, on a besoin de glace nouvelle seulement tous les dix jours. (*Voir le chapitre consacré à l'équipement.*)

Mais il faut bien admettre que la plupart des bateaux ont un réfrigérateur à bord et que rares étaient les plaisanciers qui faisaient comme nous, c'est-à-dire qui ne comptaient que sur une glacière. Une glacière bien isolée conservera quarante livres de glace (quatre blocs) environ huit jours. Aux Bahamas, les fruits et les légumes ne vont pas à la glacière, ce qui laisse plus d'espace pour y placer encore plus de blocs de glace. Le coût total en glace, pour nous, durant dix mois, a été de 348 USD.

D'autres – ils étaient plus rares – ne conservaient aucun aliment au froid. Je ne le conseille pas : à long terme, voire après votre retour, vous risquez d'avoir des problèmes de santé dus à certaines carences alimentaires.

Mais si votre budget vous le permet, ou si votre plan de navigation vous mène plus loin que les Bahamas, vous trouverez sans doute de grands avantages à utiliser un appareil de réfrigération électrique.

Conserves de viande
Faire ses propres conserves
Certains se donnent la peine, avant le départ ou en route, de faire leurs propres conserves en utilisant, par exemple, des pots « Mason ». Nous ne l'avons pas fait, surtout parce que nous ne sommes pas de gros consommateurs de viande et parce que du temps pour cuisiner au jour le jour, on en a plus qu'on pense. Cela dit, peut-être voudrez-vous préparer chez vous votre bœuf bourguignon préféré ou encore votre sauce à spaghetti avec romarin du jardin. Pourquoi pas ? De toute façon, il y aura bien une journée où vous n'aurez ni l'envie ni le temps de vraiment vous mettre à cuisiner, et alors vos conserves seront les bienvenues ! Elles pourront servir à fêter votre premier mouillage aux Bahamas ou une autre occasion mémorable…

Si le défi vous intéresse, vous pouvez faire vos conserves à l'aide d'une cocotte-minute (un « Presto ») et de petits pots Mason. Les instructions sont données dans le livre qui accompagne la cocotte à l'achat. (*Voir page 70*, « Idées de conserves à faire soi-même ».)

Conserves achetées
Les bonnes conserves de viande sont si rares ! Je me souviens d'un rôti de bœuf en conserve dont l'étiquette montrait du bœuf jaune ! Au goût, il s'est révélé délicieux et, rassurez-vous, il n'avait rien de jaune. La morale de cette histoire : goûtez avant d'acheter en grande quantité.

Le jambon danois « Plum » est délicieux et, surtout, c'est un des rares à pouvoir se conserver sans réfrigération ! On le reconnaîtra à sa boîte de forme triangulaire aux coins arrondis.

Il y a, bien sûr, la conserve de viande de bœuf salée ou « corned-beef ». Tant mieux si vous êtes parmi les individus qui aiment ce produit : vous en trouverez partout et pour pas cher. Mais si vous n'aimez pas ça, inutile d'en faire provision même « pour les cas où » il n'y aurait plus rien à manger ! Vous trouverez toujours mieux ne serait-ce qu'un bol de riz blanc

QUANTITÉS À PRÉVOIR

1° Selon la place disponible

Il vous faudra faire des choix selon la taille de votre bateau. Aux Bahamas, nos voisins de bâbord arrivaient de Matane sur un Sonic 23 et nos voisins de tribord venaient de France sur un 40 pieds en aluminium. Leurs espaces de rangement ne se comparaient même pas ! Il faut savoir adapter ses besoins…

À la question : « Quelle est la grandeur de bateau idéale pour un tel voyage ? », je réponds à la blague : « Quelle quantité de nourriture voulez-vous emporter ? » Par exemple, nous avions donné, Anne et moi, priorité aux jus de fruits en conserve : 16 jus d'orange, 8 jus d'ananas, 4 jus de pamplemousse (qui, en passant, se vendent trois à quatre fois plus cher aux Bahamas qu'en Floride), 8 jus de légumes, etc. D'autres avaient choisi d'emporter de la bière : 24 caisses de 24 bouteilles (qui, en passant toujours, se vend 44 USD la caisse aux Bahamas) ; d'autres encore ont préféré les couches jetables et les petits pots pour bébé, parce qu'ils sont coûteux aux Bahamas.

2° Selon votre consommation

Évaluez vos besoins à moyen et à long terme. De combien de farine ai-je besoin pour un mois ? Multipliez par trois, et vous aurez la quantité à acheter pour les trois premiers mois. Je consomme deux conserves de tomates par semaine et je pars pour seize semaines aux Bahamas : j'achète 32 boîtes de conserve ! Et ainsi pour tout… un rouleau d'essuie-tout toutes les deux semaines, deux rouleaux de papier hygiénique, etc.

RANGEMENT

La première chose à faire est de **réserver des équipets** pour les denrées alimentaires et de les vider ! Il n'est pas normal (mais ô combien fréquent !) de retrouver des outils partout dans le bateau ! Même chose pour les vêtements ou les pièces de rechange. Chaque chose à sa place et chaque équipet consacré à son utilité propre ! En fait, plus de la moitié, voire les deux tiers des espaces de rangement dans un bateau servent à la nourriture ainsi qu'à d'autres produits d'épicerie. Si vous faites ce petit exercice, vous serez surpris de l'espace gagné.

Avoir un accès logique à votre rangement. Un peu de tout, en petite quantité, dans votre coin cuisine ; puis, un peu plus loin, sous les banquettes ou sous la couchette avant, des réserves de produits

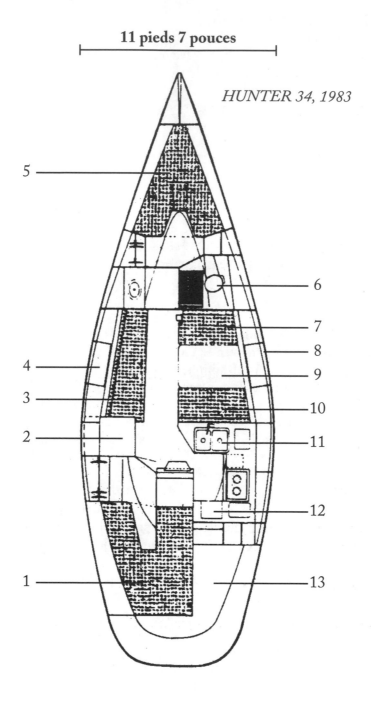

11 pieds 7 pouces

HUNTER 34, 1983

1. Sous la couchette : denrées lourdes

2. Table à cartes

3. Sous banquette bâbord : 130 l d'eau douce.
    Conserves de jus et autres

4. Équipet bâbord au-dessus du dossier : bibliothèque de bord

5. Sous la couchette : denrées légères :
    papier hygiénique, croustilles, essuie-tout

6. Toilette avec valve en « Y »

7. Sous banquette tribord avant : réservoir septique

8. Équipet tribord au-dessus du dossier : condiments à
    déjeuner
    (proche de la table)

9. Table

10. Sous banquette tribord arrière : quincaillerie

11. Évier double avec eau froide et chaude sous pression,
    en plus d'eau douce et eau de mer avec pompe à pied

12. Glacière isolée de l'intérieur (8 pieds cubes)

13. Coffre arrière avec neuf barils remplis de denrées en vrac

courants ; puis, dans le fond des coffres du cockpit, le reste qui viendra remplacer graduellement ce que l'on consomme le plus et qui est rangé à l'intérieur.

Il faudra voir à bien répartir le poids. Ne pas surcharger la cabine avant d'huile, d'eau, de jus ou d'autres liquides – qui sont toujours lourds. En profiter même pour rétablir l'assiette du bateau avec les conserves, si celui-ci a tendance à gîter d'un bord comme presque tous les bateaux...

Tenir un inventaire de tout ça !

Faire un inventaire le plus complet possible au départ, puis le faire de nouveau, au moins une fois après le départ. Après tout, on est en vacances. Peut-être faudra-t-il le mettre à jour sérieusement lors des étapes importantes du voyage. L'inventaire permet de se rappeler ce qu'on a acheté et de constater ce qu'il en reste. Il permet aussi de savoir où sont rangées les choses, parce que c'est plus grand qu'on pense, un bateau ! Enfin, il vous rappellera que vous vous êtes caché des petites douceurs (caviar, beurre d'érable, bouteilles de bon vin, fromages en conserve, etc.).

CE QU'ON TROUVE (OU NON !) AUX BAHAMAS

Sur la côte américaine, pas de problème : il y a des supermarchés partout.

Aux Bahamas : à Nassau, on trouvera le supermarché à l'américaine, un peu plus cher, surtout pour les articles de luxe comme les croustilles, les boissons gazeuses, les biscuits, les desserts prêts à manger, la bière, etc.

Dans les îles : à Georgetown, Great Exuma, c'est l'épicerie moyenne où l'on trouve de tout. Ailleurs, dans les Exumas, on trouvera toujours des fruits et légumes, mais moins de choix.

Légumes et fruits frais

Dans les petites îles et les villages : variété limitée mais base correcte pour un apport nutritif satisfaisant. Partout, on trouvera des tomates, des poivrons, des oignons mais aussi des carottes, du chou, des citrons, des limes, des bananes, du plantain.

Les légumes non réfrigérés bahamiens se conservent toujours très bien à la température ambiante du bateau dont certains pendant plusieurs semaines : choux, courges, noix de coco, tomates vertes, etc.

Les viandes

À part Nassau et les grandes villes, il y a peu de points d'approvisionnement intéressants. Les coupes de viande ne sont pas toujours celles auxquelles nous sommes habitués et il faudra parfois se contenter de produits congelés. C'est sans doute mieux ainsi de toute façon.

La consommation de langoustes, de conques et de poissons frais compense amplement la «privation».

Les produits laitiers et les œufs

Le vrai lait est rare, sauf à **Nassau** et à **Georgetown**, et il est très cher (plus du double du prix payé au Québec).

Le lait reconstitué est souvent pire au goût que le lait en poudre!

Du lait longue durée, traité à ultra haute température (UHT), on en trouve plus facilement que du vrai lait, mais il est encore plus cher que tous les autres!

Le fromage : rare, mais on en trouve. Se méfier toutefois du goût du fromage local. Mais vous ferez bien à votre goût…

Les œufs se trouvent un peu partout, mais de fraîcheur très inégale. Je vous donne un truc : un œuf frais plongé dans un verre d'eau douce devrait couler.

Les produits non périssables (farine, ketchup, biscuits, papier hygiénique, etc.)

On n'en trouve pas partout et ils sont parfois très dispendieux. De plus, les denrées ne sont pas toujours fraîches, sauf, bien sûr, à **Nassau** et à **Georgetown**.

Finalement, le portrait de la situation n'est pas si mauvais en considérant ce que vous aurez en stock. Et puis, il y aura toujours ces moments magiques, mais rares, où vous trouverez l'abondance à bon prix, voire gratuitement.

CE QUI SERA DIFFÉRENT

Utilisation des conserves

Les conserves ne seront pas utilisées autant qu'on pourrait le penser en ce qui a trait aux légumes, parce qu'on en trouvera des frais un peu partout.

Mais, en ce qui concerne les conserves de viande, il est bon de les accompagner d'une sauce brune, d'une sauce béchamel ou au curry et d'y ajouter oignons, carottes, herbes et épices.

Quelques conserves se révéleront utiles pour la préparation des salades : maïs en grains, pois chiches, betteraves, haricots verts, thon, crevettes, etc.

Pour les goûters avec des invités, pensez, au lieu des croustilles qui prennent de la place et coûtent une fortune, à apporter des moules fumées, des huîtres, des pâtés et autres amuse-gueules semblables, en conserve toujours.

Les conserves feront également un menu d'appoint pour les repas « dépannage » quand on navigue ou lorsque la mer est agitée : fèves au lard, ragoût, « Chunky Soup », etc.

Utilisation du lait

En poudre pour cuisiner :
Vous pouvez vous servir du lait en poudre pour préparer les sauces, faire des crêpes, des muffins, des gâteaux (en choisissant des mélanges achetés qui ne demandent que du lait).

Le lait longue durée (UHT)

Pour les céréales du matin, c'est l'idéal. Une fois l'emballage ouvert, transvider le tout dans un pot hermétique et conserver au frais. Ce lait dépanne bien lorsqu'on manque de vrai lait « nature ».

Utiliser des pommes de terre en flocons

Pour cuisiner des pâtés chinois, des pâtés au saumon, utilisez des pommes de terre en flocons et conservez précieusement vos vraies pommes de terre, car ces dernières coûtent cher aux Bahamas. Parfois, elles sont vendues à l'unité comme des tomates.

Avoir plusieurs variétés de féculents

Ajoutez à votre garde-manger du riz Basmati, entier ou non, du couscous, toutes sortes de pâtes. Les nouilles plates accompagnent très bien les viandes blanches et le poisson.

Utiliser l'autocuiseur (Presto)

Il faudra vous y faire, c'est l'instrument de cuisson le plus polyvalent. De toute façon, il vous faudra une grosse cocotte pour les queues de langouste de neuf pouces ! Le Presto permet d'économiser le propane ou l'alcool ; c'est aussi une économie de temps de cuisson ce qui signifie moins de chaleur dégagée dans le bateau.

Le four au propane : comment s'en accommoder

La température du four est plus difficile à contrôler que celle d'une cuisinière domestique : ajoutez donc un petit thermomètre indépendant.

Faites pivoter les moules à pain et les plats à mi-cuisson pour éviter qu'ils ne brûlent près de la flamme.

Mais, admettons-le, il n'y a pas là contrainte excessive et les « fantaisies » de votre four vont peut-être même mettre un peu de flamme dans votre voyage !

LE PLAISIR DE FAIRE SON PAIN

Anne aimait bien faire le pain. Mais attention, il vous faut de la farine à pain (blé dur), de la blanche et de l'entière. En premier lieu, il faut se familiariser avec la farine blanche utilisée seule. Lorsque vous serez à l'aise avec cet ingrédient, ne dépassez pas un mélange moitié-moitié (farine blanche et farine entière) sinon, il n'y a plus rien qui lève… Toujours cuire deux pains à la fois. Vous allez voir : le premier se mange dès sa sortie du four.

Achetez aux É.-U. des sachets de levure individuels (de marque « Fleishman's ») puisque la levure se garde plus fraîche en sachet qu'en conserve.

Faites lever la pâte sous le « dodger », au soleil et à l'abri du vent. Le climat des Bahamas s'y prête à la perfection : chaud et très humide. (*Voir les recettes en annexe C.*)

Anne et moi, sur le bateau, nous utilisions la technique à une levée.

Cuire son pain fait partie de l'autonomie, comme la pêche… prendre le temps de faire des choses vraies. Sans compter l'arôme qui embaume le bateau pendant quelques heures…

Sinon, on peut facilement trouver à terre du pain blanc « maison » cuit sur place et il est, soit dit en passant, très bon.

NOIX, LÉGUMINEUSES, TOFU

Il est avantageux d'utiliser ces denrées nourrissantes et protéinées dont la conservation est aisée. Le **tofu longue durée** : on en trouve partout dans les supermarchés américains, dans la section des légumes. Avez-vous essayé le pâté chinois au tofu ?

Nous avions à bord un robot culinaire 12V qui permettait de broyer les noix et les amandes ainsi que les légumineuses. (*Voir recettes en annexe C.*) Le robot culinaire est également utile pour faire des purées de légumes pour bébé.

Je vous recommande un excellent ouvrage qui vous permettra de démystifier le monde des noix et des légumineuses : *Alimentation saine et naturelle* de René Frappier.

L'IMPORTANCE DE SE FAIRE PLAISIR

Vous êtes en vacances et vous devriez vous traiter aussi bien, sinon mieux, que dans votre mode de vie actuel. Il faut penser à soi-même, car les restos et les desserts tout faits sont loin ou chers. Pour Anne et moi, il suffisait de quelques desserts pour que le moral soit bon !

Profitez des noix de coco **fraîches** ; c'est une activité amusante en soi que d'aller les cueillir. (*Voir recettes annexe C.*)

Mettez à profit citrons et limes : ils se trouvent en abondance, ils se conservent bien et ils font de succulentes tartes.

Ayez en stock les ingrédients nécessaires pour vos desserts favoris. Il peut être difficile de se procurer certains ingrédients dans les petites îles où les grains de chocolat, le lait condensé, la chapelure Graham, etc. sont rares (ou chers)…

• CONCLUSION •

Avec un minimum d'organisation et des provisions non périssables diversifiées et en bonne quantité, vous allez vous régaler et vous pourrez faire la fête tous les jours ! Imaginez, si en plus, vous arrosez tout ça d'une bonne bouteille…

À bas le mythe selon lequel on revient de voyage rachitiques et ruinés. On trouve toujours quelque chose de frais, même si la disponibilité varie selon l'époque de l'année et l'endroit où on se trouve. Il est vrai que le brocoli coûte plus cher aux Bahamas, mais vous en trouverez si peu souvent que vous ne dépenserez pas plus en brocoli là-bas que vous ne l'auriez fait durant tout l'hiver ici !

N'oubliez pas vos casseroles et ustensiles favoris. Bon appétit !

Idées de repas
(en plus de vos repas préférés)
Je vous donne quelques idées de repas, faciles à préparer en bateau. En faisant la rotation ou en variant un peu les recettes, on pourra cuisiner des plats différents tous les jours.

Sur la côte américaine :

Le soir :
bouilli à l'autocuiseur, ratatouille, macaroni à la viande, aux tomates, aux légumes ; courge spaghetti au fromage et à l'huile d'olive, pâtes sauce maison ou sachets de sauce (Alfredo, à la crème), pâté chinois (viande, tofu ou sarrasin), riz aux légumes, pâté au saumon, au poulet, au jambon, et sauce béchamel et œufs.

Le midi :
sandwich, et sandwich grillé au fromage, soupes (conserve, sachet, « fantastic noodles »), salades à base de riz ou couscous avec légumes frais ou avec légumes en conserve : maïs, petits pois, cœurs de palmier ou d'artichaut ; ajoutez des crevettes ou du thon, des pois chiches ou des lentilles et des fèves rouges ; pizza : avec sachet de pâte ou pâte maison.

Le matin :
gruau, céréales froides et chaudes, beurre d'arachide ou d'amandes ; avoir le luxe de la variété pour se gâter.

En route ou lorsque ça brasse à l'ancre :
prévoir deux ou trois conserves de fèves au lard, de ragoût, de « Chunky Soup », des « Kraft diners » et d'autres expédients (pas de « corned-beef » quand ça brasse, surtout si vous n'aimez pas ça !).

Aux Bahamas :
poissons, langoustes, conques avec riz et oignons, tomates et poivrons, salade de conques, plat de lentilles ou fèves de lima avec tomates et/ou légumes, curry au jambon ou toute autre viande en conserve, pain de noix (*voir la recette à l'annexe C*), plantain (genre de grosse banane cuite dans la poêle).

Le matin :
céréales avec lait longue durée, crêpes, etc.

Idées de conserves à faire soi-même :
sauce à spaghetti
boulettes de viande
lapin à la moutarde
filet de porc à l'orange
blanquette de veau
osso buco (sans les os)
poulet chasseur
bœuf bourguignon
carbonade flamande
poulet basquaise
poulet au citron confit
agneau aux pruneaux et aux amandes
ragoût de caribou (ou de castor)

LA BIBLIOTHÈQUE DE BORD :
cartes, guides et livres nécessaires

Comment pourrait-on partir sans une bibliothèque, même minimale ? En plus des cartes et des guides dont on ne saurait se passer, d'autres livres peuvent se révéler utiles à l'occasion, et même essentiels selon le cours des événements. Avoir à sa disposition un livre de référence sur chacun des aspects importants du bateau et de la croisière entreprise est presque obligatoire. En effet, le problème – ou plutôt sa solution –, c'est qu'il faut savoir tout faire à bord. J'ai trouvé le texte suivant qui illustre bien ce concept.

« Le plaisancier restera un amateur, et pourtant, il lui faut être tout à la fois électricien, charpentier, mécanicien, diéséliste, savoir éteindre un incendie, réduire une fracture ouverte, ne pas confondre intoxication alimentaire et péritonite, être plombier, gréeur, voilier, cuisinier, peintre, hydraulicien, frigoriste, électronicien, savoir travailler le polyester et les métaux, calculer une position, pêcher, plonger, organiser un hivernage sûr mais économique, et, si l'on n'a pas pu empêcher le naufrage, savoir survivre en radeau pneumatique… Beaucoup, comme si ce programme ne suffisait pas, veulent aussi construire leur propre bateau ou savoir le faire construire à moitié prix, découvrir le meilleur armement et ne pas jeter l'argent par les hublots. Aucune activité humaine ne requiert une telle somme de connaissances. Et, à l'évidence, aucun être humain ne peut les acquérir toutes. »

Tiré de :
Guide pratique de la vie à bord, Nauticus, Éditions maritimes et d'outre-mer, Robert Laffont, 1977, p. 12.

C'est aussi en lisant ces livres et divers articles, au cours des mois, voire des années précédant le départ, qu'on enrichit son « tiroir du haut». Et un jour, confronté à telle situation, on se souvient d'avoir lu quelque part… Bien sûr, on ne part pas nécessairement avec tous ces livres, mais les ouvrages de référence auront priorité et seront à portée de la main le jour où on en aura besoin.

Cartes et guides essentiels, du lac Champlain (N.Y.) au sud de la Floride, ainsi que pour les Bahamas.

Il fut un temps, les Chartkits BBA étaient la référence pour partir vers le sud. Aujourd'hui, Maptech envahit littéralement tout le marché, que ce soit pour les Chartkits, les cartes marines, les guides de croisière, etc. Et ils couvrent de plus en plus de territoires. Même la rivière Richelieu et notre fleuve n'y échappent pas ! Je dois reconnaître qu'ils sont bien faits. Leur simplicité d'utilisation, les nombreuses références, les annonceurs souvent illustrés de photos aériennes. Le tout contribue à rendre leurs publications très recommandables. Seules les Bahamas, sont, à mon avis, encore mieux illustrées par la concurrence (*voir plus loin*).

CARTES

1) Du lac Champlain à Cape May (N.J.), nous avons deux choix, selon que vous vouliez aller visiter le Long Island Sound un jour ou non :

a) Route directe : le système de cartes Maptech individuelles (cartes imperméables, env. 210 $) :

Carte n° 49 (lac Champlain)

Carte n° 48 (canal Champlain – écluses)

Carte n° 4 (rivière Hudson)

Carte n° 8 (port de New York)

Carte n° 34 et 35 (New York à Cape May, NJICW et jusqu'à 2 mi. de la côte)

b) Route avec le L.I.S. et passage au large du New Jersey (env. 260 $)

Carte Waterproof Intern. Sailing Supply, no 11 et 57 (Burlington à NYC)

Maptech Chartkit Region no 3 (port de New York, L.I.S., N.J. jusqu'à Cape May)

2) Maptech CHARTKIT : région 4-6-7 (*Delaware and Chesapeake Bay ; Norfolk to Jacksonville ; East Florida and the Keys*).

Un Chartkit et un ensemble de reproductions couleurs des cartes gouvernementales, reliées par une spirale, pour une région donnée. On y trouve, en plus, le tracé en magenta de l'*Intracoastal Waterway*, ce qui se révélera très utile par endroits. Le littoral de la côte court d'une page à l'autre ; un chartkit est donc très facile d'utilisation et beaucoup plus économique à l'achat que de se procurer toutes les cartes individuelles.

3) EXPLORER CHARTBOOK, near Bahamas, et

4) EXPLORER CHARTBOOK, Exumas and Ragged Isle, 3ᵉ édition, 2001.
    Points GPS très précis et mesurés. Cartes en unités métriques. Ces deux publications couvrent tout le territoire, sauf l'extrême sud-est des Bahamas. En plus des cartes, on y trouve beaucoup de renseignements pratiques : eau, glace, pain, restos, marinas, téléphones, règlements divers, etc.

5) Quelques cartes **routières** des villes intéressantes (comme celles offertes par le CAA).

GUIDES
CRUISING GUIDE to the Hudson River, Lake Champlain, and the St. Lawrence River, Alan and Susan McKibben, 6ᵉ édition, 2001.
    Couvre de Montréal à Sorel, puis le Richelieu, le lac Champlain et l'Hudson jusqu'à New York.

CHESAPEAKE BAY, Maptech, Embassy Guide. 1st Edition, 1999.
    Il existe aussi d'autres bons guides sur la baie de Chesapeake ; vous aurez l'embarras du choix.

WATERWAY GUIDE (Northern, Mid-Atlantic, Southern), Communication Channel Inc., édition annuelle.
    ou,

ATLANTIC COAST (Maine to Key West), Maptech, Embassy Guide, 3rd Ed., 2000.
    Ces guides complètent très bien les Chartkits. Ouvrages de 300 à 500 pages, ils sont très complets en ce qui concerne la navigation, les obstacles, la législation, les services offerts, et ils proposent quelques mouillages. La quantité d'annonces publicitaires qu'on y trouve donne à ces guides une allure d'annuaire des pages jaunes.

Il existe aussi des guides plus spécifiques sur l'Intracostal :

ANCHORAGES along the Intracoastal Waterway, Skipper Bob, 8th Ed., 2003. Vous y trouverez en plus de tous les mouillages, également les quais gratuits et le prix des marinas bon marché.

MARINAS along the Intracoastal Waterway, Skipper Bob, 7th Ed., 2003. Prix de toutes les marinas, emplacement de quais gratuits, de shipchandler, etc.

THE INTRACOASTAL WATERWAY, Moeller, Ed. Seven Seas Press, (Norfolk à Miami). Décrit les services et mouillages, au dixième de mile près.

YACHTSMAN'S GUIDE TO THE BAHAMAS, Ed. Tropic Isle Publisher, édition annuelle. Le guide le plus réputé jusqu'à l'invasion « Maptech ». Demeure encore quant à moi très valable. Pour la navigation, il se révèle plus utile que les chartkits. Très complet. Beaucoup d'explications, schémas très précis, récifs, dangers, mouillages, services, etc.

THE BAHAMAS, Maptech, Embassy Guide, 1st Edition, 1999. Comme les services aux Bahamas changent vite et même les fonds, j'utiliserais avec beaucoup de prudence une publication qui n'est pas annuelle.

Sinon, la série des guides Pavlidis :
THE EXUMA GUIDE,
Stephen Pavlidis, 2002.

THE CENTRAL AND SOUTHERN BAHAMAS GUIDE,
Stephen Pavlidis, 1997.

THE ABACO GUIDE, Stephen Pavlidis, 1999.

AUTRES LIVRES DE RÉFÉRENCE
METTRE LES VOILES AVEC ANTOINE,
Antoine, Éd. Arthaud, édition révisée et augmentée, 2001.

Antoine est surtout connu pour ses récits et ses vidéos. Mais il ne parle jamais de navigation comme telle. Il a donc réuni ici plein de renseignements pratico-pratiques sur la croisière, la vie en mer, les aménagements, le point astronomique, etc. Difficile de trouver mieux en français.

BOATOWNER'S MECHANICAL AND ELECTRICAL MANUAL, Nigel Calder, International Marine Publishing, 1996.

À mon avis, ce bouquin devrait être à bord de chaque embarcation lorsqu'elle sort de l'usine. Tout ce qui comporte une vis ou un boulon y est expliqué, dans un anglais facile à comprendre.

Le *Service Manual*, du moteur principal de bord : obligatoire. Ne pas confondre avec le *Parts Manual*, qui est optionnel puisque tous les revendeurs en ont un.

Le *SELEC* ou le *CLYMER* du moteur hors-bord.

REED'S NAUTICAL ALMANACH,
Éd. Thomas Reed Publications Ltd. Édition annuelle.

Sans être obligatoire, je ne saurais passer à côté. Je le consulte encore aujourd'hui.

La pêche
CORAL REEF FISHES, Leaske, 2001.

FISHES OF THE ATLANTIC COAST,
G. Goodson, Stanford University Press, 1984.

Tous les poissons de l'Atlantique Nord. Très précis quant à la comestibilité des espèces. Anne et moi, lors de nos expéditions, avions les deux ouvrages et pouvions ainsi comparer leurs renseignements.
Carte plastifiée illustrant les poissons à pêcher.

L'alimentation
THE CARE AND FEEDING OF SAILING CREW,
Lin and Larry Pardey, 388 pages.
(Difficile à trouver.)

Sans oublier vos recettes préférées, bien sûr.

Premiers soins

ADVANCED FIRST AID AFLOAT,
Peter Eastman M.D., 214 pages.
Très détaillé !

MÉDECINE EN MER SANS MÉDECIN,
Éd. Maritimcs et d'outre-mer, série Nauticus.
Probablement ce qu'il y a de mieux en français
(Difficile à trouver.)

PARTIR EN SANTÉ… REVENIR ENCHANTÉ !,
Dʳ Anne Bruneau, Éditions Hurtubise HMH, Montréal, 1994.

Autres

VOILÀ LA VOILE,
Fédération de voile du Québec, 1982.
N'est plus en librairie.

*ÉLECTRICITÉ ET ÉLECTRONIQUE À BORD DES
BATEAUX,* Coll. Nautisme et Caravaning, Productions GGC,
Gérald Hémon, 336 pages, 1995.

Que ce soit celui-là ou un autre, il faut au moins avoir un livre sur
l'électricité à bord.

*LES CONDITIONS MÉTÉOROLOGIQUES MARITIMES SUR
LA CÔTE EST,* Environnement Canada, 1989.

Gratuit : s'adresser aux Services météorologiques généraux, 1496,
chemin de Bedford, Bedford (Nouvelle-Écosse) B4A 1E5.

LE COURS DES GLÉNANS,
Seuil, 6ᵉ édition, 2002. La Bible des puristes.

THE GENTLEMAN'S GUIDE TO PASSAGE SOUTH,
Bruce Van Sant., 8ᵉ éd., 2003.

Obligatoire pour ceux qui veulent continuer vers les Antilles et qui désirent passer par les îles en couchant à l'ancre tous les soirs.

ELRIDGE TIDE AND PILOT BOOK,
Publication annuelle des tables de marée de toute la côte est américaine.

Vos lectures préférées, bien sûr ! Offrez à vos amis de les « débarrasser » des meilleurs récits et romans qu'ils ont lus…

Quelques suggestions de librairies spécialisées

Services maritimes McGill (cartes et guides)
Tél. : (514) 849-1125
369, Place D'Youville, Montréal
www.mcgill-maritime.ca

Aux quatre points cardinaux (cartes et guides)
Tél. : (514) 843-8116
551, rue Ontario Est, Montréal
www.aqpc.com

Librairie Renaud-Bray (livres, récits, commandes)
Tél. : (514) 844-2587
4380, rue Saint-Denis, Montréal
www.renaud-bray.com

La librairie du Nouveau Monde (de tout, très vaste choix)
Tél. : (418) 694-9475
103, rue Saint-Pierre, Québec
www.total.net

Blue Water Bookstore Tél. : (954) 763-6533
Tél. : 1-800-942-2583 (USA)
Southport Center, Fort Lauderdale
www.bluewaterweb.com
Ils livrent partout, ils ont de tout ; en anglais, bien sûr !

Récits

Les récits d'expériences vécues demeurent mes lectures préférées. Qui n'aura pas pensé, en lisant *Adrift* : « Jamais ils ne réussiront à me convaincre d'aller en mer… On ne m'y prendra pas ! » À l'opposé, les récits d'Antoine encouragent le lecteur à s'évader vers les couchers de soleil…

Les livres d'Antoine ont certainement de quoi faire rêver et ils sont écrits en français ! En plus de ses récits, il a publié trois recueils de photographies à couper le souffle. Et on peut compléter la collection avec ses trois vidéos.

Les récits d'Antoine que je connais : *Globe-flotteur*, *Bord à bord*, *Solitaire et compagnie*, *Cocotiers*, *Voyage aux Amériques*, tous publiés chez Arthaud. À cette belle production, il faut ajouter ses recueils de photos : *Amoureux de la terre*, *Îles… était une fois*, *Sur trois océans*, *Votre aventure autour du monde*, tous publiés chez Gallimard. Et ses vidéos : *Îles… était une fois : L'Océan Indien*, *Les Caraïbes*, *La Polynésie*.

Et puis, on n'oubliera pas les navigateurs bien de chez nous :

Jean-du-Sud et l'Oizo-Magick, Yves Gélinas, Éd. Leméac, 1988. Le récit, sous forme de journal de bord, de son tour autour du monde en vingt mois.

La V'limeuse autour du monde, tome I et II, Carl Mailhot et Dominique Manny, Éditions Groupe nautique Grand-Nord et Bas-Saint-Laurent, 1995 et 1997. Le récit simple et plein de vérité d'un couple et de ses quatre enfants, qui sont allés au bout de leur rêve : six années à faire le tour du monde.

Le tour d'un monde, Évangéliste St-Georges, 1999. Les 20 ans de mer de ce bourlingueur sympathique : ses joies, ses inquiétudes et toujours une petite pointe d'humour.

En solitaire vers les Bahamas et *La route du soleil*, Michel William Hanson, Les productions du Pirate, 2000 et 2001. Le journal de bord de l'auteur, qui nous raconte ses deux voyages aux Bahamas, seul, sur son petit voilier de 7,6 mètres.

Et, pour finir, les grands classiques : tous les livres d'Éric Tabarly et de Bernard Moitessier, en édition originale ou repris en Livre de poche.

En anglais, la liste serait trop longue ; alors, laissez-vous simplement inspirer lorsque vous serez en librairie ou en train de consulter les pages d'un catalogue. Je ne retiendrai ici que trois des titres que nous avons lus avec beaucoup d'intérêt :

Dove, Robin Lee Graham, Éd. Harper & Row, 1972, ou en français chez Flammarion, 1973.

Récit de courage : un jeune de seize ans s'embarque pour un tour du monde, seul, à bord de son voilier de 26 pieds, et il en revient cinq ans plus tard... Ce fait vécu a inspiré Antoine...

Adrift, Steven Callahan, 344 pages, Ballantine Books, 1996. Son voilier heurte quelque chose... et coule en quelques secondes. Il a juste le temps de sauter dans son radeau de survie ; il dérivera pendant soixante-seize jours. À ne pas lire pendant que vous êtes en mer...

Maiden Voyage, Tania Aebi, Ballantine Books, 1996. Lancée par son père sur un voilier de 25 pieds, Tania, dix-huit ans, devra faire le tour du monde, en solitaire. Désespérée par moments, elle trouvera le courage de terminer son périple. Se lit en une nuit, avec un pot de café fort...

À propos de la conservation des livres à bord

Aussi étonnant que cela puisse paraître, nous sommes revenus avec tous nos livres en excellent état. Certains romans ou livres de cuisine étaient enfouis sous les couchettes arrière, mais la plupart étaient exposés dans les équipets du carré, rendant celui-ci encore plus chaleureux. À l'air humide et salin, la plupart se « tordaient » de douleur, mais dès le retour à l'air sec, ils reprenaient leur allure de jeunesse.

Bonne lecture !

LES PAPIERS ET PERMIS

Mise en garde : comme tout ce qui a rapport à une législation quelconque dans ce livre, c'est à vous qu'il appartient de compléter les renseignements donnés ici et de les mettre à jour par vos propres recherches au moment du départ – parce que les lois changent.

Documents à avoir avec vous
- Votre passeport ;
- Votre permis de conduire ;
- Vos cartes de compétence (Croix-Rouge, plongée, construction, etc.) ;
- Une licence radio VHF et amateur, s'il y a lieu ;
- Un certificat restreint d'opérateur de radio VHF (BLU ou amateur, s'il y a lieu) ;
- Le certificat d'immatriculation (Blue Book) fortement recommandé ou l'enregistrement du bateau (10D…) ;
- L'enregistrement de l'annexe (MÊME si l'annexe n'a pas de moteur) ;
- Les papiers en règle pour l'importation d'animaux domestiques (*Veterinary Health Certificate*) si vous en amenez.

En passant la douane américaine
Vous devrez :
- Vous présenter aux douaniers des marinas Lighthouse ou Gaines, à Rouses Point ;
- Spécifier que vous entrez aux États-Unis pour une longue période ;

- Demander un *Cruising Permit* d'un an; il est délivré sur place au moment de la demande;
- Demander un *Customs User Fee Decal*; ça a la forme d'un autocollant sur lequel apparaît un numéro et ça coûte 30 $; il expire le 31 décembre, mais est prolongé automatiquement et sans autre formalité jusqu'à la date d'expiration de votre *Cruising Permit*. Obligatoire pour tous les bateaux de plus de 30 pieds. Pour l'obtenir, vous pouvez remplir le formulaire qui vous sera donné sur place, le faire par envoi postal OU vous présenter au poste de douane de Champlain (N.Y.), dans l'édifice gris près des guérites et on vous le remettra immédiatement;
- Demander le livret bleu *Pleasure Boats* dans lequel on trouve tous les numéros de téléphone des douanes le long de la côte américaine;
- Pouvoir démontrer que vous êtes autonome financièrement…

Attention : vous avez le droit de transporter avec vous un **maximum de 10 000 $** en espèces (argent comptant ou chèques de voyage visés personnels).

En passant à la douane bahamienne
Vous devrez :

- Demander un *Temporary Cruising Permit*, valable pour un an, qui vous coûtera 100 USD, et que vous pourrez renouveler pour deux années supplémentaires au coût de 500 USD; ce permis inclut un permis de pêche pour 4 personnes;
- Prévoir des frais, soit pour le quai où l'on dédouane, soit pour le douanier, etc. (de 0 à 100 USD);
- Demander des reçus pour les sommes déboursées;
- Déclarer les armes à feu et le compte exact de munitions à bord – les munitions doivent être rangées sous clé;
- Déclarer les animaux à bord et avoir obtenu au préalable par la poste un permis d'importation du ministère de l'Agriculture bahamien, au Department of Agriculture, P.O. Box N-3704, Nassau, N.P., Bahamas.

À PROPOS DES DOUANIERS

Que le douanier soit américain, bahamien, canadien, bermudien ou portoricain, le fonctionnaire qui est devant vous EST la loi. Si vous changez de douanier, vous changez parfois de loi (dans un même pays)!

Donc, inutile de leur poser des questions, de répondre à plus que ce qu'ils demandent, et surtout ne jamais, **au grand jamais**, faire de blagues ou parler à la légère ! Les plus sévères sont les Américains ! En règle générale, les procédures douanières se déroulent sans histoire à condition qu'on ait tous les papiers demandés et qu'on réponde correctement par oui ou non aux questions. Ne perdez jamais de vue que **vous, vous êtes en vacances, mais qu'eux, ils travaillent**…

Il est généralement admis qu'il ne faut pas laisser un douanier descendre **seul** dans le bateau et, s'il insiste pour le faire, prenez ses hommes à témoin que rien de ce qu'il trouve en bas ne pourra être retenu contre vous comme preuve. Ceci s'applique surtout aux petites îles pauvres d'Amérique centrale ou d'Amérique du Sud.

De plus, ce n'est pas parce qu'on est entré aux États-Unis sans problème qu'on ne se fera pas aborder de nouveau par les douaniers une semaine ou un mois plus tard ! Aux États-Unis, nous sommes considérés comme des *aliens* (des étrangers) et on nous observe : les douanes, la garde côtière, l'armée, la police d'État, le shérif du comté, les autres bateaux américains, les propriétaires riverains, et même le *dockmaster* de la marina ! Bref, la confiance règne…

En terminant, je vous renverrai au chapitre « What the skippers should know » dans le *Yachtsman's Guide to the Bahamas*, pour avoir un tableau complet des exigences douanières américaines et bahamiennes.

PORTS D'ENTRÉE AUX BAHAMAS ET FRAIS À PRÉVOIR

Il existe plusieurs ports d'entrée aux Bahamas. Normalement, on s'attend à ce que vous veniez dédouaner dès votre arrivée. De plus, certains ports ou marinas exigent des frais pour l'utilisation de leur quai, même pour un usage temporaire (peut atteindre 50 USD). Et finalement, le douanier et/ou l'agent d'immigration peuvent facturer des frais de transport, même si ceux-ci sont, **en principe**, inclus dans le permis annuel.

Les Bahamas font partie du Commonwealth britannique et l'étiquette est de rigueur avec les douaniers. On hisse le pavillon Q (jaune) au hauban tribord en entrant dans les eaux bahamiennes et on le remplace par le pavillon de courtoisie ou le pavillon bahamien une fois les procédures douanières terminées. De plus, s'il faut aller à terre pour rencontrer le douanier, seul le capitaine y est autorisé tant que les formalités ne sont pas terminées.

Voyons les ports d'entrée :

Cat Cay : approche facile et profonde : consulter le guide pour éviter les récifs ;

Bimini : approche autour de 6 pieds, à marée basse ;

West End : approche facile : suivre les indications du guide nautique ;

Lucaya : approche autour de 7 pieds ;

Great Harbor (Berry) : approche délicate ;

Nassau : approche facile ;

Georgetown : bureau de douane utile surtout pour renouveler un permis ou autres formalités.

Encore ici, je vous renvoie au *Yachtsman's Guide* de l'année en cours où vous trouverez, évidemment, des renseignements plus à jour.

L'ÉQUIPEMENT DE BORD

Pour beaucoup, équipement de bord rime avec voiles, électronique, régulateur, panneaux solaires ou appareil de production d'eau douce. Eh bien, détrompez-vous! «Équipement de bord» veut aussi dire moustiquaires, chaufferette, coussins de cockpit, pièces de rechange pour toilette, baromètre, disques compacts.

Tout est fonction de votre plan de navigation: pour combien de temps partez-vous, et, bien sûr, quel est votre budget? Voyons ensemble quelques principes élémentaires.

La première chose à faire: une liste «d'épicerie». Faites une liste de tout ce que vous souhaitez ajouter au bateau. Évidemment, la même question revient toujours: combien voulez-vous dépenser en équipement supplémentaire? Certains ne partiront que dans quatre ans et auront le temps d'ajouter 45 000 $ en nouvel équipement! D'autres, plus modestes et partant dans un délai plus court, ne voudront pas investir plus de 3 000 $. Vous devez vous demander: «Où vais-je naviguer et combien de temps serons-nous partis?»

Ensuite, il faut tenir compte du *principe d'Antoine*: il existe un état normal et stable pour toute pièce d'équipement appelé «la panne»; et un autre état, très fragile et instable, appelé «état de marche». Ce principe est tout à fait défendable si on considère que notre bateau devient notre maison et qu'il est donc sujet à une usure et une détérioration beaucoup plus rapide que lors d'une simple saison en eau douce sur le lac Champlain où, dans la plupart des cas, on ne l'utilisera, en plus, que les week-ends. Morale de l'histoire: toute pièce d'équipement est condamnée à mourir un jour.

Troisième grand principe confirmé par l'expérience: plus le bateau est gros, plus on passe de temps à entretenir les innombrables systèmes et commodités du bord. En général aussi, plus le bateau est gros, plus on y a entassé d'équipement ! J'ai vu des gens passer une bonne partie de « leurs temps libres » à réparer, rajuster, entretenir, nettoyer, remplacer, essayer, tester leurs nombreux joujoux… Pendant ce temps, d'autres vont à la pêche, explorent un village, visitent une grotte, ou simplement se reposent à bord en lisant.

Le long de la côte américaine, vous n'aurez pas besoin de beaucoup d'équipement sophistiqué. On navigue dans 12 pieds d'eau, à 100 pieds du bord, en suivant une ligne magenta sur la carte… Aux Bahamas, on est à l'ancre pendant 75 % du temps… les jours où on se déplace !

Un autre principe, connu mais vite oublié : l'eau et l'air salins ne vont pas de pair avec électricité et électronique. Peu importe le prix payé, tous les appareils sont destinés à vous laisser tomber un jour… Raison de plus pour ne pas trop en dépendre.

Le dernier grand principe : l'équipement installé sur un bateau ne lui donne pas tellement plus de valeur marchande, mais servira plutôt à en accélérer la vente. Ne pensez donc pas récupérer tout l'argent dépensé. On équipe son bateau pour soi d'abord. C'est **votre** nid que vous aménagez.

En dernier lieu, et pour avoir vécu vingt-six mois consécutifs sur un voilier, je vous communique un petit secret, mais n'en parlez à personne, on rirait de vous ! *Toujours donner priorité au confort* : faites de votre bateau un endroit douillet où il fait bon vivre à l'ancre, tout en le rendant apte à faire face à toute éventualité. Si vous avez ce principe en tête, vous ne vous tromperez pas de beaucoup dans vos choix. Cela s'applique surtout à ceux et à celles qui auront un budget limité et devront faire des choix, mais aussi à ceux et à celles qui voudront se la couler douce.

Par exemple, pour nous, un système de navigation électronique était moins important qu'une chaufferette, une grosse douillette, des oreillers et des coussins, une grande couverture de plage ou de pique-nique, 180 cassettes de musique, du tissu antidérapant dans le fond des tiroirs pour éviter le bruit, des moustiquaires faites de voilage pour rideaux plein-jour pour les régions infestées de *no-see 'm*, etc. Vous voyez le genre ?

Par où commencer pour s'équiper ?

Une bonne façon de commencer à s'organiser et de se prémunir contre les dépenses excessives est de faire une liste de ce que vous aimeriez ajouter à bord avant votre départ. Et pour bien faire cet exercice, procurez-vous des catalogues de fournisseurs ou de magasins. Je me rappelle, étant petit, chaque Noël, je prenais le catalogue du grand magasin La Baie et je l'épluchais page par page. C'est exactement la même façon de procéder et c'est tout aussi excitant, sinon plus, parce qu'on n'a pas à attendre le père Noël !

Première étape : faire la liste ! Allez-y follement, sans limites budgétaires ! Inscrivez tout ce que vous voyez et que vous aimeriez avoir. Cet exercice vous protégera, plus tard, contre le « J'avais pas pensé à ça… » En explorant ces catalogues, vous découvrirez plein de gadgets, dc pièces de rechange, de vêtements ou que sais-je, des choses dont vous ne soupçonnez même pas l'existence ! Rien ne vous empêche d'aller aussi dans les magasins ou les salons nautiques et d'y allonger votre liste. Vous arriverez à un total farfelu, mais cela importe peu pour le moment.

Deuxième étape : faites votre budget et ramenez le total de la liste à une facture plus « convenable ». Faites-vous un fichier. Pour optimiser cette étape, j'avais fait une fiche pour chaque article à trouver et j'y inscrivais le prix demandé dans quatre ou cinq magasins ; la différence de prix est parfois étonnante et ce n'est pas toujours le même endroit qui remporte la palme du meilleur prix à tous les coups.

Troisième étape : l'achat. Ne vous pressez pas. **Procédez au fur et à mesure, au rythme où vous pouvez installer tous ces joujoux à bord.** Il faut du temps pour installer ses nombreux achats. N'oubliez pas le dicton anglais : «… there's no such thing as a ten minutes job on a boat… » Achetez les cartes, les guides et les appareils électroniques en dernier, pour profiter des plus récentes mises à jour (bien que plusieurs aiment faire le contraire et voyager d'abord sur les cartes). Et puis, il y a toujours la possibilité que certains articles soient en solde à un moment donné. Si quelque chose ne sera utile qu'à cette croisière, ne l'achetez que dans les semaines précédant votre départ. On ne sait jamais… j'ai vu bien des départs reportés et bien des bateaux « tout équipé pour le Sud » à vendre…

Bon magasinage !

OÙ S'ÉQUIPER ?
Équipement neuf
Pour vous aider à faire l'exercice de recherche avec catalogue, voici une liste partielle de magasins offrant un service de commande par catalogue en Amérique du Nord. Il en existe certainement plus, mais il faut bien s'arrêter quelque part. Je vous rappelle que le catalogue n'est là que pour vous indiquer ce qui existe : vous pouvez acheter où bon vous semble.

Boathouse, Dorval
Tél. : (514) 631-8503, 1-800-361-2966
www.boathouse.com

Personnel très compétent et très sympathique ; surtout pour gréement et West System. Le catalogue ne comprend pas tout l'inventaire du magasin.

BOATU.S.
Membership e information
Tél. : 1-800-937-2628
www.boatus.com

La carte de membre donne droit au catalogue, aux prix réduits pour les membres, à un soutien technique spécialisé, à des envois périodiques sur l'industrie marine, sur la législation américaine, sur les assurances, etc., à un service de remorquage, à un service d'assurance, de financement, de cartes de crédit (ces trois derniers services peuvent ne pas être disponibles pour le marché canadien).

Boulet Lemelin Yacht, Québec
Tél. : 1-800 463-4571
Le choix est très complet et se retrouve sur leur site.
www. blyacht. com

Defender Industries, Connecticut
Tél. : 1-800-628-8225
www.defender.com

Entrepôt marine inc., L', Laval
Tél. : (450) 627-2157
Catalogue assez complet et en ligne.
www.entrepotmarine.com

NaviClub, Le, Lévis
Tél. : (418) 835-9279 ou 1-888-628-4258
www.naviclub.com

Stright-Mackay, Nouvelle-Écosse
Tél. : (902) 928-1900
www.stright-mackay.com
L'avantage du dollar canadien, bien sûr…

West Marine
Tél. : 1-800-538-0775
Le catalogue en couleurs est bourré d'articles et de conseils.
www.westmarine.com

Autres magasins d'équipement neuf, avec/sans catalogue :
Association Conam, Montréal
!l faut être membre.
Tél. : (514) 383-0823
www.conam.qc.ca

Fawcett Boat Supplies, Annapolis
Très gros magasin.
Tél. : 1-800-456-9151
www.fawcettboat.com
Trois places à quai ! Beau grand « salon » ; loin d'être le moins
cher, mais dépanne bien compte tenu de son emplacement ; grand
choix de vêtements marins (avec chapeaux et lunettes).

Marina Gagnon et fils ltée
Saint-Paul-de-l'Île-aux-Noix
Tél. : (450) 291-3336 ou (514) 875-8080
www.marinagagnon.com

Marina Gosselin
Saint-Paul-de-l'Île-aux-Noix
Tél. : (450) 291-3170 ou (514) 875-8682
www.marinagosselin.com

Marine Supply & Oil Co, St. Augustine (Floride)
Pêche commerciale.
Tél. : (904) 829-2271
www.marsupco.com
Une longue marche depuis le mouillage mais grande variété d'articles.

Viking Boat Supply, Annapolis
Tél. : (410) 268-8000
Très près du site de mouillage ; bons prix ; de tout (dépositaire Johnson/Evinrude).

Dans la région de Toronto, les plus connus (avec ou sans catalogue) :

Genco Marine, Toronto
Tél. : (416) 504-2891
http://www.gencomarine.com

The Rigging Shoppe, Scarborough
Tél. : (416) 752-1711
http://www.riggingshoppe.com

"The Store" Mason's Chandlery, Missauga
Port Credit Marina
Tél. : 1-800-263-1506
http://www.thestoremasons.com

Ocean Marine (North York)
Tél. : (416) 444-0105
http://www.oceanmarine.on.ca
Équipement pour long voyage (dessalinateur, génératrice, cartes marines)

Bristol Marine, Port Credit
Tél. : 1-905-891-3777
www.bristolmarine-ltd.com

Oakville Yacht Outfitters (Oakville)
Tél. : (1-905-844-9733)
www.radioworld.ca

The Dock Shoppe (sur Queens Quay E, Harbourfront.)
Tél. : (416) 362-3625

North Sails (Toronto Ouest)
Tél. : (416) 259-9644
www.northsails.com

Sobstad Sailmakers (Barrie)
Tél. : 1-800-713-9197
http://www.sobstad.com
Excellent service.

Équipement usagé

Il ne faut pas oublier qu'on part pour longtemps et que toute pièce d'équipement sera exposée à un usage intensif. Une ancre usagée n'est souvent pas différente d'une neuve, mais un pilote automatique… comment savoir ? Mes recommandations à ce sujet sont les suivantes : tous les appareils électroniques, les pièces électriques et les moteurs hors-bord devraient être achetés neufs, parce que, d'une part, la technologie se perfectionne sans arrêt et que, d'autre part, il est quasi impossible d'en évaluer le bon état. Pour le reste (les guides, l'accastillage et même les voiles), du matériel usagé peut très bien faire l'affaire. À vous de juger !

La *Marina Gosselin*, Saint-Paul-de-l'île-aux-Noix, organise une fois par année, au printemps, un grand bazar qui tient du marché aux puces et de la vente de débarras.

Bacon & Assoc.
Annapolis, Maryland
Tél. : (410) 263-4880
Spécialisé dans les voiles et l'accastillage. Vaut la visite !

Sea Chest Salvage
West Palm Beach (Floride)
Tél. : (407) 848-9500

Sailorman
Fort Lauderdale (Floride)
Tél. : (954) 522-6716 et 1-800-523-0772 (É.-U.)
www.sailorman.com
De tout, tout, tout ! Du neuf comme de l'usagé ; en bus ou en vélo, mais ça vaut le déplacement ! Une excursion en soi.

Magasins spécialisés
Livres, guides, cartes :
> *Services maritimes McGill*, Montréal
> Tél. : (514) 849-1125
>
> *Quatre points cardinaux*, Montréal
> Tél. : (514) 843-8116
>
> *Librairie Renaud-Bray*, Montréal
> Tél. : (514) 844-2587
>
> *Librairie du Nouveau monde*, Québec
> Tél. : (418) 694-9475
>
> *Blue Water Charts & Books*, Fort Lauderdale
> Tél. : (954) 763-6533

Électroniques et communications
Il existe plusieurs bons magasins ou fournisseurs, mais je retiens ceux-ci pour leur réputation bâtie depuis longtemps et la courtoisie de leur personnel.

> *Produits électroniques ELKEL*, Trois-Rivières
> Tél. : (819) 378-5457
> www.elkel.qc.ca
>
> *Raytech électronique*, Laval
> Tél. : (450) 975-1015
> www.raytech.qc.ca

Le NaviClub (en page 87) a une très grande gamme d'électroniques.

Moteurs hors-bord
Après de nombreux téléphones et déplacements, j'en conclus qu'il est plus avantageux d'acheter au Canada qu'aux États-Unis ou aux Bahamas !
Nombreux magasins pertinents : faites vos recherches dans toute la province par téléphone !

Nassau, Bahamas : n'achetez que ce qui est sur place, « ya man » ! On vous vendra un moteur de 25 chevaux au prix d'un 15, mais attention à la différence de poids ! N'achetez pas par téléphone, ni par carte de crédit. Ici, c'est la politique du « Payez et emportez ! »

Voileries

Voiles Saintonge, Québec/Granby/France
Tél. : (418) 529-0096 (Québec) ou (450) 777-2680 (Granby)
www.voilesaintonge.com

Voiles Sud, Mirabel
Tél. : (450) 258-4421
www.voile.org/voilesud/

Où faire livrer ?

Si vous achetez par la poste aux États-Unis, certains articles seront assujettis à une taxe d'accise (variable selon l'article) en plus de la TPS et de la TVQ. Puisque de toute façon vous passerez par le lac Champlain, pourquoi ne pas prévoir séjourner là-bas quelques semaines avant votre départ et y faire livrer vos commandes américaines ? Certaines marinas accepteront de vous rendre ce service, d'autres pas. Informez-vous avant ! De plus, pour ceux qui, après leur voyage, reviendront au Canada, vous devrez alors déclarer ces articles importés.

Dans tous les cas, voici l'adresse postale d'une entreprise qui se spécialise dans la réception de colis pour les Canadiens. Il vous en coûtera 2 $ par colis de moins de 70 livres.

Voici comment procéder pour l'adressage :
« Votre nom »
1320, Rte 9
Champlain, NY, 12919 (518) 298-8582

Pour le ramassage :
Prenez l'autoroute 15 qui devient la 87 aux É.-U. ; première sortie après la douane : sortie « Champlain ». C'est le bâtiment bleu qui se trouve du côté est de la 87.

Avant d'acheter aux États-Unis, calculez le taux de change, les frais de transport et les taxes de vente, plus les inconvénients, et demandez-vous s'il y a lieu de le faire.

Notre équipement
Qu'est-ce que nous avions, Anne et moi, lors du voyage ?

À titre de référence, je vous donne ici la liste de ce dont nous disposions à bord pour ce voyage. J'ai ajouté quelques articles que nous n'avions pas, afin d'en commenter la pertinence. Je vous rappelle que le but de notre voyage était de nous rendre aux Bahamas, pas plus loin, et en transitant par l'Intracostal. Une des raisons qui motivaient notre décision, c'était justement que nous n'avions pas l'équipement nécessaire pour aller plus loin. Autrement dit, rajustez votre budget à votre plan de voyage et à votre tempérament. Pour nous, aller chercher de la glace tous les dix ou douze jours n'était pas une corvée, mais une aventure de plus ! Pour d'autres, simplement faire le plein d'eau était pénible et ils auraient préféré avoir investi dans un appareil de production d'eau douce. Par contre, Anne aimait cuisiner avec un robot culinaire à Montréal : nous en avons donc acheté un de 12 volts.

Gardez en tête que :

- toute pièce mécanique, électrique ou électronique doit être entretenue et, éventuellement, réparée ;
- on est à l'ancre plus de 80 % du temps (y compris toutes les nuits) ;
- on ne fait de la voile que pour se déplacer, jamais pour s'occuper ;
- on vit à un rythme beaucoup plus lent qu'à terre ; par conséquent, on a plus de temps pour tout ;
- on est confortable à bord et on profite de la douceur des mouillages. Nous avons passé plus de temps à lire et à écouter de la musique qu'à faire de la voile ;
- chaque pièce d'équipement doit pouvoir loger à bord.

L'ÉQUIPEMENT DE BORD
du *Sunshine Reggae* (liste partielle)

LES VOILES :

Génois sur l'enrouleur : essentiel sur un 34 pieds ; bien pratique dans le *Waterway* : on passe la journée à le dérouler et à le rouler partiellement, selon les vents, la route, la circulation, les ponts à faire ouvrir. De plus, il libère de l'espace si précieux dans les coffres.

Le spinnaker : très peu pour moi, merci ; apportez-le si vous en avez un, sinon inutile d'en acheter un.

Sunshine Reggae, *voiles déployées*
Voici notre bateau tel qu'il apparaissait le jour de notre départ. À noter, les équipements ajoutés pour le voyage :

- *Sur le nez, un davier supplémentaire avec une ancre COR de 25 livres ; il y avait déjà un davier avec une ancre Bruce de 20 livres.*
- *Nouvelle bande de protection U.V. sur la voile avant (le génois).*
- *Tangon de génois ; fixé au-dessus du pont pour libérer le passe-avant.*
- *Marches de mât jusqu'aux premières barres de flèche.*
- *Troisième bande de ris dans la grand-voile (non visible sur l'image).*
- *Sous la bôme, un petit chariot pour faire les courses ; le panier repliable et la poignée escamotable sont à l'intérieur du bateau.*
- *Nous avions déjà un dodger, mais ne partez pas sans vous en être muni d'au moins un !*
- *Un palan d'ajustement de pataras permettant d'augmenter la tension lorsque la voile avant est roulée partiellement et qu'il vente fort. De plus, la poulie à quatre brins de ce palan disposait d'une corde assez longue pour servir de palan de secours. En effet, si quelqu'un tombait à la mer, nous aurions pu suspendre ce palan sous la bôme et descendre le crochet de sauvetage au niveau de l'eau. Vous pourriez utiliser le même truc avec votre hale-bas de bôme. Celui-ci doit avoir une manille à ouverture rapide à chaque extrémité pour être efficace.*
- *Deux bonbonnes de propane de 10 livres chacune. Celle en service n'est pas visible, puisqu'elle est à l'intérieur d'un coffre du cockpit. Les deux supports de bonbonnes avaient été faits sur mesure, en acier inoxydable.*
- *Une « perche d'homme à la mer » si quelqu'un tombe par dessus bord. Une housse maison recouvre le drapeau placé à l'extrémité supérieure. En lançant la perche, la housse, retenue au bateau, découvre le drapeau. Attachée à la perche, il y a aussi une lampe de secours qui s'allume en tombant à l'eau.*

- *Bouée «life-saver» de 24 pouces (610 mm) avec ligne d'attrape flottante de 50 pieds (15 m). Le nom du bateau y est inscrit aux fins d'identification.*
- *Les deux dorades sur le haut du tableau arrière témoignent de l'installation d'une ventilation forcée pour le compartiment moteur. C'est surtout utile pour chasser les odeurs de diesel de la cabine arrière.*
- *L'antenne du Loran C (ancêtre du GPS) accrochée sur le balcon arrière.*

La troisième bande de ris : oui, surtout si vous prenez le premier ris à 15 nœuds de vent.

Grand-voile lattée : un luxe qui ménage bien la voile et les oreilles par vent fort.

Le foc de route : oui, si le génois est un 150 % ou plus ; en janvier et en février, aux Bahamas, il vente régulièrement à plus de 15 nœuds et nous avions gréé ce foc ; mieux vaut un foc déroulé à 100 % qu'un génois à 60 %.

LES APPAREILS ÉLECTRONIQUES :
Le secret : une bonne installation !

La cause numéro un des problèmes : les connexions
(à l'origine de 80 % des pannes) ; le vert-de-gris s'installe vite dans le milieu salin.

La cause numéro deux : l'utilisateur
(dans 15 % des cas) ; c'est maintenant le temps de lire votre manuel d'utilisation !

La cause numéro trois : l'appareil
(dans seulement 5 % des cas) ; eh oui…

Les trois instruments de base essentiels :

Un sondeur : vérifiez l'état du fil menant à la sonde ; le vert-de-gris ne peut être toléré et ce fil ne devrait pas
comporter de raccords entre la sonde et l'appareil.

Une radio VHF : le mode « dual watch » (veille sur une deuxième voie, en plus du 16) peut être utile dans certaines régions.

Un GPS : aux Bahamas, les îles sont parfois mal cartographiées, alors prenez garde ! Toujours se méfier de la position donnée par un appareil électronique.

ET C'EST TOUT ! Ce qui suit, c'est selon votre budget, votre **tempérament, votre patience, votre temps, votre plan de navigation.**

Un pilote automatique : ça équivaut à un équipier dans bien des cas (et ça ne discute pas les ordres !) ; ça permet de libérer complètement le reste de l'équipage. Dans l'*Intracoastal Waterway*, une personne seule avec un pilote suffit, libérant les autres pour quelques heures ; en mer, c'est toujours le pilote qui barre, ce qui permet de rester à l'abri sous le dodger.

Il faut cependant éviter de **le surcharger** (s'il s'agit d'un pilote externe) ; si la barre vous semble dure, elle l'est d'autant plus pour le pilote automatique. Quant à nous, notre Autoheim 4 000 a barré presque toutes les 2 000 heures au moteur, en plus de centaines d'heures à la voile, sans jamais tousser et il fonctionne encore aujourd'hui. S'il lui arrivait de chauffer par moments, on le soulageait de sa tâche, le temps qu'il refroidisse.

Un odomètre et loch : très utile pour confirmer votre navigation.

Un anémomètre en tête de mât avec girouette : c'est un luxe.

Un radar : c'est coûteux et vorace en électricité, mais il pourrait être rassurant dans certaines situations. À considérer si vous pensez vous rendre plus loin que les Bahamas ; nous n'en n'avions pas.

Une radio amateur ou au moins un récepteur à ondes courtes pour capter la météo.

Un décodeur météo : un luxe pour cette croisière ; à considérer si vous désirez aller plus loin.

L'ÉQUIPEMENT EXTÉRIEUR
(pas nécessairement par ordre d'importance)

Un « dodger » (que les Français appellent un « cabriolet ») : plus qu'indispensable, **LA** pièce d'équipement à avoir.

Un compas de route, évidemment !

Un fanal de mouillage, pour les voies passantes (vendu chez Canadian Tire).

Un choix d'ancres : nous avions une CQR de 25 livres avec 30 pieds de chaîne ³/₈ pouce et un câblot de 110 pieds, une Bruce de 20 livres avec 30 pieds de chaîne 5/16 pouce, un câblot de 110 pieds, et une Fortress FX-37 (type Danforth) de 19 livres.

Si le voilier avait disposé d'un guindeau, j'aurais opté pour une CQR de 35 livres et une Bruce de 33 livres et cela aurait été pratique dans quelques cas. Le secret, pour tout mouillage, est que l'ancre doit demeurer horizontale lorsqu'elle travaille, donc avoir assez long de chaîne, mais pas trop pour handicaper le bateau avec tout ce poids dans son puits d'ancre alors qu'il est en marche. Généralement, on fonctionne selon les principes suivants :

Pour le mouillage principal :

Ancre : 1 livre par pied de bateau (sauf pour ce qui est des Fortress qui sont en aluminium) ;
Chaîne : 1 pied de chaîne par pied de bateau ;
Câblot : 200 pieds.

Pour le mouillage secondaire :

Ancre un peu plus légère et différente de l'ancre principale ;
Chaîne, même longueur, mais avec une section plus petite ;
Câblot, plus court.

Le long de la côte, on s'ancre presque tout le temps sur une seule ancre dans un fond de boue, alors qu'aux Bahamas on est souvent sur deux ancres dans un fond de sable (la profondeur du sable variant de quelques pouces à plusieurs pieds sur fond dur).

Normalement, vous faites ce voyage pour vous reposer. Vous ne devriez donc pas vous déplacer tous les jours : d'abord parce qu'il faut parfois une à deux heures pour mouiller convenablement aux Bahamas (donc, on ne répète pas l'opération chaque jour !) ; ensuite, parce qu'on veut dormir l'esprit tranquille, et les ancres doivent donc être d'un type « somnifère ».

Ancre de l'annexe : obligatoire pour la pêche. Évitez le type champignon : il glisse trop. On utilisera plutôt une petite Danforth de 5 livres ou une ancre de type « Navy ».

Un guindeau (électrique si possible) : surtout pour une ancre de plus de 35 livres. Il vous faudra installer des câbles électriques et un disjoncteur pouvant supporter les 40 ampères que consomme ce genre d'engin. Nous n'en avions pas.

Un réflecteur radar.

Des coussins pour le cockpit (flottants).

Une perche, une bouée, un feu, un harnais et un système de récupération d'homme à la mer (prévoir le pire).

Voiturette d'épicerie en plastique : les paniers en fil de fer rouillent vite ; cette voiturette sera également utile pour le transport de la glace et du linge sale.

Deux bidons d'essence/diesel (5 gallons chacun) : on vise une autonomie de 3 jours au minimum.

Deux bidons d'eau de 5 gallons.

Trois bouteilles de propane de 10 livres chacune (nous consommions environ 10 livres par mois). Mieux vaut avoir trois petites bouteilles qu'une grosse de 30 livres ! Je n'ai rien à reprocher aux bouteilles d'aluminium, sinon leur prix ; celles qui sont en acier font par ailleurs très bien l'affaire.

Un boyau d'arrosage ordinaire.

Des marches de mât, jusqu'aux premières barres de flèche. Ce n'est pas un luxe, elles sont très pratiques pour la photo ou la vidéo, en plus d'améliorer la visibilité quand on arrive dans un nouvel endroit.

Une chaise de calfat pour le jour où… (une simple planche peut faire l'affaire).

Un gril (barbecue)… le vent vient toujours du mauvais côté ; certains ne s'en passeraient pas, mais nous, nous nous en serions passé.

Une douche solaire : accessoire très utile ; certains en avaient même plusieurs. Achetez les sacs de 2,5 gallons plutôt que ceux de 5 gallons, question de poids.

« Hol-Tite » : poignée-ventouse pour le nettoyage des dépôts noirs à la ligne de flottaison.

Des bicyclettes : pour la côte américaine, oui ; pour les Bahamas, non ; pour les Antilles, oui. Nous n'en avions pas.

Éolienne : presque indispensable si on a un système de réfrigération ; nous n'en avions pas.

Des panneaux solaires de 40 watts minimum

(qui donnent 3 ampères) chacun, non flexibles. Si on achète de l'usagé, il faut faire attention : la technologie évolue vite. Nous n'en avions pas.

Les jumelles : *inutile de payer trop cher*. On navigue très peu de nuit… et oups, par-dessus bord ! Comme ça bouge sur un bateau, des 7x50 suffisent (plutôt que des 10x50).

Deux batteries : des 90 ampères minimum. Attention : la réfrigération requiert ses propres batteries, en plus.

Un radeau de survie : on le loue ou on l'emprunte selon le plan de navigation qu'on s'est fixé. Nous n'en avions pas, mais notre annexe pneumatique était toujours prête à être mise à l'eau.

Un panneau de Plexiglas coupé sur mesure pour la descente quand il pleut par l'arrière ! Ancré dans le courant, on fait toujours face à celui-ci, peu importe d'où viennent le vent et la pluie. On le range sous (ou derrière) un coussin de banquette ou de couchette.

Des gilets de sauvetage supplémentaires pour les amis ou les invités.

Un taud, une toile, ou un bimini souple ou rigide contre le soleil, selon votre budget. Nous avions un taud.

Équipement d'apnée et de pêche (*voir la liste complète d'équipement au chapitre* «Les Bahamas – la pêche et la plongée»).

Liste interminable de quincaillerie, manilles, vis inoxydables, accastillage, etc.

Annexe et hors-bord avec petit réservoir d'essence (3 gallons) en plastique! (*Voir la section* «L'annexe et le choix d'un hors bord».)

L'équipement intérieur:
(pas nécessairement par ordre d'importance)

Un compas de relèvement

Des moustiquaires: obligatoires. Pour la porte, nous avions le système «Bugbuster» qui tient en place avec des plombs; c'était parfait. En Caroline du Sud et en Géorgie, il y a des *No see'em*: des insectes piqueurs tellement petits qu'ils passent à travers vos moustiquaires normales sans même ralentir! Nous avions donc quelques moustiquaires spéciales faites avec du voilage à rideau pour ces régions; ce tissu laisse moins passer l'air, mais il fait bien le travail.

Des pièces de rechange (toutes rangées au même endroit) pour: la pompe de cale; l'interrupteur de pompe de cale; la (les) pompe(s) à pied; la pompe de toilette; la pompe à eau sous pression; le moteur principal; le moteur hors-bord; des petits accastillages de pont; des collets de plombier inoxydables; des tuyaux et adaptateurs de différents diamètres, etc. Un ensemble pour modifier la toilette après l'écluse de Troy (N.Y.), pour faire la décharge à la mer.

Des ressorts et des cliquets pour les winches: eh oui, ça aussi ça casse, et il faut les remplacer!

Un ensemble de réparation (d'urgence ou complet) d'enduit gélifié (*gelcoat*) et de fibre de verre.

Des rondelles d'étanchéité pour les robinets à pression.

Une pièce de tissu à voile autocollant de un mètre carré environ (dépanne très bien et tient en place). Nous avons eu quelques réparations à faire avec ce tissu; en revenant au lac Champlain, ce tissu tenait encore très bien, et nous n'avons donc pas eu à faire réparer les voiles.

Un système de ventilation du compartiment moteur (même pour les moteurs Diesel) : c'est surtout pour enlever les odeurs dans la cabine arrière. On utilisera un système qui aspire l'air vicié vers l'extérieur et non l'inverse !

Plusieurs cadenas pour divers usages, car ils finissent tous par rouiller…

Des fusées dc détresse (non périmées !) et un pistolet, homologués par les autorités compétentes.

Un système de pompe à pied (pour l'eau douce) pour remplacer la pompe électrique ; en effet, comment aurez-vous accès à vos réserves si votre système d'eau sous pression lâche ?

Une prise d'allume-cigarettes 12 volts pour brancher divers accessoires (radio, GPS, projecteur, fer à souder, baladeur, etc.).

Un filtre à eau, à même le circuit d'eau potable, pour enlever le chlore qui sert à désinfecter l'eau.

Une chaufferette. Mieux vaut le diesel que le propane : la chaleur est plus sèche. En partant en août ou en septembre, vous pourriez peut-être vous en passer, mais sachez que, même en Géorgie, en novembre, il fait 10 °C le matin dans le bateau (ça se réchauffe vite cependant et on ne traîne pas vraiment en Géorgie). Une chaufferette au propane portative pourra très bien dépanner, mais elle n'est pas sans risques en plus de ne pas être approuvée pas les assureurs. De toute façon, soyez prudent avec une chaufferette ; une ventilation adéquate est toujours de rigueur.

Une bouillotte. Eh oui, ce sac d'eau chaude qu'on glisse à ses pieds vous donnera une sensation de chaleur durant toute la nuit… Simple et très sécuritaire.

Sextant et calculatrices astro ne sont pas nécessaires pour ce genre de croisière.

Du tissu antidérapant. Vendu à 1 $ le pied, il est très utile pour cuisiner en route. On le place aussi dans les tiroirs pour éviter le bruit de remue-ménage par mer agitée.

Vos casseroles, autocuiseur et poêles, compatibles avec votre cuisinière, bien sûr.

Un robot culinaire de 12 volts, sinon un hachoir à viande manuel.

Voltmètre et ampèremètre intégrés au panneau électrique.

Pour les loisirs : radiocassette AM/FM d'auto, avec lecteur de disques compacts ; CD, cassettes, livres, revues, instruments de musique, etc. Vous êtes en vacances, non ? Demandez à vos amis s'ils n'ont pas des livres à vous céder : vous allez être surpris.

Un séchoir à cheveux de 110 volts, surtout si vous allez à la marina de temps à autre.

Un aspirateur de 12 volts : on ne s'en sort pas, il y a quand même de la poussière en voyage !

La réfrigération électrique : nous n'en avions pas, c'était trop énergivore pour nous : un « bouffe-énergie » par excellence, mais, avouons-le, bien pratique. Le *nec plus ultra*, d'après les commentaires recueillis, serait un système à plaques eutectiques (**cold plate**) ; une isolation de six

pouces ; un refroidissement à l'eau. Mais on peut discuter de tout cela pendant longtemps… Si vous partez pour

moins de deux ans, pour les Bahamas, pensez donc à la

glace en cubes (350 $ par année).

Vos outils à main (il manque toujours le bon !) et une perceuse électrique de 110 volts : quand viendra le jour où vous aurez un trou à faire, vous trouverez bien du 110 volts.

Une génératrice : seulement si vous avez de la place et un réel besoin ; autrement, ça s'emprunte. Nous n'en avions pas.

• CONCLUSION •

Ne vous laissez pas impressionner par vos voisins de quai ou par les représentants, sinon vous allez y laisser votre chemise. Enlevez-vous de la tête l'idée d'emporter votre maison à bord! C'est l'erreur la plus commune. Le mode de vie sur l'eau est différent de ce que vous connaissez à terre et offre d'autres avantages (et inconvénients!) que vous découvrirez en route.

Visez le confort, parce qu'il ne s'agit quand même pas de camping de survie, mais, je le répète, ce sont souvent les petites choses qui rendront votre voyage inoubliable. Il y a bien d'autres choses à faire sur un bateau que de s'occuper du bateau! Le bateau doit demeurer votre moyen de transport d'un endroit à l'autre et votre toit pour dormir. Il ne doit pas devenir votre hobby ou un boulet qui vous coûte constamment de l'argent.

On passe beaucoup de temps à terre à explorer, à rencontrer d'autres personnes comme nous, qui ne travaillent pas demain. On lit, on écoute de la. musique, on pratique notre guitare ou notre espagnol; on s'occupe du chat ou du chien. On respire les odeurs de cette flore qui change à mesure qu'on avance vers le Sud. Que je plains tous ces navigateurs rencontrés qui passaient le plus clair de leur temps à entretenir et à réparer leur bateau pendant que nous, nous allions visiter un musée ou une ville...

L'ANNEXE ET LE CHOIX
D'UN HORS-BORD

Faisons ici une parenthèse pour cette pièce d'équipement majeure. En effet, l'annexe devient, dans ce mode de vie, votre voiture et donc, il vous faut lui donner l'importance d'un tel moyen de transport. Je suppose que la plupart d'entre vous vont coucher en général à l'ancre, et non à la marina. Ainsi, que ce soit pour aller faire l'épicerie, chercher une pièce au magasin ou de la glace, ou simplement aller prendre un verre sur le bateau voisin, on se sert de l'annexe.

L'annexe motorisée pourra aussi servir en cas d'urgence. J'ai vu des voiliers se remorquer ou se pousser avec leur annexe, alors que leur moteur de bord était en panne. Si, en plus, on peut déjauger, on se déplace à environ 15 milles à l'heure, soit trois ou quatre fois plus vite qu'en voilier : pratique pour déplacer quelqu'un d'urgence. Et puis, si on a opté pour l'annexe pneumatique (par opposition à une annexe rigide), on pourra espérer s'en servir comme radeau de survie s'il fallait abandonner le navire…

Finalement, aux Bahamas, on est presque toujours à l'ancre et une bonne annexe, avec un hors-bord fiable à 100 %, est indispensable.

Le choix de l'annexe

Si vous êtes indécis entre rigide ou pneumatique, partez avec ce que vous avez : il ne sera jamais trop tard pour changer en route si vous avez des regrets. Dans notre cas, nous avions, au départ, une annexe pneumatique Achilles SPD-4FL de 10 pieds, avec un moteur Johnson 4 chevaux. La 2e année, nous avons changé le moteur pour un Yamaha 8 chevaux. Mais je ne vous cacherai pas qu'on a quatre styles de vie différents selon qu'on a une annexe rigide à rames ou à moteur, ou une annexe pneumatique à rames ou à moteur. Précisons tout de suite que les annexes pneumatiques ne sont pas conçues pour se manœuvrer convenablement à rames : un simple petit hors-bord de 2 chevaux fera toute la différence !

L'annexe rigide

L' annexe rigide a l'avantage de pouvoir aborder sur les plages ou aux quais sans inquiétude de s'abîmer. Elle offre beaucoup moins de résistance à l'avancement, et ne demande donc pas un gros moteur (2 à 6 chevaux suffisent) et avance facilement avec des rames. Mesurant en général 5 ou 6 pieds, elle trouvera place sur le pont lors des passages en mer. Elle ne peut déjauger à moins d'être très longue.

Par contre, certains modèles ne sont pas insubmersibles : attention de ne pas embarquer trop d'eau. Sa capacité de chargement est assez limitée, ainsi que sa stabilité. Et oubliez la plongée : comment remonter à bord ?

Généralement, ceux qui ont une annexe rigide l'apprécient beaucoup. Nous avons croisé et même côtoyé pas mal de gens qui ne juraient que par leur annexe rigide.

L'annexe pneumatique

L'annexe pneumatique motorisée offre, en revanche, tout ce qu'on attend d'une « voiture ». Elle est rapide ; sa stabilité est excellente, quel que soit l'état de « la route » ; elle consomme peu d'essence (surtout les moteurs à 4 temps) ; elle permet d'aller partout avec une très grande capacité de chargement de pêche, etc. Elle coûte certainement plus cher, mais voyez ça plutôt comme un investissement : vous pourrez, au retour, la revendre facilement.

Comment choisir l'annexe ?

Pas trop courte, pas trop longue (de 9 à 12 pieds). Boudins de 15 à 17 pouces de diamètre : on est toujours assis sur les boudins plutôt que sur les sièges, alors si on tient à se garder l'arrière-train au sec, mieux vaut de gros boudins.

Plancher rigide avec quille gonflable. Évitez les planchers qui ont des lattes tous les 6 ou 8 pouces.

En option : bon système de dames de nage pour les rames. (C'est rarement le cas.)

Au sud de Norfolk (Virginie), on trouve souvent des quais pour les annexes. On mouille alors juste en face des villes ou des marinas et on a accès à terre. Généralement, c'est gratuit, mais il peut arriver qu'on demande de deux à cinq dollars. On les appelle communément des « dinghy docks ».

Comment choisir le moteur hors-bord ?

Si vous désirez en acheter un, je suggère un moteur neuf. Nous avons navigué plusieurs mois avec un skipper qui, pensant économiser, avait acheté un moteur usagé. Un an plus tard, il avait remplacé trois moteurs usagés et était plutôt frustré de ses expériences. N'oublions pas que vous en ferez un usage intensif et qu'il doit toujours démarrer.

Trois critères

Son poids, son poids, son poids. On passe son temps à le monter de l'annexe au bateau et à le descendre du bateau à l'annexe : 58 livres ou 70 livres, c'est bien différent !

Généralement, on achètera le plus petit moteur qui puisse nous faire déjauger avec trois personnes à bord. Si vous ne tenez pas à déjauger, une puissance de 1 à 6 chevaux suffit. Petit conseil : se défaire du réservoir en métal livré avec un moteur neuf (il va rouiller) et le remplacer par un réservoir en plastique de 3 gallons (11 litres). Vous pourriez avoir à bord, en plus, un autre bidon en plastique de 6 gallons. Inutile d'acheter un réservoir de 6 gallons (comme la plupart), plus lourd et encombrant dans l'annexe : avec 3 gallons, on se promène des heures durant, même avec un 15 chevaux.

Cela dit, nous avons rencontré des gens qui avaient une annexe rigide à voile (et à rames), qui allaient où ils voulaient et semblaient très heureux de leur sort. Comme je l'ai dit plus haut, cela impose simplement un autre rythme de vie.

À l'autre extrême, si vous considérez faire du « charter » dans le Sud, il faudra penser à plus gros. Plusieurs possèdent des annexes pneumatiques avec fond en fibre de verre en V, équipées d'un moteur de 25 chevaux. Ils utilisent des bossoirs à treuil électrique installés à l'arrière de leur voilier pour remonter le tout.

Sécurité

J'ai demandé aux courtiers d'assurances quel était le type de réclamation qu'on leur soumettait le plus souvent : les vols d'annexes et de hors-bord ! Statistiquement, donc, vous risquez plus de vous faire voler votre annexe que de vous échouer avec dommages, de subir un accident ou de perdre votre bateau.

C'est comme pour votre voiture : on doit verrouiller. Le long de la côte, même si l'endroit paraît sécuritaire, il faut toujours le faire. Imaginez : vous revenez avec votre épicerie et l'annexe n'est plus là ! Un simple filin en inox de 5/16 de pouce découragera la plupart des voleurs. Quel que soit votre système, vous n'arrêterez pas celui qui arrive tout équipé pour vous voler ; on cherche plutôt à décourager les passants qui auraient de mauvaises idées... Il existe pour le moteur d'excellents dispositifs, dont cette barre d'acier repliée qui se glisse sur les manettes de serrage et qui utilise un cadenas encastré qu'on ne peut pas couper avec une pince. Très efficace.

Aux Bahamas, nous avons toujours cadenassé l'annexe. Une exception toutefois : les Exumas (Georgetown inclus) où personne ne ferme à clé, pas même le bateau principal... Mais à Nassau, c'est une autre histoire ! Je vous conseille même d'enchaîner votre annexe **sur le côté** du bateau la nuit ; ne la laissez pas traîner derrière. Certains plaisanciers embarquaient même leur annexe sur le pont pour la nuit. Inutile de dire qu'à Nassau il vaut mieux être revenu au bateau avant la nuit. Vous éviterez ainsi la tentation que représente une annexe flottant sans surveillance près d'un quai.

Je terminerai en disant que certains possèdent les deux types d'annexes puisque chacun a ses avantages... Bon magasinage !

Budget à prévoir : minimum 3 500 $ pour une annexe usagée et un moteur neuf de 8 chevaux.

LES VÊTEMENTS

Quoi porter, quoi emporter ?
Où faire le lavage ? Quelle température fera-t-il ?
Généralement, on en emporte trop. Une fois votre valise faite, enlevez-en le tiers ! Tout est fonction du moment où vous larguez les amarres. Un départ en août permet d'apporter moins de vêtements chauds qu'en octobre…

Extrait du livre de bord
20 octobre, Cape May, mardi

On se réveille gelés (7 °C dans le bateau). Les hublots sont pleins de condensation. Le vent est tombé et le soleil brille dans un ciel dégagé. La pression est haute (1028 nib) et le moral est bon.

Faut nous voir dans le rituel des matins frais ! S'habiller ; allumer la chaufferette ; réchauffer le linge à mesure qu'on l'enfile : sous-vêtements, combinaison de ski, chaussettes de laine, pantalon de velours côtelé, t-shirt, chandail de laine, chandail de polar et, certains matins, on garde la tuque de laine polaire qu'on a portée toute la nuit…

Ce qui montre qu'il faut être prêt à tout, surtout si on part à la fin de septembre vers le Sud. De toute façon, il fait assez frais (14 °C) jusqu'en Géorgie. N'oublions pas que c'est aussi l'automne là-bas ! Ce n'est qu'à partir de la Floride qu'on peut penser rester en t-shirt toute la journée. Il n'est pas dit que vous n'aurez pas de très belles journées avant, surtout lorsqu'on descend à terre (il y fait toujours plus chaud).

Il faut partir avec toute une garde-robe ! Prêt à affronter le vent glacial du nord, comme le climat plus tempéré du sud. Tous les vêtements d'hiver embarqués pourront être retournés par la poste, une fois rendus en Floride, pour libérer l'espace de rangement dans le bateau. Remarquez les grandes lunettes de soleil d'Anne ; obligatoires pour protéger votre cornée du vent asséchant et votre vue ! De plus, elles DOIVENT être polarisantes, puisqu'on navigue beaucoup à vue aux Bahamas.

Il existe des vêtements conçus pour le milieu marin. À vous de découvrir mais aussi de vous limiter, selon votre budget. À part dans quelques situations spécifiques, comme les temps de pluie, nous portions des vêtements ordinaires.

Ne pensez surtout pas qu'il faut apporter toute votre garde-robe. Par contre, si vous partez en automne comme la plupart, vous resterez immobile de longues heures, dans le vent et parfois la pluie : il faut bien se protéger.

À noter ici que le pilote automatique prend toute son utilité, puisqu'il vous permet de surveiller la route, à l'abri du dodger.

Le lavage

Les buanderies sont faciles d'accès tout le long de l'Intracostal américain, parfois à la marina, parfois en ville. Même si vous êtes à l'avance, certaines marinas vous laisseront utiliser le « quai des annexes » et leurs installations (gratuitement ou contre paiement).

Aux Bahamas, on trouve deux buanderies importantes et propres : l'une à Nassau, dans un petit centre commercial à l'est de la ville ; l'autre à Georgetown (Exumas), qui offre même un quai pour l'annexe !

Dans plusieurs petites îles, on peut faire faire son lavage par des Bahamiennes et le travail est bien fait. Le linge vous revient tout repassé et plié !

Laver son linge n'est plus une corvée dans ce mode de vie. Ce serait plutôt une aventure ! Préparer le linge sale, l'embarquer dans l'annexe, parce que vous êtes à l'ancre, et filer jusqu'au point d'accostage que vous aurez déniché ou qu'un copain vous aura indiqué ; une fois l'annexe verrouillée, vous voilà parti en exploration avec votre poche de linge sale sur l'épaule ou dans une voiturette.

Protection contre la pluie

Un bon ciré. Les heures sont longues, debout à la barre, sous la pluie intermittente, immobile, au moteur, dans l'Intracostal : voilà une journée typique d'automne.

Prévoir aussi un ciré économique pour les visiteurs qui auraient « oublié » le leur et risqueraient de se passer des plaisirs de manœuvrer sous la pluie…

Un parapluie téléscopique pour aller à terre, à moins que l'idée de vous promener dans Charleston ou New York, en bottes et en ciré, ne vous dérange pas !

Protection contre le vent

Comme nous l'avons dit, notre voilier était équipé d'un dodger, pleine largeur de cockpit. Certains voudront peut-être investir dans un bimini rigide : il sera très utile. Nous n'avions que le dodger et, à l'ancre, nous pouvions installer un taud.

Des lunettes. Les yeux s'assèchent énormément dans le vent toute la journée. Les cellules asséchées de votre cornée se régénèrent normalement durant la nuit, mais exposées de cette façon au vent, la nuit ne leur suffit plus : il faut se protéger avec des lunettes. C'est mon optométriste qui vous le conseille.

Protection contre le soleil

Porter un chapeau en tout temps. Le style « Ultimate », ou explorateur, est pensé en fonction du milieu marin. Une casquette qui tient solidement fera aussi l'affaire, bien qu'elle ne protège pas les oreilles.

Des lunettes de qualité. Les yeux se fatiguent vite lorsque les lunettes sont trop bon marché (moins de 100 $). Les meilleures lunettes sont polarisantes, mais malheureusement les manufacturiers en font moins de modèles. Certaines compagnies américaines se spécialisent dans le verre polarisé : magasinez !

Voici un truc pour vérifier si on vous propose vraiment des verres polarisés : tenir deux montures une au-dessus de l'autre de façon à voir à travers les deux épaisseurs de verre. En tournant une des deux paires de 90°, il devient impossible de voir à travers.

Pour le cockpit : un bimini, un taud, une toile ou, simplement, une bâche en plastique. Aux Bahamas, vous bénirez les journées nuageuses tellement le soleil vous chauffe le crâne !

Protection contre l'eau de mer et le sel
À retenir : les lainages restent chauds même mouillés.
Le coton est le meilleur absorbant d'eau de mer : une fois mouillé, le sel y reste, même lorsque le vêtement est exposé à l'air sec. Dès que le thermomètre baisse, le coton redevient aussi humide. Dans le Sud, on ne fait pas toujours le lavage parce que le linge est sale, mais plutôt parce qu'il est « salé ».

Nous avions pris l'habitude de ne jamais nous asseoir dans le carré avec nos shorts « salés » ; ainsi, on avait des shorts « d'intérieur » et d'autres « d'extérieur », afin de préserver le plus longtemps possible les coussins contre le sel.

Se protéger les mains
Nous avions un assortiment complet de gants selon l'activité prévue. C'était peut-être exagéré, mais les gants ne prennent pas beaucoup de place et c'est tellement plus douillet…

Gants de gros caoutchouc pour les manœuvres d'ancre ; gants de coton pour la plongée et la pêche ; gants de Néoprène pour barrer sous la pluie ; gants de voile aux bouts de doigts coupés ; gants de petite laine pour barrer au petit matin frais ; gros gants de ski pour barrer les journées froides, etc.

• *CONCLUSION* •

Si vous partez après le 15 septembre, vous aurez besoin de vêtements chauds : ne lésinez pas sur cet aspect. En Floride, vous pourrez les ranger très loin à fond de cale ou dans la pointe avant, dans des sacs étanches, ou encore les renvoyer ici par la poste dans une boîte !

Par contre, pour les vêtements de tous les jours, inutile de trop se charger. On ne va pas au casino de Monaco !

Dernier conseil : rangez vos vêtements ensemble, non pas avec la nourriture, et encore moins avec les outils ou les pièces de rechange !

LA PRÉPARATION À LA MER

Comme je le dis souvent dans mon cours, ceux qui désirent vivre intensément l'aventure de la haute mer risquent d'être déçus par ce voyage, puisqu'on ne prend la mer que deux fois (à moins de vouloir y aller plus souvent).

a) D'abord, de New York à Cape May (N.J.) : 110 milles nautiques ; de 20 à 24 heures de route selon le bateau et les conditions entre 2 à 5 milles de la côte. On part vers midi et on arrive *avant midi* le lendemain. C'est simple. C'est ainsi que nous l'avons toujours fait (4 fois).

Ceux qui le désirent pourront s'arrêter en route et faire le trajet en 3 temps, donc de jour. Première halte à Manasquan, petit port de pêche très achalandé. Le mouillage est serré et la circulation continuelle, de jour et de nuit. L'entrée de Manasquan peut être dangereuse par moments si le vent est trop fort et contre la marée. La garde côtière locale peut vous informer sur VHF de l'état de la passe.

L'autre entrée, c'est Atlantic City. Entrée très large, bien balisée et mouillage assez large aussi. Plusieurs choisiront d'aller au Trump Casino Marina. Pas plus cher qu'ailleurs, ce complexe hôtelier vous offre le casino, le gymnase, le sauna, la baignoire à remous, en plus des services habituels de marina : très bien, nous a-t-on rapporté.

b) L'autre passage en mer est la traversée du Gulf Stream vers les Bahamas. La route la plus courte est une traversée de 47 milles nautiques entre Cape Florida (Key Biscayne) et Gun Cay : de 9 à 12 heures de mer selon le bateau et les conditions. À l'automne, on part vers minuit pour arriver avec le soleil au-dessus de notre tête (midi). (*Voir le chapitre* « La Traversée du Gulf Stream ».)

À part ça, on ne sort en mer que si on le veut, puisque la côte américaine offre le luxe de pouvoir naviguer en eau intérieure, de Cape May à Key West, et même de remonter la côte ouest de la Floride et de continuer ainsi jusqu'en Louisiane (l'Intracostal)

Être prêt

Pour ces deux seules fois cependant, la préparation à la mer est de rigueur : il faut toujours être prêt pour le pire en bateau, ainsi, on peut faire face à nombre de situations.

D'abord, bien examiner sur la carte tout le trajet à parcourir : y a-t-il des obstacles, des hauts-fonds à contourner, des bouées non lumineuses à éviter, des bouées lumineuses à remarquer, etc. ? L'idéal est de programmer le GPS avec des points intermédiaires tout le long du parcours, ainsi, on naviguera d'un point à l'autre.

- Installer des lignes de vie, de chaque côté du bateau, qui partent de l'avant et courent jusqu'à l'arrière en empruntant la voie la moins encombrée sur le pont. Certains achètent des filins d'acier pour ce faire, mais d'autres, comme nous, se contentent de bonnes amarres tendues au maximum.
- Vérifier le matériel de récupération d'homme à la mer et s'assurer que tout le monde à bord sait s'en servir.
- Écouter la météo régulièrement pour se faire une bonne idée du moment du départ.
- Préparer le matériel de survie en cas d'abandon du bateau (*voir* « Radeau et trousse de survie », *plus loin*).
- Sortir les gilets de sauvetage.
- Préparer les harnais pour s'attacher aux lignes de vie.
- Préparer l'annexe pour l'abandon du bateau : soit qu'on la remorque à l'arrière (ce qui peut être hasardeux si les conditions météo se détériorent), soit qu'on l'arrime sur le pont ; avoir un bon couteau prêt pour couper vite les amarres, si nécessaire.
- Dégager le pont de tout ce qui est inutile : cordages, bidons, seaux, sacs à voile, etc.
- Bien arrimer ce qui reste malgré tout sur le pont : bidons, sacs à voile, tangon, planche à voile, annexe, ancre, etc.
- Vérifier les appareils électroniques. Faire comprendre le principe du GPS et de la radio VHF à tout l'équipage.

- Avoir sous la main le matériel de navigation : cartes, pointes sèches, règles, crayons, compas de relèvement, petite lampe de poche ou de carte, jumelles, etc. N'oubliez pas que pour naviguer de nuit, il est préférable qu'il fasse noir dans le bateau (ou qu'on y mette au moins très peu de lumière), afin de ne pas éblouir ceux qui sont de quart.

L'HOMME À LA MER

Nous avions une règle d'or à bord : interdiction de tomber par-dessus bord ! En mer, même quand il y a peu de houle, une tête est pour ainsi dire invisible. Imaginez le scénario suivant : vous êtes seul de quart, le bateau est sous pilote automatique, le moteur tourne, l'équipage dort en bas… vous allez à l'avant décoincer la corde de l'enrouleur, vous perdez pied et vous tombez à la mer ! Vous aurez beau crier, personne ne vous entendra… et le bateau continuera sa route sans vous, en ligne droite.

Si un tel scénario se produisait, essayez de nager sur place, le plus longtemps possible. Lorsque l'équipage se réveille, la meilleure chose à faire est de virer de 180°. Nous avions donc, lorsque nous étions de quart, un sifflet et une fusée à étoiles multiples (type B) pendus au cou pour signaler notre présence dans l'eau.

Si vous êtes présent quand quelqu'un tombe à l'eau, envoyez-lui immédiatement (avant d'arrêter le voilier) la bouée (fer à cheval ou anneau de sauvetage), la perche d'homme à la mer et la lumière strobo-scopique (pour marquer sa position approximative) ; tout ça va dériver en même temps, et la victime aura un espoir de trouver la bouée et de pouvoir s'y accrocher en voyant le drapeau flottant. Évidemment, il ne faut jamais relier ces aides au bateau.

Une fois la victime retrouvée, on la remontera à bord à l'aide d'une technique PRÉVUE et PRATIQUÉE D'AVANCE : le franc-bord d'un bateau a facilement trois pieds et une personne à demi incons-ciente ou inconsciente pèse très lourd.

Le mieux est de prendre toutes les précautions nécessaires pour ne pas tomber par-dessus bord. Portez un harnais fixé à la ligne de vie en tout temps lorsque vous êtes seul, même s'il fait beau.

- Faites le choix des voiles dès le début de la nuit, en fonction des pires conditions annoncées : si on annonce, par exemple, des vents de 25 nœuds, je prends tout de suite deux ris dans ma grand-voile sur mon bateau. Si votre voile d'avant est sur enrouleur, vous pourrez l'ajuster à mesure que les conditions changeront.
- Ne jamais se promener sur le pont inutilement.

ABANDON DU NAVIRE

Voilà une autre condition extrême et très rarement rencontrée, surtout pour le programme de croisière que nous vous proposons. Mais encore une fois, personne n'est à l'abri des imprévus et il faut être prêt.

Le principe de base est qu'on *monte* dans un radeau de survie ; c'est-à-dire que la mesure est tellement extrême que, normalement, on n'utilisera le radeau de survie que lorsque le bateau principal est sous la surface. Combien de fois lit-on des récits de voiliers retrouvés en mer, à la dérive, sans personne à bord ? Même si les conditions deviennent inconfortables, voire intolérables, mieux vaut un voilier qui flotte et qui brasse qu'un radeau de survie à la dérive dans une mer déchaînée.

Enfin, je suis bien conscient, pour en avoir parlé à des gens qui ont dû abandonner leur bateau, qu'il est plus facile d'écrire ces lignes que de vivre le moment, car on se demande toujours : « Et si tout éclatait, je n'aurais même pas le temps de sauter dans le radeau… » Le tout est d'essayer de garder son sang-froid, de juger selon les conditions ET l'endroit où l'incident se produit.

Les incidents graves ne sont pas toujours provoqués par les conditions de mer : on peut entrer en collision avec de gros objets ou même des baleines. Si la voie d'eau ne peut être aveuglée, il faudra abandonner le bateau dans les minutes, sinon les secondes, qui suivent ; de là l'importance d'être prêt.

RADEAU ET TROUSSE DE SURVIE

Notre budget ne nous permettait pas d'acheter un véritable radeau de survie, alors c'est l'annexe pneumatique qui en tenait lieu. De toute façon, comme je l'ai dit plus haut, cette croisière ne nous fait prendre la mer que deux fois. Évidemment, si vous partez pour les Antilles ou le tour du monde, c'est une autre histoire.

On aura donc soin de préparer, en plus, un contenant étanche comprenant, par exemple, le matériel de survie suivant :
- Signaux de détresse (fusées, drapeau, fumée, etc.) ;
- Papiers du bateau et papiers personnels (passeports) ;
- Argent ;
- Quelques bouteilles d'eau (on prévoit une survie de trois jours) ;
- Matériel de pêche de base ;
- Couverture d'urgence (feuille d'aluminium) ;
- Appareil VHF portatif, si vous en avez un (rechargé !) ;
- Aliments séchés (non salés) ;

- Noix (protéines) ;
- Papier, crayon, stylo ;
- Miroir, couteau, canif ;
- Petite trousse de premiers soins ;
- Crème solaire (facteur de protection solaire 25 ou 45) ;
- Chapeaux.

Ce ne sont là que quelques exemples. Il suffit de lire *Adrift* de Steve Callahan pour avoir des idées… (*voir* « Bibliothèque de bord »).

Ce contenant étanche doit flotter sans votre aide. Ainsi, le moment venu, on largue le radeau, le contenant et on s'occupe de soi. Vous pouvez y attacher trois ou quatre gilets de sauvetage, par exemple.

Il ne faut pas non plus paniquer en voyant tout ce qui existe sur le marché comme équipement de survie. Votre budget total de voyage pourrait y passer !

• CONCLUSION •

Prendre la mer est une très bonne école, pleine d'enseignements sur les éléments mais surtout sur soi-même. Ce n'est qu'en mer qu'un bateau prend tout son sens ; c'est pour ça qu'il a été construit. Et ce n'est qu'en mer que vous trouverez ce réel sentiment de liberté qui se cache au fond de tous ceux qui aiment naviguer. Sentir le vent sur son visage et ses mains et sentir que ce vent fait aussi avancer, mètre par mètre, votre voilier ; entendre avec plaisir l'étrave qui fend la surface et ouvre son chemin, en sachant qu'au bout un havre paisible vous attend. Le jour, c'est le bleu de l'eau et la blancheur de l'écume qui nous éblouissent. Et il y a des nuits où on pourrait presque lire à la lueur de la lune dans le cockpit. C'est impressionnant !

Naviguer en mer vous apportera une grande confiance personnelle, mais il est important de mettre toutes les chances de votre côté si vous voulez que cette expérience soit agréable : bonne préparation de l'équipage, de la route, du bateau, de l'équipement de survie, du matériel de récupération d'homme à la mer. Et quand la météo est favorable… on s'élance !

LES ASSURANCES
PERSONNELLES
ET CELLES DU BATEAU

LES ASSURANCES DU BATEAU

Le monde de l'assurance de bateaux a beaucoup changé depuis quelques années. Il y a eu beaucoup d'ouragans dévastateurs aux États-Unis depuis 1992, et plusieurs assureurs ont fait faillite. Les sociétés qui restent ont resserré leurs conditions et c'est nous qui en faisons les frais. Dès qu'on leur parle de s'éloigner de notre plan d'eau habituel ou du Québec, ils deviennent plus exigeants. C'est parfois comme si on leur annonçait qu'on s'en va sur Mars et qu'on veut une assurance. Il vous faudra donc bien préparer votre dossier et faire preuve d'une bonne dose de patience, surtout si vous avez peu ou pas navigué, si vous n'avez jamais suivi de cours et si votre bateau fait moins de 32 pieds !

Les constatations qui suivent se fondent sur plusieurs sources. D'abord, comme tout le reste, sur ma propre expérience : j'ai mené cette vie durant 26 mois et j'ai eu deux réclamations à faire. Ensuite, je me suis basé sur l'expérience d'autrui : j'ai posé des questions à ceux et à celles qui partaient vers le Sud ou qui en revenaient. Et finalement, j'ai voulu avoir le point de vue des assureurs. J'ai donc consulté trois courtiers importants qui ont eu la patience de m'expliquer en détail leur vision de la situation. Voici donc le fruit de mes recherches.

Ce n'est même plus une question d'argent. Même si l'on est prêt à payer plus cher, les assureurs (souvent américains) sont devenus tellement indépendants de leur clientèle qu'ils refuseront votre demande si vous ne répondez pas exactement à leurs critères. Les courtiers québécois n'ont d'autres choix que de suivre. Par exemple, plusieurs assureurs exigent une longueur minimale de bateau, peu importe l'expérience du chef de bord : côte Est, 30 pieds ; Bahamas, 32 pieds ; Antilles, 42 pieds (valeurs à titre indicatif seulement).

> ### Cas vécus
>
> *J'ai déjà eu une élève qui naviguait sur un Contessa 26, seule. Elle a navigué pendant des années sur le fleuve, dans le golfe Saint-Laurent, le long des côtes du Labrador et de Terre-Neuve. Peu d'entre nous peuvent se vanter d'une telle expérience de mer. Et pourtant, il lui était impossible de s'assurer pour naviguer dans l'Intracostal américain (canal intérieur, douze pieds de profondeur…). Verdict des assureurs : « Tant qu'elle est au Canada, on peut l'assurer ; ailleurs, c'est une autre histoire. De plus, son bateau est trop petit. »*
>
> *À l'inverse, j'ai connu un jeune couple sans aucune expérience de voile, ni de navigation qui avait suivi un cours théorique de navigation. Eh. bien, ils ont réussi à. assurer leur voilier de 42 pieds, âgé de 5 ans, pour la Floride et les Bahamas ! Allez donc comprendre la logique ! C'est que, justement, il n'y a pas de logique : les courtiers ont des normes précises à. suivre et il y a peu de place pour les sentiments personnels, ou du moins pour des considérations subjectives.*

Cela dit, ne vous découragez pas. On vous conseille de bien préparer votre dossier AVANT de téléphoner pour avoir un prix. Quelle expérience avez-vous ? Comme équipier ou comme skipper ? Quels cours avez-vous suivis ? Sur quel type de bateau partez-vous ? Quel est votre plan de navigation d'ensemble ? Quelles sont vos dates de voyage ? Où le bateau est-il en ce moment ? Qui le surveille ? Allez-vous entreposer le bateau en route pour un certain temps ? Où ? Pendant combien de temps ? Qui le surveillera ? Allez-vous vivre à bord ? Etc. Et ce, sans oublier que ce qui est refusé à l'un peut être accordé à l'autre !

Les navigateurs, eux, estiment qu'il y a plus de risques à l'intérieur de la côte américaine qu'aux Bahamas, ou même qu'en mer. Mais les compagnies d'assurances jugent exactement l'inverse : certaines vous excluent si vous vous éloignez trop des côtes. Et pourtant, il y a pas mal moins de vol d'annexes à 150 milles des côtes qu'à la marina ! Je le répète, il faut renoncer à percer la logique de leur raisonnement.

Le choix d'un courtier

C'est du cas par cas, il faut magasiner et comparer. Un courtier spécialisé en assurance de bateaux aura priorité dans mon jugement, parce que si une réclamation devait survenir, il sera probablement mieux en mesure d'évaluer la situation. Mais si les conditions qu'il vous impose ne vous conviennent pas, ou qu'il refuse de vous assurer, demandez ailleurs, chez votre courtier d'assurance résidentielle, par exemple (certains l'ont fait). Ou encore, certains se sont assurés avec des compagnies françaises (adresses dans les revues françaises). D'autres, comme nous, se sont tournés vers les Américains : après tout, c'est chez eux qu'on s'en va. J'en connais d'autres qui l'ont fait, mais soyez très prudent dans la façon de procéder et vérifiez la législation à ce sujet. Évidemment, avec le taux de change, cela ne s'avérera peut-être pas ce qu'il y a de plus économique non plus !

D'autres ont réussi à faire affaire directement avec des compagnies d'assurances, au lieu de passer par un courtier (cas vécus avec Lloyd's et Zurich) : à vous de faire preuve d'initiative.

Prendre seulement une assurance responsabilité civile

C'est une option qui commence à faire son chemin et certains courtiers l'offrent à leur tourdumondistes. Mais, en général, dans le monde de l'assurance on considère que si vous êtes prêt à ne pas assurer votre bien, vous n'êtes pas très responsable, alors pourquoi vous assurer en responsabilité civile seulement ! Cherchez la logique…

Où s'assurer ? (par ordre alphabétique)

Voici quelques courtiers qui se spécialisent dans l'assurance de bateaux et qui transigent avec des compagnies qui assurent pour le Sud, au cas où vous ne sauriez pas par où commencer vos recherches… Avant d'appeler, sachez ce que vous voulez ! Préparez votre dossier personnel et ne soyez pas agressif inutilement s'ils ne répondent pas à vos exigences : ils sont eux-mêmes soumis à de fortes pressions de la part des assureurs qu'ils représentent.

VOTRE COURTIER en bateaux actuel, commencez par lui. S'il n'offre pas de couverture pour le Sud, peut-être pourra-t-il vous référer ailleurs.

ARMANIEN NAUTILE PLAISANCE
Tél. : +33 (0)4.96.176.176

69, rue Beauvau
13001 Marseille, France
(reconnu pour les tourdumondistes et autres croisières)
www.assurances-plaisance.com
courriel : armanien@ assurances-plaisance. com
(formulaire de soumission en ligne)

BOAT/US
Tél. : 1-800-283-2883
USA (avec une adresse de résidence aux États-Unis)
www.boatus.com

GROUPE ASSURANCE ELCO INC.
(Marine Expert)
Tél. : (450) 466-2020 ou 1-800-993-7070
5900, boul. Cousineau, bureau 300
Saint-Hubert, J3Y 7R9
www.elco.ca

LUSSIER, CABINET D'ASSURANCES
Pour toute la province :
Tél. : 1-888-320- BATO (2286)
www.lussierassurance.ca

MAJOR CORMIER & ASSOC.
Tél. : (514) 738-5275 ou 1-800-361-6229
620, rue Saint-Jacques, bureau 600 Montréal, H3C 1C7
www.mcayacht.com

NATIONAL MARINE UNDERWRITERS INC
Tél. : 1-800-262-8467
410, Seventh ave, suite 207, P0 Box 4636
Annapolis, Maryland, USA
www.nmu.com

OSBORN AND LANGE INC.
Tél. : (514) 849-9714
360, rue Saint-Jacques Ouest Bureau 200
Montréal, H2Y 1P5

TAILLEFER, DESJARDINS INC
Tél. : (514) 878-1255
Pierre Desjardins 999 boul. de Maisonneuve Ouest, 10e étage
Montréal, H3A 3L4

Note : Ces assureurs n'ont pas payé pour avoir leur nom ici. D'ailleurs, je n'en recommande aucun en particulier, et il en existe d'autres qui ne sont pas énumérés ici. Vous pouvez leur demander des références. C'est quand il y a eu réclamation qu'on peut vraiment juger d'un courtier.

Demandez un exemplaire de la police, puisque c'est le texte faisant foi, et pas seulement la brochure explicative : c'est votre unique façon de savoir exactement ce qui est couvert, mais surtout, ce qui ne l'est pas.

En fin de compte, quel est le plus grand risque ?

À la question : « Quelle est la réclamation qui revient le plus souvent ? », les courtiers sont unanimes : le vol d'annexes et de hors-bord ! Bien avant les accidents de bateau ou les pertes totales. Prenez donc vos précautions. Un courtier a même réglé le problème : il n'assure plus les annexes ! D'autres exigent une franchise différente pour l'annexe. À vous de poser toutes les questions !

Combien ça coûte ?

Je ne peux pas donner de chiffres ici, chaque situation étant différente. Voulez-vous être assuré pour la valeur de remplacement, la valeur payée, la valeur marchande ou la valeur dépréciée ? Si l'on considère que la franchise correspond souvent à 1 % du capital assuré, et que le risque d'une perte totale est très faible, il est peut-être avantageux d'être assuré pour la plus petite valeur possible.

De toute façon, on ne peut se fier au prix de la prime comme référence quant à la qualité du service lors d'une réclamation. Seule la réputation du courtier, sa compétence dans le domaine maritime et la clarté du contrat peuvent vous guider dans votre choix. Le prix n'est qu'un facteur parmi d'autres.

Ne pas s'assurer

Finalement, n'oublions pas que plusieurs n'assurent pas leur bateau. Une condition *sine qua non* : votre bateau doit vous appartenir. En général, ceux qui partent pour le tour du monde ou une longue traversée ne s'assurent pas à cause, entre autres, des primes trop élevées. Vous assumez alors vos responsabilités : plusieurs se disent : « Je ne peux perdre plus que ce que je vaux. »

> ### • *CONCLUSION* •
>
> *Bien sûr, si vous gardez votre bateau hors de l'eau, dans votre cour, sous une surveillance constante, les courtiers vont vous adorer ! Autrement, il faut être préparé, patient, mais vous trouverez bien preneur : courage ! Et puis, si on vous refuse parce que vous manquez d'expérience, ne croyez-vous pas qu'il vaudrait mieux naviguer ici quelques saisons avant de vous lancer pour l'aventure du sud ?*

ASSURANCES PERSONNELLES

En ce qui concerne les assurances médicales, voici à quoi ressemble la situation aujourd'hui. Elle peut très facilement être différente lors de votre départ ; il faudra vérifier.

Premier assureur : la RAMQ

Actuellement (en avril 2004), la RAMQ (Régie de l'assurance-maladie du Québec) couvre une partie des frais médicaux hors Québec. Une condition cependant : il doit s'agir de cas d'urgence seulement. Et le remboursement ne représente qu'une portion ridicule de la facture réelle. Actuellement, la RAMQ rembourse 50 $ pour une consultation en clinique (et 100 $ par jour pour une hospitalisation !) : on m'a dit qu'à Manhattan, à l'urgence de l'hôpital, les frais d'ouverture de dossier, **avant** la consultation, sont de 440 USD ! Autre exemple : à l'hôpital de Cape May, en août 2001, une consultation pour un mal de gorge : 120 USD.

De plus, vous ne devez pas être absent du Québec plus de 183 jours par année civile (les séjours de moins de 21 jours ne comptant pas). Cependant, une fois par sept ans, **vous pouvez demander une extension de six mois à ce premier six mois** et ainsi être couvert **toute** l'année civile. On se procure le formulaire à la RAMQ. Le délai pour obtenir la lettre d'extension est de 14 jours à trois mois, selon divers facteurs. Donc, avis à ceux qui partent bientôt ! Vous pouvez vous rendre sur place pour accélérer le processus.

Deuxième assureur : les compagnies privées
Pour couvrir la différence, il faudra donc avoir une assurance privée (par exemple, la Croix-Bleue). Si on compte partir plus de 183 jours, l'assureur exigera la lettre d'extension de la RAMQ, peu importe la période de l'année couverte.

Exemple :
Vous partez le 1er juillet pour revenir le 30 juin suivant. Pour la RAMQ, il n'y a pas de problème, puisque vous ne serez pas absent plus de 183 jours dans la même année civile : pas besoin d'extension. Mais pour la Croix-Bleue, vous êtes parti plus de 183 jours au total : donc, votre 2e assureur exige la lettre de toute façon, puisque c'est lui qui couvrira le solde de la facture.

D'autres possibilités s'offrent peut-être à vous :
- Par exemple, commencez donc par lire votre police d'assurance bateau : celle-ci devrait comprendre une couverture médicale en cas d'accident à bord (au moins 10 000 USD, par personne, par sinistre).
- Certaines institutions de crédit offrent aussi des couvertures optionnelles pour les voyageurs.
- Certains trouvent même de ces protections dans leur police d'assurance maison (si vous la gardez) ou d'assurance-vie ou en font la demande explicite.
- Il existe même des polices d'assurance internationales qui couvrent la planète, sauf les É.-U.
- Un couple parmi mes élèves s'était informé en 1999 auprès d'un courtier québécois pour s'assurer aux États-Unis : 9 000 $!

Le marché de l'assurance médicale est très lucratif et vous ne devriez pas avoir de difficulté à trouver preneur. D'ailleurs, il est toujours bon d'appeler votre assureur et de lui expliquer votre projet : il est souvent en mesure de mieux vous guider dans vos démarches que la Régie elle-même, puisque c'est lui qui couvrira la majeure partie des frais. De plus, il va être très bien informé des derniers règlements concernant tout ce dossier. Et vous aurez plus de facilité à le joindre au téléphone que la RAMQ…

Pour écrire à la Régie :

Régie de l'assurance maladie du Québec
C.P. 6600
Québec, Québec
G1K 7T3
Tél. : (514) 864-3411 (à Montréal)
www.ramq.gouv.qc.ca

Nous, nous étions assurés par Lloyd's par l'entremise de Visa Desjardins : (514) 285-7830 ou 1-866-835-8444

Nous n'avons eu aucune réclamation médicale à faire.

La deuxième année, comme nous ne pouvions redemander une lettre d'extension à la RAMQ, nous sommes partis sans assurance médicale. Nous n'avons pas traîné aux États-Unis, car c'est là que ça coûte cher. L'assurance bateau nous couvrait jusqu'à 10 000 USD chacun en cas d'accident survenu à bord.

Aux Bahamas, les frais sont comparables à ce qu'ils sont au Canada. Nous avons connu une Québécoise qui a dû se faire plâtrer le pied et la jambe à Nassau, et elle n'a pas perdu sa bonne humeur pour autant !

Évidemment, le meilleur truc, c'est de partir en santé, et aussi d'éviter de courir pieds nus sur le pont !

• CONCLUSION •

Soyez persévérant dans votre recherche ! Lisez les revues spécialisées. Parlez à ceux qui sont allés dans le Sud. Voyagez sur Internet… Bon magasinage !

LA PHARMACIE DE BORD :
À QUOI S'ATTENDRE
COMME PROBLÈMES DE SANTÉ

Premier conseil : suivre un cours de premiers soins. Le but de ces cours est de vous enseigner des techniques pour stabiliser l'état de la victime en attendant l'arrivée du personnel médical. En mer, il est souvent difficile d'obtenir de l'aide médicale ; vous devrez donc consulter les ouvrages de référence de la bibliothèque de bord. Si vous partez à deux, il est bon que les deux personnes suivent le cours.

Les malaises courants en croisière : d'abord le mal de mer et ensuite l'exposition prolongée au soleil. On se fait aussi des coupures légères en filetant les poissons et on se blesse aux orteils en se déplaçant sur le pont. Si l'on exclut les accidents, les plaisanciers sont moins malades que les « terriens », car ils sont moins exposés aux virus qui circulent, et la température clémente aide aussi. On vit au grand air, on fait de l'exercice toute la journée, on mange souvent mieux qu'ici parce qu'on prend le temps de bien manger, etc. Bref, de façon générale, jour après jour, on est en bonne santé.

Il faut toutefois demeurer vigilant. Voici donc quelques conseils basés sur notre expérience :

Contenu de la trousse de premiers soins
Recours aux ouvrages spécialisés de la bibliothèque de bord
Il faut avoir une bonne trousse de premiers soins, avec suffisamment de compresses pour arrêter des hémorragies ; « Saran Wrap » pour faire un bandage compressif ; gants de latex ; couvertures d'urgence (genre aluminium) ; compresses chaudes et froides ; cotons-tiges ; guide d'urgence (*voir* « Bibliothèque de bord »). Se référer aux trousses en magasin pour savoir quoi acheter ou encore s'inspirer de guides de premiers soins. (*Voir annexe D.*)

Médicaments

Allez voir votre médecin de famille et parlez-lui de votre projet. En général, les médecins sont très ouverts et ils vous fourniront une bonne base d'ordonnances. Si le vôtre n'est pas emballé par votre projet, allez en voir un autre !

Vous devriez avoir à bord les produits suivants : analgésiques, anti-inflammatoires (ex. : Motrin ou Advil), onguent antiseptique, peroxyde ou alcool à friction, ordonnance d'antibiotique général **compatible avec le soleil** (ex. : Erybid en cachets ou Fucidin en onguent), produit contre la diarrhée (ex. : extrait de fraises, Imodium). La pénicilline peut être dangereuse pour les personnes qui y sont allergiques ! N'oubliez pas une quantité suffisante de vos propres médicaments. Conservez toujours une copie des ordonnances. Pensez également à l'homéopathie : il existe des produits pour tous les maux, ou presque !

Le mal de mer

Le mal de mer est une affection du système digestif qui découle d'un déséquilibre du cerveau dû à un manque de coordination entre la vue et l'organe de l'équilibre, situé dans l'oreille interne. Le cerveau est habitué à un horizon et un sol fixes. Lorsqu'on est soudainement exposés à un environnement mouvant, nos sens envoient des ordres contradictoires au cerveau, qui se trouve alors un peu dérouté. Ce sera pire à l'intérieur du bateau, puisque votre sens de l'équilibre compense pour les mouvements du bateau, alors que votre vue vous dit que l'environnement ne bouge pas... Voilà pour la définition peu scientifique.

Hélas, personne n'est vraiment à l'abri de ce fléau, mais certains y résistent beaucoup mieux que d'autres. Sans avoir de vomissements à vouloir mourir, on peut soudainement se trouver mal et avoir besoin de s'étendre un moment. À l'opposé, d'autres deviennent tellement malades qu'ils en sont mis K.-O.

En guise de prévention, rappelez-vous la règle des trois F : la **faim**, la **fatigue**, le **froid**.

J'en ajouterais un : la FROUSSE. Eh oui, ça se passe toujours aussi un peu entre les deux oreilles !

Le mal de mer peut même survenir dans l'Intracostal ou à l'ancre aux Bahamas ! Consultez votre médecin ou votre pharmacien. Il existe maintenant des produits homéopathiques, par exemple la Coculine. Les bracelets Sea Band sont efficaces pour plusieurs personnes (nous avions même deux paires additionnelles pour les visiteurs). Les timbres de scopolamine, par exemple Transderm, et les Gravol sont très efficaces, mais peuvent avoir des effets secondaires. Le produit belge Stugeron est sécuritaire et sans effets secondaires, mais on ne le trouve pas encore au Canada ; c'est un vasodilatateur antihistaminique.

Et puis, il y a les bons vieux craquelins, Saltime secs, très secs. Lorsque vous prenez le large après une longue période d'arrêt à l'ancre, préparez les biscuits à l'avance, dans le cockpit : pour plusieurs, c'est là un moyen très efficace et suffisant.

Si vous observez quelqu'un à bord qui ne parle plus, il est bon de le faire sortir et de l'occuper (à la barre, par exemple)…

Exposition prolongée au soleil

Aussi ironique que cela puisse paraître, vous finirez par vouloir vous cacher du soleil et vous bénirez les journées nuageuses ! Une lotion solaire à FPS élevé (minimum 15), à l'aloès si possible, est indispensable. Un onguent d'oxyde de zinc et une crème hydratante, par exemple Solarcaine, pour les coups de soleil, de même qu'un chapeau et des lunettes de soleil doivent également être du voyage. N'oubliez pas le dessus des pieds ! Pour le nez et les oreilles, je conseille un FPS 45 tous les jours dans le Sud. Il est essentiel de pouvoir se protéger sous un auvent, dans le cockpit, à l'arrêt. Hélas, la couche d'ozone n'épaissit pas…

Se protéger des insectes

Des insecticides comme Skintastic, Off!, Skin-So-Soft feront partie de l'arsenal. Il ne faut pas oublier la Calamine pour le soulagement des démangeaisons. Des pièges à insectes (fourmis, araignées, blattes, etc.) pourront être fort utiles.

Oui, il y a des moustiques aux Bahamas. Mais, en général, à l'ancre, au vent, l'hiver, ce n'est pas un gros problème. Mais si vous mouillez trop près du bord ou encore lorsque vous irez explorer certaines îles, il est possible qu'il y en ait.

Vaccins

Aucun vaccin n'est obligatoire pour entrer aux Bahamas, mais certains voudront prendre plus de précautions : vaccin DTP (diphtérie, tétanos, polio), hépatite A et B, typhoïde, rage, etc. Consultez votre cliniquevoyage. (À noter que le vaccin contre la fièvre jaune est obligatoire aux Bahamas pour ceux qui reviennent de régions où cette maladie est endémique.)

• *CONCLUSION* •

Pour nous, la prudence étant toujours de mise : mieux vaut prévenir les problèmes de santé. À vous de prendre les mesures pour y arriver. Attention à ne pas prendre froid. Il est important de toujours bien manger. Pour ça, il faut se procurer des aliments frais et ne pas hésiter à jeter toute denrée suspecte. On doit toujours veiller à boire suffisamment d'eau. Il faut toujours être chaussé sur le pont, avoir de bons gants pour les manœuvres de mouillage et surveiller ses doigts. En exploration sur les îles, il est important de bien se vêtir et de porter des chaussettes et des espadrilles, et un pantalon, si nécessaire…

Bref, être en santé, ça nous regarde !

L'ENTRETIEN
DU MOTEUR PRINCIPAL

C'est le cœur du bateau. Je pense que je prenais plus grand soin de mon moteur que de moi-même (ne faisons-nous pas la même chose avec nos voitures ?). Un jour, j'ai entendu le commentaire suivant : « Mon moteur fonctionne n° 1, sans entretien, et je n'y touche jamais ; j'espère que ce sera ainsi pour toujours. » Voilà la meilleure façon de se retrouver coincé en Floride... « J'attends des pièces pour la semaine prochaine... Nous vous rejoindrons aux Bahamas ! »

Le premier conseil que je donnerais à ceux et celles qui ne sont pas mécaniciens serait de suivre le cours d'entretien de moteur à la Société de sauvetage. Cela ne fera pas de vous des mécaniciens, mais le cours démystifiera au moins les principales opérations d'entretien de votre moteur.

Les commentaires qui suivent sont issus de mon expérience personnelle.

Je suppose que la majorité de mes lecteurs naviguent sur des voiliers de 30 à 36 pieds. Les autres devront s'adapter à mon discours, puisque je parle de ce que j'ai vécu, c'est-à-dire à bord d'un voilier de 12 000 livres, propulsé par un moteur Diesel Yanmar, 3 cylindres, 22 chevaux, à refroidissement par échangeur (modèle 3GMF), qui marchait en eau salée à 6,25 nœuds (moteur seulement). Préparez-vous à une trentaine de journées au moteur du lac Champlain à Miami. La plupart de ces journées se font au moteur seulement ou avec un jumelage voile/moteur : 400 heures de moteur, aller seulement. Quatre changements d'huile. Si vous êtes pressé, ce qui est l'antithèse de ce mode de vie, vous en ferez un chaque samedi ! Conclusion : n'ayez pas peur de votre moteur ! Plus vous le cajolerez, plus il vous sera fidèle et plus il sera fiable.

Doit-on emporter les pièces de rechange avec soi ou se les procurer au besoin ? Si vous avez assez de place et si vous croyez payer un prix juste, il vaut mieux avoir tout ce qu'il faut avec vous pour chaque partie du périple (par exemple, l'aller).

Voici quelques suggestions…
Pour l'huile, il est recommandé de toujours conserver la même marque de commerce. On aura quatre vidanges (avec celle du départ) d'ici à Miami : 3 litres d'huile chaque fois, c'est-à-dire 12 litres, donc une caisse, ce qui ne prend pas trop de place à bord.

Et l'huile vidangée ?
Le long de la côte, on s'en débarrasse assez facilement dans les marinas (la plupart offrent le service gratuitement).

Aux Bahamas, il n'y a qu'à Nassau qu'on peut se défaire de l'huile usée. Autrement, on la transportera avec soi jusqu'au retour en Floride. Note : vous n'aurez tout ou plus qu'une vidange d'huile à faire aux Bahamas, en supposant que vous vous déplaciez surtout à la voile et que vos batteries soient rechargées autrement que par le moteur.

- Quatre filtres à huile ainsi que les filtres à air et à carburant, selon votre moteur.
- Des courroies d'entraînement (alternateur, pompe à eau de mer, réfrigération, etc.).
- Un gallon de liquide de refroidissement, si on a un échangeur de chaleur qui fuit un peu.
- Une petite turbine de rechange pour la pompe à eau de mer, ou autre pompe, du moteur et une pompe de rechange.
- Un joint d'étanchéité de couvre-culbuteurs.
- Plusieurs rondelles d'étanchéité en cuivre, de différentes grosseurs (pompe à carburant, injecteurs, etc.) : on ne peut réutiliser les rondelles de cuivre déformées.
- Des anodes de rechange pour le moteur, s'il y a lieu, et pour l'arbre d'hélice. J'avais deux anodes à collet sur l'arbre d'hélice et il a fallu les changer une fois aux Bahamas. Nous étions presque toujours à l'ancre ! Si vous fréquentez souvent les marinas, ces anodes s'useront plus rapidement à cause du très fort phénomène d'électrolyse dans ce milieu.
- Pensez à un système pour raccorder la pompe du dinghy à la prise d'eau de mer du moteur, pour la déboucher depuis

l'intérieur : vous éviterez peut-être ainsi d'avoir à plonger dans l'Intracostal en novembre, dans une eau opaque.

- Le manuel d'entretien de votre moteur, incluant les éclatés, est essentiel, même s'il peut coûter plus de 100 $; le catalogue des pièces n'est pas nécessaire, puisqu'on le trouve chez tous les fournisseurs.
- Selon votre budget et la place à bord, vous pouvez étendre votre réserve de pièces jusqu'à avoir un double de votre moteur en pièces détachées ! Mais ce serait nettement exagéré.

Anecdote

Un jour que nous étions à quai, la femme du bateau voisin me demande si notre moteur est en marche :

Oui, que je lui réponds, ne l'entendez-vous pas ?

– Pas du tout. Quelle marque ?

– Un Yanmar.

– Oh, darling, ils ont un Yanmar ! C'est ce que nous avons commandé pour remplacer le nôtre. Il sera livré dans quelques jours.

– Quel est le problème avec le vôtre. Il ne fonctionne plus ?

– Aucun problème, mais c'est une marque peu connue aux Bahamas et nous avons peur de manquer de pièces, alors nous en avons acheté un neuf.

– « Quoi ? » me suis-je dit intérieurement.

Le lendemain nous partions, laissant ces sympathiques victimes de la peur attendre leur colis, avec des frais de quai de 25 USD par jour d'attente.

Six mois plus tard, par un pur hasard (mais le monde est plus petit qu'on le pense), nous apprenons la suite lors d'un « apéro de cockpit » :

Ils ont reçu le Yanmar. Ils ont sorti l'autre moteur du bateau mais le Yanmar ne passait pas par l'ouverture, alors ils ont dû la scier pour l'agrandir... Puis, comme un malheur n'arrive jamais seul, le nouveau moteur tournait dans le sens inverse de l'ancien ! Et vlan, on doit aussi changer le carter d'engrenage et l'hélice dont le pas était maintenant inversé... Tout ça pour peut-être ne pas avoir à changer une pompe d'injection de marque peu connue... Je me demande encore aujourd'hui quelle marque de fabrication pouvait donc être si rare...

Si une panne majeure survenait, il y a des marinas aux Bahamas et mieux, il y a de très bons fonds pour attendre à l'ancre des semaines, et aller à la pêche… Il y a même un comptoir UPS à Georgetown (Great Exuma), à 100 milles de Nassau.

• *CONCLUSION* •

Ranger toutes les pièces de rechange, comme les outils, dans un même endroit (sauf l'huile, qui va absolument dans les coffres extérieurs). En situation d'urgence, on n'a pas le temps de chercher, tout doit avoir une place, facilement accessible, et être rangé.

Bon tête-à-tête avec votre moteur !

L'ENTRETIEN DU BATEAU

Quelque temps avant notre premier départ, un ami me demande : « Mais Luc, veux-tu bien me dire ce que vous allez faire une fois là-bas ? Le temps va vous paraître très long. Il n'y a rien à faire. »

S'il y en a parmi vous qui pensent encore ainsi, je tiens à vous rassurer. Le simple entretien d'un bateau demande du temps, et encore je parle d'un bateau en parfait état au départ. Le milieu marin, et salé en plus, est très dur pour notre « maison ». L'entretien doit être fait au jour le jour. Chez vous, une gouttière qui coule peut attendre au printemps prochain, mais sur un bateau, un hublot qui fuit doit être scellé avant qu'éclate une crise à bord... Et je ne parle pas de la toilette...

De plus, on doit s'occuper des commodités de la vie de tous les jours. Il existe sur le marché des centaines de produits d'entretien, selon les besoins. Voici donc la liste des produits que nous utilisions et qui ont fait leurs preuves. Si vous en connaissez de meilleurs, tant mieux, mais si vous n'avez pas d'idée, cette liste pourra vous servir.

PRODUITS D'ENTRETIEN
Pour sceller ou coller
- 5200 de ruban 3M (colle, scelle, résiste à l'eau salée)
- Sikaflex 241 (scelle)
- Marine Tex (époxy, adhère sous l'eau)
- JAMAIS de silicone sous la ligne d'eau

Le 5200 de 3M a servi à toutes les sauces et ne m'a jamais déçu. Le Marine Tex est probablement l'époxy le plus puissant qui soit. Le fabricant le recommande même pour sceller un bloc moteur fendu ! Le silicone était carrément proscrit à bord, mais je sais que plusieurs l'aiment alors, faites vos propres expériences.

Pour la coque
- Les produits Star Brite
- 3M
- Aurora (Canada seulement)

Pour la ligne jaune
- Algae Strip (Aurora)
- Instant Hull Cleaner (Star Bright)

La «moustache» jaune qui se forme à l'avant du bateau dans l'Intracostal vient des résidus d'arbres décomposés dans l'eau : vous n'aurez plus ce problème après. Aucun produit marin n'en vient à bout, sauf ceux indiqués plus haut. On applique avec une éponge et la coque blanchit devant nos yeux sans frottage. On rince abondamment et voilà ! Manipulez avec soin, c'est de l'acide !

Pour l'inox
- cire désoxydante (Marine Polish de Star Bright)
- Nevr-Dull (genre de ouate imbibée d'essence dans une boîte bleue marine, chez Canadian Tire)
- Wichinox, 150 ml, France Wichard

Pour le teck (4 choix)
- on le laisse tel quel
- on le traite à l'huile de teck
- on vernit tout
- on couvre le teck naturel de Cethol (Sikkens)

La plupart des gens le laissent tel quel. Le teck garde ses propriétés même s'il devient gris. Plusieurs appliquent maintenant du Cethol puisque ce produit donne l'aspect de l'huile et est plus durable.

Pour imperméabiliser le cabriolet («dodger»)
- Waterproofing & Fabric Treatment (Star Bright)

Pour les odeurs dans les éviers
- eau de Javel très diluée

Pour la toilette

- huile pour bébé (2 jets tous les 3 jours)
- Sea Lube (Wilcox Critendon)
- vinaigre pour détartrer
- Toilet Bowl Cleaner

La toilette est sans contredit l'appareil qui se doit de bien fonctionner à tous coups, et je pèse mes mots. L'huile pour bébé (par exemple : Johnson & Johnson) est parfaite pour garder la pompe en bon état, surtout dans l'eau salée. La forme du flacon plat se range bien et le bec verseur en jet permet de contrôler la quantité versée. Vous impressionnerez votre visite !

Pour frotter la ligne de flottaison

- Scruber Pad (3M), avec une poignée à ventouses (Hol Tite)

Je ne cesse de répéter qu'il faut prendre son temps et rester au même endroit quelques jours, mais cela a un inconvénient : plus on reste immobile longtemps, plus il se forme, à la ligne de flottaison, une ligne de dépôts noirs difficiles à enlever. La poignée à ventouses est obligatoire pour se retenir pendant qu'on frotte (n'oublions pas que l'on est dans l'eau ou dans l'annexe).

Pour soi-même

- les pains de savon ne moussent pas à l'eau salée
- du shampooing moussant
- il y a des savons liquides pour eau salée (ex. : Davis)
- (savon à vaisselle) Joy (n'existe plus au Canada)

Il fut un temps où tout le monde ne jurait que par le Joy. Le Joy se trouve toujours aux É.-U, mais plus au Canada. Aux Bahamas, nous nous lavions derrière le bateau dans l'eau salée et nous nous rincions à l'eau douce en sortant, à l'aide d'une douche solaire. Mais la plupart des autres bateaux avaient l'eau sous pression, et les gens se douchaient à l'eau douce, à l'intérieur.

Et finalement, comble de luxe, nous avions un aspirateur de 12 volts : le même type qu'on emploie pour la voiture, avec un long fil et un embout pour allume-cigarettes.

· *CONCLUSION* ·

Vous reviendrez avec assez de produits d'entretien dans vos coffres, pour ouvrir un petit magasin…

LA PRÉPARATION DU BATEAU

Voilà bien l'aspect qui vous demandera le plus gros de votre temps : préparer le bateau lui-même. Pour nous, il aura fallu deux étés, dont le dernier à temps plein, pour mener à terme la préparation. Et nous avions acheté un bateau en parfait état... Voici donc quelques conseils sur une partie du travail à accomplir.

LORSQUE LE BATEAU EST HORS DE L'EAU
Au-dessus de la ligne de flottaison

* L'eau de mer, le soleil et les dépôts ternissent le lustre de la coque (fibre de verre) : il faut la cirer avant le départ, et deux couches valent mieux qu'une.

  D'abord, désoxyder la coque. Certaines cires liquides comme Starbright sont désoxydantes, mais il existe aussi des produits pour désoxyder avant le cirage.

  Puis, cirer. Habituellement, le fabricant suggère d'attendre dix jours entre les couches. La première couche fait ressortir le crayeux pouvant se trouver dans le gel-coat. En appliquant les couches subséquentes, on enlève du même coup ce crayeux.

  Les bateaux de deux ou trois ans ont moins besoin d'être désoxydés puisqu'ils ont encore leur lustre et leur protection d'origine. De toute façon, vous allez vous retrouver en Floride avec une belle moustache jaune à l'avant. Cette salissure, rappelons-le, vient des résidus d'arbres flottants qui se trouvent dans l'Intracostal : on n'y peut rien, mais cette ligne jaune s'enlève facilement.

* Il faut installer tout l'équipement supplémentaire acheté. Voilà qui est facile à écrire mais qui demandera le plus gros de votre

temps voué à la préparation. Un dicton anglais illustre bien ce propos : *There is no such thing as a ten minutes job on a boat.* Et c'est bien vrai !

Tout prend du temps. Sur un bateau, il n'y a pas un coin carré ; les espaces de travail sont souvent exigus ; il fait chaud ; on n'a jamais la clé de la bonne grosseur ou le manche assez long (ou assez court !). Il manque parfois une petite pièce, un collier de plomberie, un boulon, une vis, etc. On perd beaucoup de temps dans un va-et-vient continuel toute la journée entre l'épicerie, la quincaillerie et la maison. Sans compter le nombre de fois où l'on endommage soi-même quelque chose en installant autre chose : alors, on a maintenant deux tâches sur les bras !

La liste des choses à faire et à acheter avant de partir s'allonge en apparence sans fin. Pour se donner du courage, il est important de rayer les travaux à mesure qu'on les termine. Il est aussi important d'écrire ce qu'on fait et de le rayer tout de suite si cela n'était pas déjà sur la liste. Pour les appareils électroniques, il est très important de suivre les instructions du fabricant. Certains appareils doivent même obligatoirement être installés par un dépositaire autorisé, sinon la garantie ne sera pas honorée ! Bien faire vos connexions : les fils torsadés et enroulés de ruban noir n'ont pas leur place sur un bateau. On doit obligatoirement faire une soudure. Lorsqu'on vérifie les instruments défectueux, dans 80 % des cas, c'est une mauvaise connexion qui est à l'origine du problème ; dans 15 % des cas, c'est une faute commise par l'utilisateur et l'appareil lui-même n'est en cause que dans 5 % des cas.

Il n'y a pas que les appareils électroniques à installer : peut-être devrez-vous modifier l'aménagement intérieur. Que ce soit simple, comme ajouter une étagère pour les livres, ou plus complexe, comme réaménager l'espace cuisine, chaque tâche prend un temps fou pour ceux et celles qui, comme moi, ne sont pas menuisier ou électricien de métier. D'ailleurs, peut-être choisirez-vous de faire faire certains travaux par des professionnels : certaines personnes se spécialisent à aménager des bateaux complets !

- Les travaux extérieurs demandent aussi beaucoup de minutie. Que ce soit l'installation d'un pilote, où l'installation de chaque élément doit être pensée en fonction des autres apparcils déjà dans le cockpit, ou la pose de marches de mât, on se pose toujours des questions : « Est-ce le meilleur emplacement ? Pourquoi faire le trou là plutôt qu'ici ? » Peut-être faudra-t-il changer des hublots ou réinstaller des capots : « Quel produit d'étanchéité dois-je utiliser ? » Sans compter que tout est toujours un compromis sur un bateau.

- Changer l'étoupe du presse-étoupe. Vous avez 1 000 heures de moteur à faire (le voilier se déplaçant à 5 nœuds) pour aller passer l'hiver aux Bahamas et revenir au lac Champlain. Les bateaux n'ont pas tous le même système pour empêcher l'eau de pénétrer le long de l'arbre d'hélice.

  La plupart ont un presse-étoupe qui consiste en un système à deux manchons de bronze se vissant l'un contre l'autre en emprisonnant de l'étoupe à l'intérieur, qui elle-même appuie contre l'arbre d'hélice et ne laisse pénétrer qu'une goutte d'eau à la minute à l'intérieur (lorsque l'arbre tourne). À mesure que l'étoupe s'use, on doit resserrer un des manchons contre l'autre. Vient un jour où il n'y a plus rien à resserrer : il faut alors tout démonter, sortir ce qui reste d'étoupe et en remettre de la neuve. D'autres bateaux ont un système à graissage : c'est de la graisse qui est forcée sur l'arbre d'hélice et le remplissage se fait assez facilement lorsqu'il n'y en a plus. Je vous réfère à Nigel Calder (*Boatowner's Mechanical and…*), qui couvre très bien ce sujet, avec des illustrations.

  Changer l'étoupe ne coûte que 5 $… mais cela peut prendre quatre heures !

Sous la ligne de flottaison

- Vérifier l'état du palier de l'arbre d'hélice (*cutless bearing*) : c'est ce palier qui soutient l'arbre d'hélice à un certain angle et non le moteur ! Les bateaux n'ont pas tous le même système : sur certains, il est à l'extérieur et sur d'autres, à l'intérieur (ajusté à la coque). Mais faites de toute façon le test suivant pour savoir si vous devez le changer : agrippez fermement l'arbre d'hélice près du palier et essayez de le bouger transversalement : il ne devrait y avoir **aucun** jeu. S'il y en a, aussi minime soit-il, c'est que le palier est usé.

  Voilà un autre travail qui ne coûte pas cher mais qui peut demander de trois heures à trois jours de main d'œuvre ! Si vous décidez de ne rien faire, la vibration causée par le jeu, selon l'usure du palier, se transmettra au carter d'engrenages, et c'est là que vos dollars seront perdus !

- Vérifier l'état des passe-coques. Si, de l'intérieur, vous pouvez bouger (sans trop forcer) un passe-coque à la main, c'est que le joint n'est plus étanche et il faut le refaire. Autrement, ne touchez à rien, même si, de l'extérieur, le mastic semble craquelé ou séché.

Le secret pour refaire un joint est de très bien nettoyer le vieux mastic : l'enlever complètement, autant sur la coque que sur le passe-coque. Appliquer généreusement le nouveau mastic, remettre le passe-coque en place en resserrant bien l'écrou **à la main** et laisser sécher tel quel sans jamais enlever le surplus. NE JAMAIS UTILISER DE SILICONE pour ce genre de travail : l'eau salée aurait tôt fait de s'infiltrer. Un bon polyuréthane (comme le 5200 de 3M) ou un polysulfate (comme le Sikaflex 241) garantissent un bon travail.

- La peinture antisalissure. À ce chapitre, on doit reconnaître que la qualité du produit est directement proportionnelle à son prix. Le dicton dit : « Plus tu payes cher, meilleur c'est. » Pour le vin, c'est archifaux, mais pour la peinture antisalissure, c'est archivrai. On reconnaît deux grandes marques pour l'eau salée :

  a) International Micron CSC

  b) Pettit Trinidad ou Ultima SR

Magasinez ! Le même 4 litres peut se vendre 200 $ ou 275 $ selon les endroits.

Comme pour tous les travaux de peinture, le secret d'une bonne adhérence réside dans la préparation de la surface avant l'application. Il faut enlever tout ce qui lève ou s'écaille et poncer les endroits qui en ont besoin. Peut-être vous faudra-t-il tout poncer, ce qui n'est pas une mince tâche.

La vieille peinture est-elle compatible avec celle que vous voulez appliquer ? Vérifiez auprès du vendeur. Sinon, il faudra poncer.

Puis, on doit appliquer au moins deux couches. Suivre les indications du fabricant pour les températures d'application et les temps de séchage entre les couches. **Un bon truc :** utilisez une couleur différente pour chaque couche : vous pourrez ainsi mieux évaluer la détérioration. De plus, il arrive que certaines couleurs moins populaires coûtent moins cher (gris, blanc, rouge, vert). On s'entend pour dire qu'il faut un gallon U.S. (quatre litres) par couche pour un voilier de 33 pieds. S'il vous en faut un peu plus, on peut légèrement tricher en ajoutant du diluant à la peinture (max. 10 %).

Nous avions utilisé le Micron CSC et je peux dire qu'avec trois couches, au départ, nous sommes revenus 26 mois plus tard avec une coque impeccable (au point où le nouveau propriétaire n'a pas eu à en rajouter l'été suivant). Plus il y en a épais, plus ça dure longtemps. Les premiers endroits à être envahis par les algues sont :

1) les contours de passe-coques de décharge d'eaux usées,
2) juste sous la ligne de flottaison,
3) le bas de la quille et du safran.

Donc, si vous avez des restes, allez en remettre à ces endroits.

Le Micron CSC et l'Ultima SR offrent aussi l'avantage de ne pas être activés, et donc de se stabiliser, lorsque le bateau est sorti de l'eau ou lorsque le bateau est au mouillage (même longtemps). Certaines autres peintures perdent leurs propriétés lorsque le bateau est remisé quelques semaines, ou encore continuent de « s'user » même lorsque le bateau est arrêté dans l'eau.

Vous êtes maintenant prêt à mettre le bateau à l'eau.

LORSQUE LE BATEAU EST DANS L'EAU

On doit vérifier l'étanchéité des passe-coques dès la mise à l'eau. S'il y en a un qui suinte, ruisselle ou coule, vous avez trois possibilités :

- laisser faire et espérer que le mastic va reprendre du volume ;
- laisser faire pour le moment en sachant qu'on le ressortira de l'eau en Floride pour une vérification complète ;
- faire ressortir le bateau tout de suite en espérant qu'on n'aura pas à payer le plein tarif pour la remise à l'eau plus tard…

Dix jours après la mise à l'eau (pour les bateaux de fibre de verre), on vérifie l'alignement de l'arbre d'hélice par rapport au moteur. C'est une petite opération de routine qu'il faudra répéter toutes les 500 heures environ. Si l'alignement ne respecte pas les normes du fabricant, le travail pourra prendre quelques heures. Si vous n'avez jamais fait cette opération, faites-la faire par un mécanicien expérimenté et regardez-le travailler pour apprendre.

Encore là, **ce ne sont pas tous les moteurs qui ont besoin de cette opération** : certains ont des joints flexibles capables de tolérer une assez grande déviation.

On commence par désaccoupler l'arbre d'hélice du carter d'engrenages (habituellement quatre boulons) et on éloigne l'arbre d'hélice de quelques pouces. Puis on remet les deux faces d'accouplement l'une contre l'autre. On passe une jauge d'une épaisseur de 0,2 mm entre les faces (cet écart varie selon le moteur ; référez-vous à votre manuel d'entretien) : la jauge ne devrait pas pouvoir passer ou, du moins, passer tout juste. Si l'écart est plus grand, il faut aligner le moteur sur l'arbre d'hélice à l'aide des supports du moteur. Encore ici, je vous réfère à Nigel Calder qui illustre très bien le propos dans son livre (*voir* « La Bibliothèque de bord »).

Peut-être avez-vous déjà embarqué vos provisions ? Le bateau flotte-t-il dans ses lignes ? Sinon, revoir la répartition du poids…

Préparer le ber du mât. Ne sous-estimez pas le poids de celui-ci. Le ber doit être solidement arrimé au pont, sans possibilité de déraper.

AUTRES PETITS TRAVAUX

Fabriquer des moustiquaires si vous n'en avez pas déjà.

Améliorer l'isolation de la glacière. Eh oui ! dans les pays chauds, le bateau ne pourra pas être branché au quai pour assurer la réfrigération. Que ce soit pour conserver la glace ou soulager votre compresseur, vous avez tout intérêt à garder le froid le plus longtemps possible dans la glacière. Voici comment :

Isolation extérieure

Celle-ci est habituellement difficile d'accès et on n'y touche pas. Elle mesure de deux à quatre pouces selon les bateaux. Ceux qui construisent eux-mêmes en profitent pour en mettre jusqu'à six pouces. Généralement, on devra se contenter de ce qui a été construit à l'origine. Mise en garde : la mousse extrudée c'est bien, mais elle présente des défauts. D'abord, elle prend tellement d'expansion qu'elle peut abîmer les parois ou les montants de soutien. Ensuite, les gaz toxiques qui s'en dégagent continuent de s'échapper pendant des semaines, voire des mois.

Isolation intérieure

C'est ici qu'on tentera d'améliorer les choses. Tout propre, tout esthétique, tout facile, tout efficace et très économique. Tout s'installe « à serre » : aucune colle ou fibre de verre.

D'abord, poser une ou deux épaisseurs de papier d'aluminium sur les quatre côtés.

Ensuite, il faut installer une mousse de polystyrène dense (le bleu ou le rose – R-5 par pouce) sur les six faces. Dans le fond de la glacière, mettre deux épaisseurs, si possible. Chaque épaisseur aura de ½ à 1½ pouce, selon la grandeur de votre glacière. La nôtre faisait 2 x 2 x 2 pieds et nous avons utilisé du 1 pouce d'épaisseur. La durée de conservation de la glace a doublé!

Quelques précisions:

- Faire des trous dans la mousse du fond pour permettre l'écoulement de l'eau de fonte par le drain.
- On peut alterner et utiliser une épaisseur de Thermax (R-7.5 par pouce) et une couche de polystyrène, mais attention, la surface du Thermax est fragile, à moins de l'enduire d'une protection à l'époxy ou de le recouvrir de fibre de verre (mais là, adieu l'esthétique).

Enfin, on recouvrira le contenu de la glacière d'une couverture isolante prévue à cet effet: celle-ci empêchera le froid de sortir chaque fois qu'on ouvre la glacière.

Des puristes m'ont même recommandé de déposer l'extrémité du tuyau du drain de la glacière dans un petit bol. Ce dernier se remplit et déborde dans la cale qui est elle-même vidée par la pompe de cale automatique. Ceci aura pour effet d'empêcher l'air froid de fuir par le tuyau, puisque celui-ci séjourne dans un bol plein d'eau!

Petits conseils sur la gestion de la glace

Il faut toujours acheter des blocs et non des cubes et les retirer de leur sac, ainsi, la glace fond moins vite.

Bien sûr, si vous avez un frigo électrique, vous vous dites que tout ça n'est pas pour vous. ERREUR! L'isolation de votre glacière est directement responsable du fonctionnement de votre compresseur et donc, de l'électricité consommée! Certains (mais ils sont rares) vont même jusqu'à conserver un ou deux blocs de glace dans leur frigo pour soulager le compresseur.

• *CONCLUSION* •

Tous les efforts investis, en temps surtout, à préparer votre bateau avant le départ vous rapporteront de gros intérêts une fois en route. Rien n'est perdu. Il est utile d'avoir une liste de choses à faire. Partez une semaine plus tard si nécessaire, parce que, après le départ, tout devient plus compliqué et onéreux s'il y a encore des travaux majeurs à faire. Surtout que l'on n'a plus de voiture…

Si vous faites faire une partie des travaux, essayez d'être présent pour surveiller, ou apprendre.

Mais n'attendez pas que votre bateau soit parfait pour partir, parce que vous ne partirez jamais… Et c'est vrai! Et puis, il faut bien se garder quelques petits travaux pour les jours pluvieux…

Bonne chance!

LE COFFRE À OUTILS

J'ai rencontré des gens qui avaient suffisamment d'outils à bord pour construire une maison ! Généralement, ceux qui ont construit leur bateau ont pas mal d'outils à bord, mais la majorité d'entre nous n'ont pas à transporter toute cette quincaillerie pour être efficaces. Je ne formulerai ici que quelques conseils qui, je l'espère, vous seront utiles.

Apportez autant d'outils manuels que l'espace que vous avez prévu le permet. Et malgré cela, on se retrouve régulièrement à la quincaillerie pour acheter l'outil manquant…

Quelques suggestions :
- un coffre à outils le plus complet possible ; les manches courts sont très utiles étant donné qu'on travaille souvent dans un espace réduit ;
- jeu de douilles pour clé à rochet (mesure métrique et mesure anglaise) ;
- un fer à souder de 12 volts, de 25 à 40 watts maximum (disponible chez Radio Shack) ; les fils torsadés couverts de ruban noir n'ont pas leur place dans un milieu marin salé ;
- un multimètre (à affichage numérique, si possible) ou, du moins, un instrument pour mesurer la continuité d'un circuit (OBLIGATOIRE si on considère que 80 % des pannes d'instruments proviennent d'une mauvaise connexion) ;
- clé spéciale pour resserrer le presse-étoupe (bien que des pinces-étaux fassent l'affaire, elles abîment, à la longue, les arêtes des écrous) ;
- petites scies à bois et à métal ;

- pinces-étaux (Viss Grip) : permet beaucoup de travaux sans avoir à demander d'aide (en avoir deux n'est pas un luxe) ;
- rubans adhésifs divers : ruban électrique, ruban à masquer, ruban blanc, etc. ;
- se monter un stock de vis en inox de différentes grosseurs et longueurs (sur un bateau, j'ai remarqué qu'on utilise souvent des vis courtes ($\frac{1}{2}$ et $\frac{3}{4}$ de pouce), mais de fort diamètre (#8 à #12) ;
- baladeuse de 12 volts avec prise d'allume-cigarettes ;
- génératrice : nous n'en avions pas et nous n'en avons jamais eu besoin ; elle peut s'emprunter facilement ;
- adaptateur pour permettre de brancher notre câble d'alimentation jaune sur une prise 110 volts ordinaire : de 30 A à 15 A ;
- perceuse électrique de 110 volts. On a souvent à percer des trous sur un bateau ; vous disposerez, à l'occasion, de courant 110 volts (marinas, quais municipaux). Conserver l'outil dans un gros sac étanche. Les perceuses rechargeables sont pratiques si on peut les recharger ; malheureusement, leur poignée est souvent plus longue et elles ne peuvent se faufiler dans les endroits exigus ;
- un adaptateur multiprise de 110 volts (le jour où l'accès au courant de 110 volts se présente, deux autres personnes attendent aussi pour la même prise...).

• CONCLUSION •

Plus vous aurez d'appareils à bord, plus vous passerez de temps en tête-à-tête avec eux, car ils ne demandent qu'une chose : tomber en panne. C'est pour cela qu'on part plusieurs mois...

Ne pas perdre de vue que tout rouille en milieu salin. Certains auront la patience de frotter leurs pinces et autres outils en acier non chromé d'huile à machine à coudre...

Le minimum est de rincer à l'eau douce tout outil qui aura été exposé à l'eau de mer.

Ranger chaque chose à sa place. Il n'est pas normal (mais courant sur plusieurs bateaux) de retrouver les conserves de tomates avec les tournevis ! À notre bord, le dessous d'une des banquettes était réservé à toute la quincaillerie, y compris les pièces de rechange diverses. Et puis, j'avais un petit équipet au-dessus du compartiment moteur pour les petits outils manuels courants. Les coffres du cockpit avalaient les gros morceaux, tous les produits d'entretien du bateau et l'huile à moteur (neuve et vieille).

Pour le « banc de scie »... ce sera pour une autrefois !

LA PHOTOGRAPHIE
ET LA VIDÉO

Quelques années après votre retour, il vous restera les photos et les vidéocassettes de ce fantastique voyage. Le danger de ces documents visuels est justement qu'on en vient à ne se souvenir que de ces moments illustrés. On en oublie tous les détails et autres événements qui ont eu lieu entre les prises de vue. Alors, si vous voulez garder le plus de souvenirs possible, soyez généreux pour votre budget de films et de vidéocassettes. C'est mon premier conseil. Mais si vous êtes de ceux et celles qui profitent du moment et n'aiment pas toujours prendre des photos, alors je vous encourage à ne pas trop en prendre, et ainsi vous ne garderez en mémoire que les meilleurs moments.

J'aimerais ici donner quelques conseils, basés sur ma formation et mon expérience en photographie et en cinéma, ainsi que sur mon expérience de ce voyage.

CONSEILS GÉNÉRAUX

- **Le point de vue** est le secret des meilleurs documents. Ne restez pas toujours derrière la barre, utilisez des angles originaux, recherchez toujours le meilleur point de vue pour ce que vous voulez illustrer. Parfois, on n'a qu'à se déplacer légèrement pour obtenir un tout autre effct.
- Les paysages ne manquent pas !
- Profitez des changements de LUMIÈRE, selon l'heure du jour et l'aspect du ciel.
- Décentrez l'horizon ! Malgré un effort conscient, il est difficile de ne pas mettre l'horizon au centre : il faut de la pratique. Parfois, on met plus de ciel, parfois plus de mer.

- Variez l'orientation : parfois verticale, parfois horizontale.
- Gardez l'horizon horizontal dans le viseur : si votre bateau est gîté, laissez-nous le voir.
- Se souvenir de ce qu'on a pris ! Aux Bahamas, il est facile de prendre et reprendre le même paysage : une île avec de l'eau verte. Elles se ressemblent toutes !

Toujours protéger l'équipement lorsqu'il ne sert pas ou lorsqu'on le transporte. Utilisez les gros sacs étanches ! L'eau de mer et le sable sont vos pires ennemis (avec la chaleur).

EN CE QUI CONCERNE LA PHOTO
Photos papier ou diapos ?
Il fut un temps où les diapositives coûtaient moins cher que les photos tirées sur papier ; maintenant, c'est le contraire. Mais le fait demeure que les diapositives donnent un effet beaucoup plus réaliste que les photos : c'est comme ouvrir une fenêtre sur le paysage. Et pourquoi ne pas avoir les deux : un appareil avec film négatif (photos) pour se faire un album de salon, et un appareil avec du film positif (diapos) pour la quantité (ou le contraire, selon vos goûts). Rappelez-vous aussi que plus tard, si vous voulez faire des agrandissements, il est plus facile de le faire à partir de négatifs qu'à partir de diapos. La première année, nous avions même un commanditaire (une amie) qui nous fournissait les films et le développement des photos.

Conseils
- Ne vous limitez pas aux photos de personnes. Bien que ce soit un réflexe naturel de se photographier lorsqu'on est entre amis, il y a beaucoup plus intéressant.
- N'oubliez pas d'inclure les résidants sur votre pellicule.
- Décentrez les sujets.
- Dénudez vos images. Si possible n'inclure que trois éléments : l'œil peut difficilement comprendre ce que vous voulez montrer s'il y a dix sujets dans l'image.
- Pour l'équipement, j'avais deux appareils 35 mm et quatre objectifs télé. Aucun ne semble avoir souffert de l'air marin du sud.
- Apportez l'équipement avec lequel vous êtes le plus à l'aise pour travailler. En bateau, tout est toujours trop loin, donc les téléobjectifs et les zooms sont de mise.

- Ça bouge tout le temps, donc il faut donner priorité aux vitesses d'obturation rapides.

Comme on l'a déjà dit, tout est toujours trop loin. C'est pourquoi on donne priorité aux paysages. Pour photographier un aigle, il faudrait qu'il passe très bas et que vous ayez un objectif aussi puissant que vos jumelles (350 mm!). Par contre, certains sujets, comme les pélicans, sont si gros et curieux, qu'ils font de bons sujets parce qu'ils passent souvent près de vous.

En route, à la gîte, bien agripper votre appareil et suivre le mouvement du bateau; placer l'horizon parallèle à la bordure du cadre, et appuyer doucement mais régulièrement sur le déclencheur.

EN CE QUI CONCERNE LA VIDÉO
L'utilisation du zoom

Premier conseil: éliminez les effets de zooms. Observez bien le prochain film que vous verrez au cinéma ou à la télé: vous n'y trouverez probablement aucun effet de zoom. Ou du moins, il sera très lent et généralement sur des plans très larges, de paysage ou autre. Par contre, toutes les vidéos de vos amis ne sont que zoom in et zoom out; le cerveau nous en ramollit! À vous de choisir à quel groupe vous voulez appartenir: amateur ou professionnel?

Le dispositif n'est là que pour vous permettre de choisir un cadrage. Une fois le cadrage décidé, on ne le change plus jusqu'au prochain plan. Par contre, vous pouvez donner beaucoup de puissance à votre image en bougeant la caméra. Soit dans l'axe horizontal, soit vertical, à condition de le faire assez lentement. Idée encore plus intéressante: avancer ou reculer avec la caméra (travellings avant ou arrière). Cela doit être fait comme si vous étiez sur des rails (pourquoi pas en annexe lorsque vous approchez du quai ou de retour au bateau?).

Restez fixe au même endroit un certain temps: rien de plus désagréable à visionner qu'une caméra qui bouge tout le temps. Cela nous épuise vite.

Commentez peu, mais ayez le mot juste: on veut entendre les bruits ambiants (mer, bateau à l'ancre, gens de l'endroit, bruit des oiseaux, etc.).

Pour les prises faites à bord du bateau, utilisez le grand-angle le plus possible.

APPAREIL PHOTO SOUS-MARIN

Nous avons rencontré une fille qui s'était procuré un appareil Nikonos sous-marin seulement pour ses deux semaines aux Bahamas. C'est exagéré.

Il existe des sacs faits spécialement pour pouvoir amener votre appareil 35 mm sous l'eau. L'appareil se visse de l'intérieur du sac sur un filtre neutre (le hublot).

Et finalement, la solution la plus économique (ce que nous avions fait) est d'acheter un appareil jetable (Kodak, modèle Weekend 35 ou Fuji : ces petits appareils donnent d'excellents résultats compte tenu de leur prix (15 $ à la condition de respecter les instructions (maximum de 8 pieds de profondeur et ensoleillé).

> ## • *CONCLUSION* •
>
> *Soyez original ! Ne demandez pas toujours aux gens de vous regarder lorsque vous déclenchez ! Foncez ! Clic, clic, clic ! Bon cinéma !*

LA ROUTE
DU LAC CHAMPLAIN
À KEY WEST

LE CALENDRIER
ET LES OURAGANS

C'est une des questions qu'on pose le plus souvent : « Quand doit-on partir ? » Chacun a son opinion sur le sujet. La plupart des navigateurs partent de la région du lac Champlain entre le 15 septembre et le 10 octobre. Ceux qui embarquent des clients partent le plus tard possible pour prolonger la saison ici, soit après le 10 octobre (certains attendent même au 1er novembre). Et ceux qui sont vraiment en vacances et qui veulent prendre tout leur temps pour visiter la côte partent plus tôt, soit avant le 10 septembre ou même en été (si le bateau est prêt).

Mais qu'en est-il des ouragans ? Précisons tout de suite qu'il y a des marinas et des bateaux tout le long de la côte jusqu'à Key West, et que ces gens ne partent pas chaque année parce que la saison des ouragans commence. En d'autres mots, la probabilité qu'un ouragan vous affecte n'est pas si grande qu'on pourrait le penser. La trajectoire d'un ouragan est assez étroite. Lorsque *Andrew* a frappé le sud de Miami, en août 1992, le corridor dévasté faisait 50 km de largeur : les arbres à la limite nord et sud ont été épargnés alors qu'il n'en restait plus un seul debout dans le corridor.

De plus, plusieurs régions de la Floride ont, jusqu'à ce jour, toujours été épargnées. Pourquoi ? Nul ne peut le dire, ni pour combien de temps encore. Vous pourriez peut-être vous réfugier dans ces régions en cas de coup dur annoncé d'avance.

En d'autres termes, je dirais qu'il n'y a pas lieu, pour ceux qui désirent partir tôt, de modifier leurs plans.

Sachez que la saison officielle des ouragans s'étend du 1er juin au 30 novembre, et qu'on rapporte, en moyenne, une dizaine d'ouragans par saison, certains n'atteignant jamais la côte américaine. L'été 1995 a été l'exception avec plus d'une vingtaine d'ouragans, répartis sur toute la saison ; l'un n'attendait pas l'autre. (*Voir annexe E.*)

Généralement, la période à plus haut risque se situe entre le 15 août et le 30 septembre. Si vous ne voulez courir aucun risque, il vous faudra alors être soit au nord de Norfolk (Virginie) – certains vous diraient même au nord de New York – soit au sud de Grenade (Antilles). C'est pour cette raison que plusieurs vont passer Noël aux Bahamas, visitent ensuite les Antilles et arrivent dans les Grenadines pour l'été et au Venezuela pour l'automne, région où il n'y a jamais d'ouragan.

Mais de façon générale, on s'entend pour dire qu'il ne faut pas être au sud de Norfolk avant le 1ᵉʳ novembre. Certains assureurs vous interdiront même d'être au sud de la Caroline du Sud avant le 30 novembre. Ne vous découragez pas à cause du froid. Entre Norfolk et la Floride, il n'y a qu'environ sept jours sur l'Intracostal. Ainsi, on met vraiment toutes les chances de son côté.

Dans le volume intitulé *Waterway Guides*, on trouve dans les pages bleues de bonnes directives à suivre pour préparer son bateau en cas d'ouragan. Je rajouterais cependant ceci : en 1992, lorsque *Andrew* est passé sur Hatchet Bay (Eleuthera), un seul des 50 bateaux ancrés était resté à sa place. Ses secrets :
- tout enlever ce qui offre une résistance au vent (on avait même enlevé ses chandeliers !) ;
- ancrer en empennelant ses ancres : il s'agit d'attacher bout à bout deux ancres sur la même chaîne/câblot (bateau – câblot – chaîne – ancre – chaîne – ancre) ;
- quitter son bateau (et croiser les doigts !).

Autre constante : après le passage d'une tempête ou d'un ouragan, les bateaux sont sur la plage ou dans les arbres, mais les ancres sont souvent là où elles avaient été mouillées… C'est le câblot d'ancre qui aura cédé à cause du ragage. C'est une bonne habitude que d'enfiler d'avance les câblots d'ancre à travers une section de tuyau de PVC flexible renforcé (du « tuyau transparent »). Ces bouts de tuyaux seront mis en place dans le davier. En cas de tempête annoncée, il faudra les renforcer avec du cuir et les fixer sur le câblot pour qu'ils ne glissent pas.

Sommes-nous prévenus de l'imminence d'un ouragan ?
Le « National Hurricane Center » de Miami surveille en permanence les formations qui nous viennent de l'Afrique afin de détecter le plus tôt

possible les tempêtes et les ouragans. Dans les 72 heures précédant le danger, cet organisme émet des avertissements.

Avis émis par le
« National Hurricane Center » de Miami :
72 heures avant :
« Marine Advisories »… un ouragan est en formation ;
36 heures avant :
« Hurricane Watch »… il est formé, on surveille sa trajectoire ;
24 heures avant :
« Hurricane Warning »… il se dirige vers nous.

MAIS IL N'Y A PAS QUE LES OURAGANS…

- Tout au long de l'hiver, vous aurez à faire face à quelques grains (en anglais *squall* et **gale**), c'est-à-dire des vents de plus de 35 nœuds.
  Si vous passez l'été en Floride, au sud de Cap Canaveral, sachez que c'est la saison des orages et qu'il est normal de dire : « On va bien dormir ce soir, les vents sont de moins de 40 nœuds… » Cette situation ne prévaut pas aux Bahamas où l'été est très confortable avec de petits vents de 8 à 13 nœuds… sauf s'il y passe un ouragan, bien sûr !
- Un autre fléau à connaître : les trombes d'eau ou *water spout*. Ce sont de véritables petites tornades descendant du ciel et lorsqu'elles atteignent la surface, elles forment une colonne d'eau. Les vents à l'intérieur dépassent les cent nœuds ! Ce phénomène est très rare en hiver aux Bahamas et plus fréquent au printemps dans les Keys de Floride.
  Mais on ne change pas son programme pour ces phénomènes plutôt rares.
- Les vents de plus de 15 nœuds dans le Gulf Stream, du secteur nord, sont à éviter autant que possible, et ceux de plus de 25 nœuds, toujours du secteur nord, sont à éviter complètement. On parle alors de situation très dangereuse. Bien qu'au Québec on n'entende pas parler des bateaux qui coulent ou sont perdus dans le Gulf Stream, le fait est bien réel. En général, il s'agit de téméraires qui ont un horaire à respecter, ou de quelqu'un à aller chercher, mais certainement pas de gens comme vous qui sont en vacances… (*Voir la section* « La traversée du Gulf Stream ».)

À SAVOIR :

Les ponts de l'Intracostal restent fermés lorsque les vents atteignent plus de 35 nœuds.

• *CONCLUSION* •

Encore une fois, je dirais combien il est important de respecter Dame Nature et d'adapter votre horaire au sien. C'est la météo qui décide de notre activité quotidienne et pour la plupart des navigateurs, ce sont les périodes de météo défavorable qui dictent l'itinéraire.

Si vous partez pour la première fois, ne prenez pas de risques en descendant à l'automne, alors que la météo est très capricieuse et les prévisions très peu fiables. Au printemps, vous aurez plus d'expérience et une meilleure météo pour vous aventurer soit plus vers le Sud soit pour revenir par la mer si vous en avez le goût.

Ayez au moins deux ancres principales. Posséder une troisième ancre, de deux tailles supérieures à la norme, n'est pas un luxe pour celui qui pense dépasser les Bahamas. Peut-être trouverez-vous cette ancre rouillée et dont personne ne veut pour un bon prix, le long de la route. Au départ, je vous conseille d'avoir une bonne tenue d'ancre pour les vents de 45 nœuds ; vous ne serez alors pas pris au dépourvu lorsqu'il n'y aura que 25 nœuds. (Rappels : ancre : 1 lb/pi de bateau, chaîne : longueur du bateau.) Alors si, en plus, vous avez dans vos cales une ancre plus lourde pour le jour où vous en aurez besoin, vous dormirez vraiment bien.

Petit conseil à ceux qui possèdent des guindeaux : le guindeau n'est pas un taquet. Même s'il possède un système de blocage, il faut toujours, en plus, frapper l'amarre au taquet.

Il est bon d'avoir, perdues dans ses cales, plusieurs longues amarres (pour le jour où…) de bonne taille, soit pour s'attacher entre des arbres, soit pour se faire remorquer, etc. (personnellement, nous n'avions que nos amarres régulières, de la longueur du bateau).

LE DÉMÂTAGE ET REMÂTAGE

Au sud du lac Champlain, vous aurez à passer sous des ponts fixes très bas : le plus bas n'offre que 15,5 pieds de tirant d'air. Ces ponts se trouvent sur la portion du canal Champlain où on trouve les écluses. Après ça, vous n'aurez plus à démâter (*Voir la section* « Les ponts »).

Revenons au canal Champlain. Si vous avez un bateau-moteur de type chalutier (*trawler*), et que vous avez toujours un trop grand tirant d'air même si vos antennes et votre dodger sont abaissés, vous pouvez téléphoner à l'éclusier quelques jours d'avance et on abaissera le niveau du canal pour vous !

Personnellement, je pense que démâter et remâter mon bateau est l'opération la plus stressante qui soit, plus qu'un passage en mer la nuit, plus que d'avoir à négocier certaines passes aux Bahamas. Et pourtant, l'opération s'est toujours déroulée avec succès. En huit fois, nous n'avons eu qu'un seul bris mineur (le feu de mi-mât écrasé). Pour certains d'entre vous, l'opération ne sera que routinière, pour d'autres, elle sera une aventure en soi. Le secret est d'être bien préparé avant de se présenter sous la grue.

OÙ DÉMÂTER ET REMÂTER ?

Avant le lac Champlain, sur le Richelieu, les marinas Gagnon et Gosselin offrent le service. De plus, chez Gagnon, il y a une potence pour ceux qui désirent le faire eux-mêmes.

Sur les rives du lac Champlain, le choix ne manque pas. Voici quelques bonnes adresses :
- Chez Gains Marina : prix raisonnable ;

- Willsboro Bay Marina : concessionnaire des bateaux Hunter et Catalina ; ils sont expérimentés. Le tarif horaire, donc mieux vaut être fin prêt ;
- Shelburn Shipyard (Burlington) : très bonne réputation ; on vous installe même le ber du mât ! Dispendieux, mais ils s'occupent de tout.

Au sud du canal Champlain, pour remâter :
- Boat Club de Castleton-on-the-Hudson : prix fixe (50 USD en 2003). On fait tout soi-même ;
- À Catstill : Marina Riverview ou Hop-O-Nose, où on s'occupe de vous. Prix au pied linéaire de bateau.

Vous pourrez y laisser votre ber de mât pour le retour au printemps.

Il faut bien s'informer pour savoir si le tarif est proportionnel à la longueur du bateau ou celle du mât. Ou est-ce un tarif horaire ? Combien d'employés participent à la tâche ? Devez-vous y participer ou tout simplement observer ?

LA PRÉPARATION
Avant de se présenter sous la grue, il faut être préparé.
- Dégager le pont le plus possible.
- Abaisser le dodger ; enlever le bimini.
- Bien que certains enlèvent la bôme en y laissant la grand-voile enverguée, je ne recommande pas cette procédure : mieux vaut enlever la voile complètement et ranger la bôme dans le bateau ou sur le quai.
- Si vous avez un enrouleur, enlever la voile d'avant et la ranger dans le bateau.
- S'il y a lieu, enlever l'ajusteur de pataras, s'il n'est pas solidaire de celui-ci.
- Ramener toutes les drisses au mât ; ne pas oublier de faire courir des ficelles pour les drisses renvoyées vers le cockpit.
- Retirer la corde de l'enrouleur ou du moins la ramener vers celui-ci, selon votre enrouleur.
- S'assurer que vous comprenez bien le mécanisme d'attache de l'enrouleur et que vous saurez comment le défaire en une minute.
- Enlever les antennes extérieures (GPS), ainsi que la perche d'homme à la mer.

- Installer le ber du mât de manière à ce que ce dernier soit plus haut que le dodger ! À l'avant, une pièce de bois bien arrimée en travers du balcon suffit généralement. À l'arrière et au centre, il faudra, selon le type de bateau, un Y, un berceau ou un X. Ce dernier devra avoir les pattes bien appuyées sur les rebords ou le liston, autrement il va s'écarter sous le poids du mât. L'important est que le système soit solide tout en sachant que, à moins de pouvoir le ranger à bord, vous serez obligé de l'abandonner après les écluses : alors, inutile de trop le peaufiner. Soit dit en passant, on retrouve généralement son ber en remontant, si on l'a bien identifié ou mieux, verrouillé

- Attacher le bout d'une amarre de 10 pieds au pied du mât. Elle servira à contrôler celui-ci lorsqu'il sera déposé sur le balcon avant.

- S'il vous est possible d'enlever la girouette en tête de mât, ce sera une chose de moins à surveiller en cours d'opération, mais ce n'est pas obligatoire.

- Toutes les drisses et tous les cordages reliés au mât devraient maintenant y être solidement fixés.

- Débrancher les connexions électriques de mât si elles sont extérieures à celui-ci et fixer les fils pendants au mât.

- Fixer le nœud qui servira à la grue un peu au-dessus du centre de gravité du mât. Ce nœud ne doit pas glisser du tout et doit comprendre une ganse pour y passer le crochet de la grue. Attention au feu de mi-mât. Si vous placez votre nœud beaucoup trop bas (par exemple, au premier tiers du mât), le pied basculera vers le haut. Si vous le placez beaucoup trop haut, vous aurez beaucoup de mal à amener le pied du mât à l'avant (ou à l'arrière) du bateau.

- Marquer au moyen de teinture ou de ruban à masquer l'ajustement des ridoirs

- Donner beaucoup de mou au pataras. Certains gréements permettent même de le défaire complètement.

- Relâcher les haubans.

- Desserrer légèrement l'étai ou l'enrouleur.

- Préparer une douzaine de petites cordes pour attacher plus tard le gréement au mât. Celles-ci devront être à la portée de la main pour celui ou celle qui sera au pied du mât.

- Vous présenter sous la grue. Les conditions météo idéales seraient : ciel couvert, pas de vent, mer calme, 18 °C (je ne les ai jamais rencontrées !). Mais la priorité va à la mer calme : il est crucial, au moment où le mât quitte le pont, ou s'y dépose, que le bateau soit parfaitement immobile. Cette condition est encore plus critique pour les bateaux dont le mât repose sur la quille.

- Accrocher le mât à la grue et mettre le câble de la grue sous tension pour que le mât tienne sans son gréement.

- Détacher le gréement. Dévisser les ridoirs juste assez pour enlever les goupilles.

- Ramener tout le gréement au mât et le fixer solidement à l'aide des petites cordes.

- Lever doucement. Au moment où les connexions électriques sont dégagées, les débrancher, les fixer au mât et continuer de lever.

- Amener le pied du mât à l'avant ou à l'arrière selon le bateau et commencer la descente.

Pied de mât à l'horizontal
Une fois le mât couché sur le bateau, on devrait toujours filer une ficelle à travers les ridoirs, contrairement à ce qu'illustre cette image. En effet, ces pièces ont l'inconvénient de se dévisser avec les mouvements et vibrations du bateau. Or, comme celui-ci restera couché de deux à quatre jours, il serait dommage d'en perdre un.

- Le pied aura tendance à vouloir glisser vers l'eau : au moment voulu, on le retient avec l'amarre préparée à cet effet, puis on couche le mât sur le ber.
- Vous décrocher de la grue dès que possible pour éviter qu'une vague provoque des bris.
- Bien fixer le mât à son ber : il ne faudrait pas le perdre ! Vous aurez l'impression de vivre sous une toile d'araignée pendant quelques jours, mais c'est l'aventure qui commence

Vous voilà démâté. Pour remâter, faites le processus inverse, tout simplement.

Si vous n'avez jamais démâté, il est bon d'avoir déjà observé la manœuvre, ou mieux d'y participer (en faisant **exactement** ce qu'on vous demande de faire). Lorsque vous recevez de l'aide, assignez un poste à chacun et **dites-lui** ce que vous attendez de lui ou d'elle. En ce qui nous concerne, tout a très bien fonctionné et le stress était à son plus bas niveau, lorsque nous avons tout fait… à nous deux seulement, à 5 h 45 du matin…

C'est pas sorcier !

L'ÉCLUSAGE

Du lac Champlain à New York, il y a douze écluses à passer. Puis, au sud de Norfolk, une autre (deux écluses, si on passe par le « Dismal Swamp »). L'entrée de Cap Canaveral, en Floride, comporte aussi une écluse. Et il y a même une marina (en Caroline) qui a une écluse à son entrée ! Donc, l'éclusage fait partie de ce voyage. (Ne pas confondre avec le remâtage, démâtage, qui ne se fait qu'une seule fois, au sud du lac Champlain.)

Revenons aux écluses du canal Champlain...

C'est une opération qui se déroule généralement sans problème, mais mieux vaut s'y préparer.

- Déterminer de quel bord l'arrière de votre bateau chasse lorsqu'on embraye la marche arrière pour l'arrêter. C'est de ce côté que vous écluserez (sauf à Whitehall où tous les bateaux doivent s'amarrer du côté est).
- Placer les défenses au niveau de la partie la plus large du bateau. Installer un pare-battage par-dessus ces défenses (pièce de bois en travers). Les murs des écluses sont souvent sales.
- Ne jamais se détacher avant que les portes ne commencent à s'ouvrir.
- Avoir votre corne de brume près de vous : cinq coups brefs en cas de danger. Un couteau pour couper les amarres, si nécessaire.
- Garder l'annexe très près du bateau ou encore, hors de l'eau.
- Prendre garde, lors d'une écluse descendante, que les extrémités de votre mât (enrouleur ou antenne VHF) n'accrochent pas le sommet du mur quand le bateau descend !

Chaque bateau réagit différemment aux turbulences d'une écluse qui se remplit : vous le découvrirez dès la première, puisqu'elle est montante !

Chaque écluse comporte au moins une échelle à chaque bout, de chaque côté.

Chaque écluse comporte aussi des cordes, mais elles peuvent avoir été démontées. Les écluses les plus récentes comportent, en plus, des tubes ronds de 4 pouces de diamètre, encastrés dans les murs, à intervalle d'environ 50 pieds.

Pour nous, le plus simple était d'avoir une amarre qui partait de l'avant et une autre de l'arrière. Les deux amarres venaient vers le centre du bateau et chacun de nous en contrôlait une. On leur faisait soit faire le tour d'un tube, soit gravir les échelons des échelles.

Pour naviguer dans le canal Champlain, le tarif varie selon la longueur du bateau : environ 20 USD pour deux jours. La dernière, l'écluse Federal à Troy, est gratuite. Il faut un peu plus d'une journée pour passer les 12 écluses, mais pourquoi se presser ? La saison se termine le lendemain du « Thanksgiving » américain (fin novembre).

Chaque écluse est un parc. Les éclusiers passent l'été à tondre le gazon, à peindre les structures environnantes, etc. Plusieurs écluses offrent un quai en retrait du chenal, avec bittes d'amarrage, pour passer la nuit. C'est gratuit. On y trouve souvent des tables à pique-nique, parfois l'eau et l'électricité.

Notre première halte de repos : juste au sud de la première écluse (Whitehall). Cette image illustre très bien ce à quoi s'attendre tout le long du canal Champlain : mur de ciment (ayez des pare-battages pour protéger vos défenses). La quiétude de ces lieux, souvent des parcs en soi, nous permet de se reposer quelques jours ou même de terminer certains travaux sur le bateau. Certains de ces endroits offrent eau et électricité !

165

Mieux encore, on peut s'arrêter dans trois petites villes.

À **Whitehall**. Juste au sud de l'écluse n° 12 où, un peu plus loin, un mur de ciment nous attend. On y trouvera une épicerie, un fournisseur d'équipement et le très réputé restaurant de la marina, le Finch & Chubb (cuisine française).

À **Fort-Edward**. En virant très serré, juste au sud de l'écluse n° 7, on se retrouve à un mur de ciment, tout près du centre-ville. Électricité et eau gratuites. Allez manger chez Vicky's, juste en face vers la droite : bonne cuisine maison, portions généreuses, bons prix. On trouvera aussi une buanderie, une pharmacie et une petite quincaillerie.

À **Mechanicville**. Un peu au sud de l'écluse n° 3, en suivant un long mur de ciment face autrefois utilisé par les barges. Là aussi, électricité et eau gratuites. Une grosse épicerie se trouve juste en haut de la côte de même qu'un restaurant McDonald, comme quoi la civilisation n'est pas loin ! Attention : la sirène du couvre-feu vous surprendra vers 22 h !

Passer les écluses du canal Champlain constitue un délicieux plaisir : alors, profitez-en ! Peut-être y ferez-vous vos premières rencontres intéressantes, car c'est à l'arrêt qu'on croise d'autres gens…

N.B. Pour plus de détails sur le parcours, voyez ma liste de sites de mouillage à la page 351.

LES SAUTS PAR LA MER : LE POUR ET LE CONTRE

La mer offre sans aucun doute un attrait pour tous les marins que nous sommes. Qui n'aime pas aller s'asseoir sur une plage et simplement regarder les vagues qui se brisent ? Alors, imaginez voguer sur la mer, c'est faire partie de ces vagues ! C'est vivre en parfaite harmonie avec les éléments de la nature.

Pour vous qui emprunterez les voies intérieures, sortir en mer prendra plusieurs sens. Vivre la liberté, capter la beauté du paysage, relâcher la surveillance constante de la circulation, laisser le pilote barrer, vous libérant pour d'autres activités, observer l'eau bleue contrastant avec l'eau brune et opaque de l'Intracostal. On constatera qu'il n'y a plus de ponts à faire ouvrir, qu'il y a toujours assez d'eau sous la quille, que la carte exige un peu moins d'attention, sans compter qu'on aime se rappeler que nous sommes des marins ! Après tout, ce bateau a été conçu pour aller en mer !

Entrer et sortir comme bon nous semble ?

On entend souvent dire que le long de l'Intracostal, on peut sortir en mer lorsqu'il fait beau et revenir vers l'intérieur en cas de mauvais temps. Voyons de plus près cette affirmation : ce n'est vrai que si l'on dispose de plusieurs heures devant soi. Pour ceux qui veulent sortir en mer au moins 8 heures, et d'autant plus pour ceux qui pensent faire des trajets de 30 ou 48 heures, c'est encore plus vrai, vous gagnerez du temps et vous vous épargnerez des frustrations par rapport à l'Intracostal. Mais il y a des règles à suivre et un prix à payer.

Ne croyez pas possible sortir en une heure, et si, au bout de trois heures un orage éclate, pouvoir rentrer au port en quinze minutes : la côte américaine n'est pas un lac! Les «passes» (entré/sortie) sont nombreuses, mais très peu sont praticables pour la moyenne des voiliers et des bateaux à moteur. Les fonds sont incertains, les conditions deviennent vite dangereuses en cas de coup de mer et de vent, et seuls les habitués les utilisent. Entre Beaufort (N.C.) et Fernandina (nord de la Floride), il n'y a, avec ces deux «passes», que huit passages sécuritaires. La plupart sont séparés l'un de l'autre d'environ 60 milles.

Et ce n'est pas tout: il faut sortir en haute mer et ensuite revenir de la mer vers l'Intracostal ou l'emplacement de mouillage. C'est ici que la réalité frappe le plus dur, selon les endroits. Par exemple, du mouillage de Charleston à la sortie du chenal en mer, il y a 15 milles (½ journée) et pour entrer dans la «porte» suivante, au sud (Hilton Head), il faut compter encore 14 milles jusqu'au mouillage. Ainsi, de Charleston à Hilton Head, passer parla mer représente 96 milles, alors que par l'Intracostal il n'y a que 82 milles… (*Voir en annexe F plus de détails à ce sujet.*)

Autre aspect: la météo

Avant de vous aventurer en mer, vous voudrez avoir un vent portant. Il vous faudra peut-être attendre quelques heures, voire quelques jours. Que ferez-vous? Attendre on ne sait combien de temps pour aller en mer et gagner «du temps», ou continuer dans l'Intracostal, quelles que soient les conditions météo? Le lièvre et la tortue, vous connaissez?

Avant de vous aventurer en mer, regardez bien la carte pour prévoir la route à parcourir. Êtes-vous équipé et prêt à passer 24 heures en mer? La météo vous offre-t-elle une bonne fenêtre pour les 30 prochaines heures? L'équipage est-il d'accord pour vous suivre ou êtes-vous le seul à bord à vouloir tenter l'expérience? Ce dernier point a maintes fois prouvé qu'il est très important que tous soient d'accord sur une route, et le moment de l'entreprendre. Vous ne convoyez pas un bateau, vous êtes en vacances. **Vous en souvenez-vous?**

Alors, quand prendre la mer?

Pour ceux et celles qui en sont à leur première expérience sur la côte, je vous conseille de suivre l'Intracostal au moins jusqu'à la Floride. En revenant, avec l'expérience acquise aux Bahamas, les journées plus longues du printemps, la météo d'avril et de mai aidant, le Gulf Stream avec vous, vous pourrez certainement faire quelques passages par la mer et mieux apprécier ce sentiment de liberté dont on parle tant…

En Floride, il est plus facile de faire des bonds d'un port à un autre par la mer. Ces bonds peuvent en général se faire de jour, et prennent seulement quelques heures. Parfois, c'est même recommandable pour éviter de devenir fou à force de faire ouvrir les ponts!

Toutefois, je n'insisterai jamais assez sur l'importance de ne pas vous laisser influencer par les autres navigateurs. Ce n'est pas parce que vous êtes dix bateaux en mer que le vôtre est plus en sécurité. Ce n'est pas parce qu'un bateau ou un autre emprunte une voie que c'est la meilleure solution pour VOUS. Vous devez connaître vos limites, **celles de votre équipage** et de votre bateau et LES RESPECTER. Le comédien et marin Gilles Pelletier a dit un jour: «Démesure n'est pas prouesse!» À vous d'être bon juge… et sage!

• CONCLUSION •

Je conclurai en disant que, de toute façon, il y a beaucoup à voir à l'intérieur de la côte, que ce soit dans la baie de Chesapeake, les Carolines ou en Géorgie. Vous ne repasserez peut-être plus jamais par ces endroits, alors pourquoi ne pas en profiter et y prendre votre temps? Vous arriverez en Floride une ou deux semaines plus tard que les «autres», mais vous aurez de nouveaux amis, vous serez plus reposé, vous aurez mieux mangé et, surtout, vous n'aurez rien cassé en cas de mauvais temps…

LES PONTS

Tout le long de la côte américaine, les ponts font partie du quotidien. S'ils sont assez hauts, on passe dessous en évitant d'être déporté sur les piliers. Mais si on doit les faire ouvrir, c'est une autre histoire. À cause de ces derniers, il est difficile de prévoir, dès le matin, la distance qu'on couvrira dans la journée.

LES PONTS FIXES

LE LONG DE L'INTRACOSTAL	Hauteur libre (pieds)
Tous les ponts jusqu'à Key West :	65'
sauf : canal Champlain :	15,5'

(Faire une demande d'avance pour qu'on abaisse de quelques pieds le niveau du canal, si nécessaire. Tous les voiliers doivent démâter.)

Canal de Cape May : (marée haute)	55'

(marée de 4 pieds, sinon, se contourne par la mer)

Intracostal du New Jersey,	30'

sinon se contourne par la mer

Miami : (marée haute)	56'

(marée de 3 pieds, sinon se contourne par la mer)

Faire ouvrir les ponts fait partie du quotidien le long de l'Intracostal. Au nord de la Floride, on en rencontre deux ou trois par jour, puis en Floride, de trois à sept, ou plus. Heureusement, ils sont progressivement remplacés par des ponts fixes comme celui en arrière-plan.

EN DEHORS DE L'INTRACOSTAL

La hauteur libre de 65 pieds n'est pas assurée. Prenez également garde aux fils électriques. Voici quelques exemples :

	Hauteur libre (pieds)
Kingston (rivière Hudson) (peu de marée)	56'
Washington (D.C.), sur le Potomac (marée de 2,5 pieds ; pont à bascule, mais n'ouvre que deux fois par jour vers 5 h 30 et vers 23 h à cause de la circulation de Washington)	50'
Ashley Marina (Charleston) (marée de 5,5 pieds)	55'

LES PONTS OUVRANTS

Ils disparaissent un après l'autre, et sont remplacés par des ponts fixes à mesure que les années passent. Mais il faudra être à son affaire pendant encore plusieurs années. Le gardien du pont est le seul maître de son

171

pont après Dieu : qu'on se le dise ! Certains ponts ouvrent sur demande, d'autres à horaire fixe (10, 15, 20, 30 minutes). À Wrightville (N.C.), le pont ouvre d'heure en heure ; même chose pour le seul pont flottant de l'Intracostal (au mille 338).

Généralement, tout se passe très bien, mais il peut arriver quelques petits incidents : soyez toujours très vigilants. Roulez la voile d'avant pour franchir le pont, sans quoi certains pontiers vous refuseront le passage. Notez que les ponts n'ouvrent pas lorsqu'il vente à plus de 35 nœuds.

Pour faire ouvrir un pont sur demande, contactez le préposé sur la voie 13 (ou 16) de votre VHF ou donnez deux coups de corne (un long suivi d'un court). La plupart du temps, il nous voit approcher et ouvre lorsqu'on est tout près, sans qu'aucune communication ne soit nécessaire.

L'attente. Elle peut être nulle, elle peut être longue. Généralement, on attend une dizaine de minutes, le temps que le préposé arrête le trafic routier et ouvre le pont. MÉFIEZ-VOUS du courant ! Afin de demeurer immobile face à un pont, il faudra souvent rester embrayé, face au courant, pour maintenir le bateau en place. Un bon truc pour savoir si on bouge est de prendre un point de repère, à terre, sur une ligne perpendiculaire au bateau. Il peut arriver qu'on attende l'ouverture, dos au pont, pour être face au courant : il faudra alors être certain que le préposé a compris notre manœuvre !

Un rappel du Règlement sur les abordages : les bateaux qui descendent avec le courant ont priorité. Certains passages sont plus étroits et il vous faudra appliquer cette règle. Bons ponts !

DÉPASSER
ET SE FAIRE DÉPASSER
DANS L'INTRACOSTAL

À partir de Norfolk, se trouve enfin l'Intracostal, ou plutôt, l'autoroute des plaisanciers. Et comme sur l'autoroute, on dépasse et on se fait dépasser. Mais pour que la manœuvre se fasse de façon sécuritaire et le plus en douceur possible pour tous, vous devez utiliser certaines techniques.

TOUT SÉCURISER

D'abord, lorsque vous partez le matin, il faut tout arrimer à l'intérieur comme si le bateau était dans les pires conditions de mer : les coussins libres doivent être placés à l'avant, aucun vêtement ne doit traîner dans le carré, toute la vaisselle doit être rangée, ou du moins, placée dans l'évier, la table à cartes doit être dégagée, les tiroirs et les portes d'armoires fermés. Sur le pont, tout doit être à sa place et arrimé au bateau. Ne déposez surtout pas vos jumelles sur un banc du cockpit : elles vont en glisser au premier dépassement.

Comme un voilier se déplace très lentement (même à 7 nœuds !), on se doute qu'on va se faire dépasser plus souvent qu'on va doubler soi-même.

LES BARGES

D'abord, parlons des barges, poussées (ou tirées) par des remorqueurs. Eh oui, elles aussi empruntent cette voie d'eau intérieure protégée ! Et 24 heures par jour, de surcroît ! Généralement, elles se déplacent à une vitesse variant de 7 à 10 nœuds. Elles ne ralentissent pas et ne se déroutent pas : vous devez céder le passage. Mais au moins, elles ne produisent ni vagues ni remous. Par contre, gare au remorqueur qui la pousse : il ne fait presque pas de vagues mais crée un énorme remous juste derrière lui. Laissez-lui donc prendre une bonne distance avant de vous replacer derrière lui. Personnellement, lorsque nous étions rejoints par une barge, je préférais faire demi-tour et lui faire face. Ainsi, au lieu de se faire dépasser pendant cinq minutes (la différence de vitesse étant très faible), on croise le mastodonte. L'opération se termine en 30 secondes et je reprends ma route assez loin derrière. Les capitaines de barges communiquent sur la voie 13 de la radio VHF. Comme on ne comprend rien de ce qu'ils nous racontent, il est inutile de penser à négocier avec eux un passage difficile.

LES YACHTS

Les bateaux à moteur se divisent en deux classes : les bateaux locaux et ceux des plaisanciers en croisière (comme nous). Les premiers sont une peste à éviter. Plus ils sont petits, moins leur pilote nous respecte. Quant aux embarcations de la deuxième classe, tout comme nous, les navigateurs sont plus attentifs et effectuent leurs dépassements selon les règles de l'art.

Notre stratégie :

1) Le bateau à moteur approche par l'arrière, il est sur une trajectoire parallèle à la vôtre.

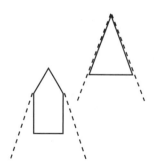

2) Il ralentit au moment où son étrave arrive à la hauteur de notre tableau arrière. Il doit ralentir assez pour ne plus faire de vagues. C'est ici que les choses se gâtent pour plusieurs, parce que le bateau à moteur va trop vite et reste à la limite du déjaugeage. Il se produit

alors une vague pire que s'il n'avait jamais ralenti! D'un autre côté, vous ne devez pas hésiter à réduire VOTRE vitesse pour lui permettre de décélérer suffisamment! **Pour qu'il puisse vous dépasser, il doit aller plus vite que vous! Si, pour éviter de créer une vague, il a ralenti à quatre nœuds, il vous faut ralentir à trois nœuds!**

3) Ce qu'on veut éviter, c'est de recevoir l'impact de sa vague d'étrave sur les trois quarts de l'arrière de notre bateau. Si on reste parallèle à sa route, c'est ce qui se produira. C'est là que vous entendrez toutes vos casseroles se frapper dans les armoires. Il n'y a pas de pire axe pour un voilier pour recevoir une vague.

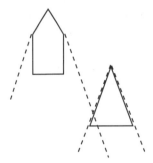

4) Dès que son tableau arrière est passé devant notre étrave, on place le voilier parallèlement à sa vague...

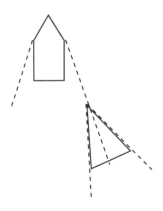

5) … et dès que la vague est passée, on donne un petit coup de barre pour venir se placer derrière le bateau à moteur. Celui-ci peut alors mettre les gaz s'il le désire, cela ne nous affectera pas du tout. ATTENTION ! Avant de vous placer derrière ce dernier, regardez plus loin pour voir s'il n'en arrive pas un autre ! Ces gens-là voyagent souvent en flottille.

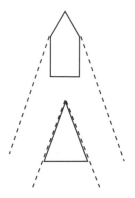

Et voilà le travail ! Il faut faire attention de toujours rester en eau assez profonde. Dans l'Intracostal, la profondeur est de 12 pieds, mais elle remonte à 3 pieds dès qu'on atteint le bord du chenal. En voulant éviter d'être dans le chemin de bateaux à moteur, certains se sont laissés prendre à trop se rapprocher du bord. De toute façon, la manœuvre expliquée ci-dessus est beaucoup plus efficace si les deux bateaux se dépassent de près (on n'a qu'une seule vague à négocier) alors que si on vous dépasse de trop loin, plusieurs vagues auront le temps de se former avant de vous atteindre.

De plus, le Règlement international sur les abordages est clair. Règle n° 13 : «… tout navire qui en rattrape un autre doit s'écarter de la route de ce dernier. »

Bon dépassement !

COMMENTAIRES
SUR LA ROUTE

LA RIVIÈRE HUDSON

Plusieurs plaisanciers prennent de deux à trois semaines l'été et descendent cette rivière, riche en histoire, jusqu'à New York.

On rejoint la rivière Hudson très près de sa source, soit à la hauteur de Fort-Edward (écluse n° 7). À partir d'ici, on navigue parfois dans la rivière, parfois dans le canal. Il faudra être attentif au système de balisage parce qu'on descend vers la mer et si on n'y prend pas garde, on peut se retrouver en avant d'une chute d'eau! La rivière n'est pas beaucoup plus large que le canal et offre de beaux paysages de fermes et de forêts. On peut passer la nuit sans frais au quai de béton de Mechanicville, où l'eau et l'électricité sont disponibles gratuitement. On a alors accès à la ville: resto, épicerie, McDo, alcool, etc.

Après la dernière écluse, à Troy/Albany, la rivière s'élargit beaucoup et offre toujours suffisamment d'eau, de telle sorte qu'on ne regarde même plus le profondimètre. On serpente entre des pics montagneux pendant presque 120 milles nautiques avant d'atteindre New York (Manhattan). Le paysage est impressionnant, surtout à l'automne, quand on suit un couloir d'arbres colorés. La falaise abrupte se jette souvent dans la rivière. On peut parfois apercevoir, entre les arbres, de somptueuses demeures perchées sur les flancs de montagne. On passe devant l'Académie militaire de Westpoint, là où est formée l'élite des officiers américains. La voie ferrée d'Amtrak longe le littoral et le passage fréquent des trains qui sifflent rajoute à la magie du décor.

Il y a très peu d'emplacements de mouillage entre Troy et New York (*voir la liste à la page 351*), mais si vous étudiez votre carte, il y a parfois moyen de se blottir entre le rivage et les profondeurs de la rivière. Par contre, les marinas ne manquent pas. Mieux vaut appeler avant de vous engager dans le chenal : certaines de ces marinas accueillent surtout des bateaux à moteur et offrent moins de quatre pieds de profondeur à l'approche. D'autres vous laisseront utiliser leurs corps-morts[1], souvent libres à l'automne. De plus, le prix pour la nuit varie beaucoup, surtout en se rapprochant de New York (de 0,75 USD à 2,50 USD le pied de bateau).

MARÉES ET COURANTS

Oui, il y a une marée. On ne s'en occupe pas vraiment puisqu'on est toujours à l'ancre et qu'elle est négligeable. Le courant est faible et se dirige vers la mer jusqu'au pont Tapan Zee (nord de New York). À partir de là, on a un courant de marée qui change de direction toutes les six heures, mais on en ressent les effets seulement lorsqu'on arrive à la hauteur du nord de Manhattan. Maintenant, il faut jouer avec le courant puisqu'il atteindra presque trois nœuds dans les marées de printemps devant Manhattan.

> ### • CONCLUSION •
>
> *Je terminerais en disant que la rivière Hudson est une belle de ce voyage. Le plan d'eau est très bien protégé et offre une navigation, somme toute, très facile, ce qui laisse amplement le temps d'apprécier le paysage. D'ailleurs, une compagnie de location de petites péniches est établie à Troy. Ça démontre bien tout l'attrait de la rivière Hudson...*
>
> *Note: se baigner dans l'Hudson? Non merci! L'eau est brune et pas très invitante avec tous ces cargos et ces barges qui y circulent.*

1, Point d'amarrage en eau libre, ancré au fond.

LES PORTS DE NEW YORK ET SANDY HOOK

Navires, cargos, remorqueurs, barges, voiliers, yachts, sous-marins, convois, traversiers, bateaux de croisière (moyens et gros), chalutiers, porte-avions, (avec avions et hélicoptères), déchets flottants (billes de bois, sofas), gratte-ciel, bruit, arbres, monde, voitures, camions, piétons, etc. : le port de New York, tout ça. Y a-t-il un réel danger ? Non.

S'il fallait écouter les mauvaises langues (surtout celles des assureurs), on resterait bien tapis chez soi ou on emprunterait la longue route du golfe Saint-Laurent. Il est vrai que traverser le port de New York demande une surveillance constante. On doit pouvoir se situer sur la carte régulièrement pour ne pas confondre les bouées qui, finalement, n'ont de différent entre elles que leur numéro. Mais, à la vitesse foudroyante de cinq nœuds, on a bien le temps de voir venir les choses tout en faisant notre navigation. Nous avons traversé ce port cinq fois et jamais nous n'avons eu de problème. Nous avons rencontré des dizaines de navigateurs qui ont vécu la même expérience positive. En fait, jamais n'avons-nous croisé quelqu'un qui a dit avoir détesté et craint cet endroit, ou y avoir eu des difficultés. Mais il faut évidemment naviguer de jour !

NAVIGATION

Sur tout le trajet entre le lac Champlain et les Bahamas, il n'y a que deux fois où l'on devra tenir compte du courant dans le plan de navigation : à New York et pour le passage du Gulf Stream. Vous devez avoir avec vous des cartes des courants du port de New York (*Tidal Current Charts*), qui donnent la force et la direction des courants dans le port d'heure en heure pendant les six heures suivant la marée basse et les six heures suivant la marée haute. Elles sont valables pour n'importe quelle année. (*Voir annexe H*). Une table des marées serait utile, mais les heures de marées quotidiennes sont diffusées sur la radio VHF.

Comme le courant devant Manhattan peut atteindre trois nœuds au printemps (un peu moins à l'automne), et que la distance à parcourir est grande, il faut essayer de prévoir ses déplacements, non pas pour profiter du courant (parce qu'il est impossible de l'avoir avec nous tout le long), mais plutôt pour en éviter les pires moments.

On aperçoit ici d'un seul coup d'œil le port de New York.

Les distances sont les suivantes entre les rares mouillages disponibles de la région :

du mouillage au nord 41° 11', à Manhattan (West 79th Street Boat Bassin) : 22 milles nautiques ;

de Manhattan à Sandy Hook (complètement au sud du port) : 24 milles nautiques.

On peut également faire halte dans un mouillage, au fond d'un chenal, derrière la statue de la Liberté. Consulter la carte de la rivière Hudson et du port de New York, en annexe G, ainsi que la liste des mouillages, à la page 351.

Les plus chanceux profiteront d'un courant favorable et d'une météo leur permettant de franchir les 46 milles sans arrêt. Les autres feront une étape par jour.

MANHATTAN

Si vous êtes partis tard en saison, peut-être ne voudrez-vous pas vous attarder ici, alors que New York se prépare à hiverner. Mais si vous y êtes en septembre ou que vous repassez ici au printemps, ne manquez pas cette halte qu'est Manhattan.

La marina « 79h Boat Bassin », à New York. L'endroit le moins cher pour « habiter » à New York. Notre bateau est au mouillage. On nous avait aussi offert des tangons (20 USD). Remarquez, au premier plan, notre annexe avec d'autres. C'est le seul endroit sur la côte où personne (nous inclusivement) ne verrouillent son bateau ! L'accès à terre est bloqué par une clôture de douze pieds munie de barbelés et un gardien jour et nuit ! Par contre, à marée basse, l'annexe est échouée…

On peut s'arrêter à l'une des marinas juste en face, du côté du New Jersey (par exemple, la Port Imperial Marina), en ayant soin de s'informer de l'horaire des traversiers. Sinon, à Manhattan, la marina West 79th Street Boat Bassin vous accueille en plein cœur de l'action. Il n'y a pas beaucoup d'espace à quai, mais elle offre des corps-morts à prix abordable ; sinon, on jette l'ancre comme ça s'est toujours fait depuis des années. Le quai pour les annexes est gratuit (et personne ne

183

verrouille son annexe !). La plupart de ces bateaux sont de vieux rafiots des années 1970 qui ne pourraient même plus se décoller du quai... Une clôture de 12 pieds avec barbelés et la présence d'un garde de sécurité en permanence empêchent les intrus de s'approcher.

Le mouillage se fait sur deux ancres en laissant une bonne longueur de câblot dans 15 à 20 pieds d'eau. Des tourbillons bizarres se forment à la renverse du courant, mais le fond est bon. D'ailleurs, ne comptez pas sur une longue étale pour aller à terre avec l'annexe : elle dure dix minutes ! Si un débris se coince dans les câblots d'ancre, vous aurez l'impression, de l'intérieur, de faire une descente de rivière en radeau pneumatique, à cause du bruit généré !

Sécurité

À l'ancre, nous n'avons jamais eu le moindre problème ni observé quoi que ce soit de suspect. Nous sommes restés à l'ancre à cet endroit plusieurs fois, dont une fois cinq jours en allant à terre régulièrement. Nous avons également connu une famille qui était restée ainsi ancrée à bord d'un voilier deux semaines, et qui allait à terre tous les jours, toute la journée : même chose. Par contre, nous avons entendu parler d'un voilier qui a été dévalisé, alors que ses occupants étaient à terre. Donc, à vous de juger et de vous fier à votre instinct...

Finalement, sur Manhattan, je ne ferai pas ici le guide touristique, mais profitez-en, parce que vous logez probablement dans l'hôtel le moins dispendieux de la ville... Ah oui, le métro est à trois rues à l'est du quai des annexes.

SANDY HOOK

Vingt-quatre milles plus au sud, c'est le fond du port de New York, Atlantic Highland, juste au sud de la pointe de Sandy Hook. Ancrez-vous juste derrière la jetée de pierres qui vous offre donc une protection avoisinant les 360°. Seuls les vents d'est pourraient vous affecter. C'est la fin de la première étape du voyage. En général, de six à dix jours se sont écoulés depuis votre départ du lac Champlain. C'est le temps de prendre une pause bien méritée. N'oubliez jamais que VOUS ÊTES EN VACANCES. Tout au long de cette première semaine, vous aurez démâté, passé douze écluses, remâté, ancré dans des endroits sauvages et nouveaux ; vous aurez traversé un des ports les plus achalandés de la planète tout en jouant avec les courants et aurez même goûté à quelques embruns de l'Atlantique juste avant d'atterrir à Sandy Hook : vous méritez bien une pause de quelques jours !

Le site de mouillage est très grand et l'accostage en annexe, très facile. Plusieurs marinas offrent également des quais aux visiteurs. On trouvera à terre une buanderie, un cinéma, une quincaillerie, un magasin de fournitures nautiques et une épicerie, quoique celle-ci soit à une vingtaine de minutes de marche. Il y a également un traversier rapide vers Manhattan (30 USD), si vous y tenez.

Note : Sandy Hook est probablement l'endroit où vous trouverez le carburant diesel le moins cher de tout votre voyage (1,30 USD le gallon, en juin 2003).

On se repose ; on se lave ; on lave le bateau. On regarde les cartes et on prépare la prochaine étape : Cape May.

On attend patiemment que le vent soit favorable. C'est-à-dire, idéalement du N.-O. S'il est du N.-E., c'est bon, mais la mer sera plus formée. Un vent ouest nous mènera bien vers le sud, mais à mi-chemin, il faut virer S.-O., alors on l'aura au près[1], ou même de face.

Sandy Hook est aussi un port d'entrée pour ceux qui arriveraient, par exemple, des Bermudes ou directement de Nassau.

---

1. Presque de face.

LE PREMIER PASSAGE
DE NUIT EN MER : DE NEW YORK
À CAPE MAY (22 HEURES)

Naviguer la nuit suscite toujours un peu d'inquiétude, puisqu'on ne voit pas où l'on va. Mais a-t-on besoin de voir ? Le jour, la mer est déserte ; pourquoi devrait-il y avoir plus d'obstacles la nuit, seulement parce qu'il fait noir ? Et je ne parle pas d'autres embarcations ou de bouées, mais de petits (ou de gros) objets flottants. Il faut se raisonner et si vous n'y arrivez pas, ne vous stressez pas avec cet inconvénient et naviguez de jour.

Une nuit passe très vite, surtout le long de la côte du New Jersey. On part tout brave de New York et on se croit seul, à la merci de notre imagination pour les dix prochaines heures d'obscurité. Eh non ! Ce n'est pas ça du tout, parce qu'on est toujours occupé et l'imagination n'a pas le temps d'imaginer...

D'abord, on part de jour, vers midi. On voit tous les derniers obstacles de la côte. Bouées de chenal, flotteurs de pêcheurs (parfois, il y en a beaucoup), circulation de plaisanciers, de chalutiers, de cargos, de barges, etc. À trois milles au large, déjà, on est en eau libre. Peut-être encore quelques flotteurs de casiers ou de filets à surveiller jusqu'au coucher du soleil. Cap sur le premier point de route au GPS. Ce peut être une bouée, à trois milles de la côte, une vingtaine de milles d'ici. Allons-y : les quatre prochaines heures seront vouées à nous mener à cette bouée, quelque part en avant, dans le noir.

Bingo ! Un petit clignotement rouge (ou vert), sur tribord avant, à environ 0,5 mille. On attend de le croiser et on descend faire le point. On en profite pour vérifier si le GPS nous place lui aussi à la hauteur de cette bouée. On va réveiller l'autre équipier qui, de toute façon, ne dort pas profondément malgré le calme de la mer : nervosité d'une première fois oblige ! On lui montre notre position et on aligne le GPS sur le prochain point intermédiaire, qui sera cette fois un haut-fond de 35 pieds. À notre vitesse actuelle, on y sera dans 3,5 heures. Bonne nuit, je vais me coucher.

L'équipière monte dans le cockpit et y fixe son harnais. Elle fait un tour d'horizon : c'est-à-dire qu'elle se place au centre et tourne lentement sur elle-même en scrutant l'horizon. Notre visibilité au niveau de la mer nous permet de voir un autre bateau comme le nôtre à environ quatre milles. Un cargo, plus haut sur l'eau, apparaîtra à cinq ou six milles. S'il file à 16 nœuds directement sur nous, il sera là en quinze minutes. Donc, toutes les 10 minutes, on fait un tour d'horizon. Si on descend chercher un café, on fera un tour d'horizon avant de descendre et un autre dès qu'on remontera dans le cockpit.

Elle remarque une lueur rouge, sur tribord avant, très lointaine : à surveiller. Un feu vert surmonté de deux feux blancs, sur bâbord arrière : distance impossible à juger. Et puis, un chalutier s'éloignant de la côte à bonne allure : va-t-il passer devant ou derrière nous ? Vous aurez compris que, depuis le départ, c'est le pilote automatique qui barre. Un petit coup d'œil aux voiles. Tiens, le vent a refusé : le génois dévente un peu. On borde légèrement et c'est reparti. De toute façon, on a aussi le moteur qui fonctionne à 2 000 tours pour maintenir une vitesse constante, et surtout pour fournir l'électricité au pilote automatique pendant 24 heures, et aux feux de position pour la nuit.

Dix minutes se sont écoulées. La lueur n'a pas changé. Le feu vert s'est drôlement rapproché : elle aperçoit maintenant ses feux vert et rouge qui s'écartent lentement : le bateau se rapproche de nous. C'est un remorqueur qui tire une barge. Puis, tranquillement, on ne voit plus que son feu rouge : il nous croise donc sur bâbord, à environ 0,25 mille. Peu importe, il nous a vus et a dévié sa course pour nous éviter. Par contre, nous sommes sur un gisement de collision avec le chalutier. Comme les chalutiers ont priorité sur les voiliers, elle débraye le pilote et donne de la barre sur tribord afin que la manœuvre soit sans équivoque pour le chalutier (s'il nous a vus !) ; puis, elle reprend son cap. De toute façon, le danger est écarté.

Les heures passent ainsi à surveiller tout ce va-et-vient, car le long de cette côte, il y en a beaucoup, surtout des pêcheurs. Mais ils utilisent tous de gros projecteurs pour travailler sur le pont, donc on les aperçoit de très loin ; et puis, pour la plupart, ils sont immobiles.

Il est 3 heures. Elle vient me chercher. C'est mon tour de quart qui recommence. Le prochain point intermédiaire est une bouée non lumineuse verte, 30 milles devant. Nous y serons vers 9 h, il fera jour. Le soleil se lève dans deux heures et demie. Sur tribord, on laisse Atlantic City qui brille de tous ses feux : la ville entière ressemble à un arbre de Noël. Pas étonnant qu'on en voyait les lueurs il y a trois heures ! Heureusement qu'on n'a pas à entrer là cette nuit : comment y reconnaître le feu rouge de la bouée d'entrée ? TOUT est rouge. Autour de nous, il n'y a presque plus de bateaux maintenant. Le vent a fraîchi et les voiles sont gonflées au maximum. Le bateau avance vite et bien. Je décide d'arrêter le moteur. Enfin, un peu de silence. Le bruit des vagues sur l'étrave. Les étoiles s'estompent une à une à mesure que l'horizon, au large, devient rose, puis bleu clair, puis bleu. Le soleil se lève. Ce sera une belle journée.

Vers 7 heures, on déjeune dans le cockpit, fiers de notre petite nuit sans tracas et on se raconte tous les monstres rencontrés chacun dans son quart… Dernier point intermédiaire : l'entrée de Cape May. On se rapproche graduellement de la côte. On distingue les hôtels de Wildwood et sa promenade. Puis, le château d'eau rouge et blanc de la garde côtière de Cape May. Je jette un dernier coup d'œil à la carte pour bien mémoriser l'entrée et établir ma route jusqu'au mouillage, parce qu'une fois engagé j'aurai mieux à faire que de regarder la carte. C'est plein de petites embarcations de pêche qui bloquent l'entrée. Elles remorquent toutes des lignes de pêche : vais-je en accrocher une ? Non, ils doivent être habitués et vont sûrement manœuvrer pour m'éviter. Tiens, le courant est avec nous, deux nœuds au moins ! Il ne faudrait pas avoir à arrêter soudainement. Mais c'est très large et très profond.

Finalement, le port. Très vaste. On se choisit un bon coin et on jette l'ancre. On nettoie un peu et on range la carte, les pointes sèches, le crayon, la calculatrice et on éteint le GPS. On indique l'heure d'arrivée dans le livre de bord. On se fait un petit goûter, car il est maintenant midi. On observe le mouvement du bateau ancré tout en mangeant : il tient bien. On peut aller faire une bonne sieste et rêver au Cap Horn [2] ! Après tout, on a maintenant l'expérience…

---

2. Le Cap Horn, au sud de l'Amérique du Sud, est réputé être l'un des endroits les plus difficiles au monde pour naviguer.

LES BAIES DU DELAWARE
ET DE CHESAPEAKE

LA BAIE DU DELAWARE

Beaucoup de navigateurs l'affirment, la baie du Delaware est le pire plan d'eau de la côte. Les Américains vous le diront : « *It's a nasty body of water…* »

Il y a peu d'eau en dehors du chenal commercial (environ 17 pieds). Donc, dès que le vent augmente à plus de 15 nœuds, une vague courte se monte rapidement. Un jour, nous avons vu deux voiliers quitter le port de Cape May au petit matin, par un vent de 20 nœuds, sous la pluie. Quelques heures plus tard, on les voyait revenir s'ancrer… Les mêmes conditions météo en mer se seraient facilement négociées, mais pas sur la Delaware.

Il y a un courant de marée difficile à prévoir. Malgré tous mes calculs, à chacun des quatre passages, la situation s'est révélée différente des prédictions. Heureusement, ce courant ne dépasse jamais deux nœuds, mais c'est quand même considérable, si le vent souffle contre le courant.

Autre point contrariant : il n'y a pratiquement aucun endroit pour jeter l'ancre. Étonnant pour une baie longue de 50 milles nautiques ! Et les quelques sites de mouillage possibles offrent une protection bien sommaire. (*Voir la liste des sites de mouillage à la page 351.*)

Comme si cela ne suffisait pas, le fond de la baie est tapissé de casiers à crabes, et donc de flotteurs en surface qu'il faut toujours éviter, à moins de rester dans le chenal commercial. Gare à vous si la vague se forme : ils disparaissent !

Bref, il faut traverser cette baie le plus vite possible, en évitant les trop mauvaises conditions météo. Généralement, on le peut en un jour, deux tout au plus.

LA BAIE DE CHESAPEAKE

J'insiste toujours beaucoup pour dire aux gens de ne pas éviter la baie de Chesapeake : elle est très belle. Rien à voir avec la baie du Delaware, à part qu'elle est peu profonde (17 pieds), et est aussi tapissée de flotteurs de pêcheurs.

Plein de mouillages

Un plan d'eau aux mouillages illimités. Le fond est de vase ou de boue partout et permet une très bonne tenue sur une seule ancre. La baie de Chesapeake mesure 160 milles nautiques du Chesapeake and Delaware Canal à son embouchure et fait plus de 15 milles de large dans sa partie sud. Au moins onze rivières majeures s'y déversent et chacune a des affluents assez profonds pour offrir de bons ancrages. Sans compter la multitude d'affluents qui se déversent directement dans la baie et qui offrent, eux aussi, leurs ancrages. Ainsi, de la baie, vous pouvez vous enfoncer en serpentant doucement vers l'intérieur des terres, pendant 5, 10, voire 15 milles, pour vous retrouver mouillés là où vous voudrez rester jusqu'à ce que la neige vous déloge ! Ancré dans ces endroits, on n'a même plus idée du temps qu'il fait sur la baie, ni de celui qui passe. Il nous est arrivé de partir ainsi un bon matin et de découvrir la baie, tout agitée et recouverte de moutons blancs : nous avons fait demi-tour et sommes retournés nous ancrer pendant encore deux jours !

La navigation

Le courant de marée ne dépasse jamais un nœud, sauf dans la partie sud de la baie (1,5 nœud). On n'essaie jamais de le prédire, il est trop négligeable. Par contre, comme la baie du Delaware, la baie est peu profonde et une vague courte peut se former assez rapidement si le vent dépasse les 15 nœuds contre le courant (même si celui-ci n'est que de 0,5 nœud). Par contre, les endroits pour s'abriter sont très nombreux. Comme dans la Delaware, on doit faire attention, ici aussi, aux « Crab Pot » (bouées des casiers à crabes).

La pêche au crabe…

D'ailleurs, vous pouvez, vous aussi, goûter au « Blue Crab » de la Chesapeake. Il faut, pour cela, être à l'ancre et laisser descendre sur le fond de vase un cou de poule, que l'on a lesté et attaché à une ficelle. On attend trois minutes et on remonte TRÈS doucement : trois ou quatre crabes sont en train de le grignoter. Il s'agit alors de les cueillir à six ou huit pouces sous la surface avec une épuisette. On fait cuire à la vapeur quelques minutes et la fête au crabe commence !

Excursions à terre

À partir de plusieurs mouillages, la baie offre plein d'endroits à visiter à terre. Je vous recommande fortement de prévoir au moins deux semaines (sinon plus), de votre voyage pour visiter la Chesapeake. De très bons guides de croisière existent, certains avec photos aériennes, d'autres plus simples. Mais cela vaut la dépense. Bien sûr, le *Waterway Guide* sert de référence de base, surtout pour ce qui est de l'emplacement des marinas et des services qu'elles offrent.

Je retiendrai ici seulement quelques-uns des endroits offrant un intérêt, du nord vers le sud.

Baltimore. On s'ancre juste au pied des gratte-ciel ou on accoste au quai municipal ! Nous n'y sommes jamais allés, mais certains ont bien aimé l'endroit.

Annapolis. La Mecque de la voile, l'ENDROIT, s'il n'en est qu'un seul, à visiter. Ne descendez pas aux Bahamas sans vous arrêter au moins une fois à Annapolis, toute la communauté respire la voile, toute l'économie de la ville est dirigée vers ce secteur. Vous trouverez plusieurs fournisseurs dans tous les domaines : accastillage, coque, moteur, voile, électricité, vente et location de bateaux, écoles, etc.

L'architecture, toute de brique, d'influence Nouvelle-Angleterre, frappe le visiteur. L'accès à terre est facile partout : au bout de chaque rue qui débouche sur l'eau, il y a un quai pour les annexes. Le mouillage est permis et facile tout autour de la ville, qui est bordée de deux rivières. Si vous préférez la marina, les berges en sont pleines, en plus d'une marina municipale au cœur de la petite ville (elle offre aussi des corps-morts). La ville de Washington est à 45 minutes en voiture si vous voulez en louer une, mais il y a aussi des excursions organisées en autobus.

On trouve aussi un cinéma tout près du mouillage dans Back Creek. (*Voir la carte d'Annapolis, en annexe I.*)

St. Michaels, du côté est. Nous n'y sommes jamais allés, mais plusieurs nous ont dit que l'endroit était chaleureux.

Solomons Island, à l'entrée de la rivière Patuxent. On s'ancre juste en face d'un beau musée reconnaissable par le phare qu'ils ont installé devant. Épicerie et propane.

Le Potomac et, tout au bout, Washington. Les marinas y sont accueillantes. Dans la capitale américaine, beaucoup de musées et d'expositions sont accessibles gratuitement. Washington est magnifique de nuit, vue du bateau. Nous n'y sommes jamais allés.

Tangier Island. Île perdue, hors du temps. Accueil sympathique par les pêcheurs locaux. On se met à couple des chalutiers.

Mon lieu secret : Mill Creek. (*Voir la liste des sites de mouillage à la page 351.*) L'endroit est resté sauvage malgré le développement dans les autres baies. On a une protection totale, un bon fond et du crabe aux pinces bleues à volonté, sous le bateau : on y resterait tout l'hiver !

Le sud-ouest de la baie est riche en histoire américaine. Plusieurs villes-musées : Jamestown, Yorktown, Williamsburg. Ici, c'est la Virginie, le berceau des États confédérés ! On a droit à l'accueil typique des Américains « sudistes », à leur accent et à leur cuisine originale. Même les marinas du sud de la baie de Chesapeake se distinguent de celles du nord.

Newport News. Magnifique musée maritime. Nous y avions été invités en voiture, mais il doit sûrement être possible d'y arriver en bateau.

Norfolk. La plus grosse base navale américaine de la côte est. C'est impressionnant de passer devant les navires, mais il est aussi possible de visiter la base sur la terre ferme. Norfolk offre plusieurs marinas, un bon mouillage et un intérêt certain à terre.

Protection contre les ouragans

Étant donné que la saison des ouragans se termine le 30 novembre, je ne conseille pas de dépasser Norfolk avant le 1er novembre. Ce sera froid, mais de là, il ne faut que cinq à huit jours pour arriver en Floride.

• CONCLUSION •

La baie du Delaware, on y passe en coup de vent. La baie de Chesapeake, on y traîne le plus possible.

LA ROUTE DE NORFOLK
À KEY WEST

L'INTRACOSTAL

Norfolk marque le début de l'Intracostal, c'est le mille zéro (en face de l'hôpital). Jalonné en milles terrestres, il s'allonge de Norfolk à Key West, en Floride, remonte la côte ouest de celle-ci et continue jusqu'au Texas. Tous les cinq milles, un écriteau nous informe de la distance parcourue : ainsi, au mille 365 dans l'eau, je sais que je suis à 365 milles terrestres de Norfolk. La profondeur officielle de l'Intracostal est de 12 pieds, mais il faut toujours se méfier, surtout lorsqu'on passe devant des embouchures. Le fond est de boue noire. La tenue est donc très bonne presque partout et l'ancre accroche du premier coup.

Le paysage change beaucoup selon la latitude. La Géorgie est très sauvage et marécageuse, alors que la Floride est plus dense en population. Au nord, les cormorans nous tiennent compagnie, alors qu'au sud, ce sont les pélicans et les dauphins. Les conifères des Carolines font graduellement place aux palmiers de Floride.

Si vous naviguez avec les cartes Maptech (*Chartkit*), le tracé de l'Intracostal est illustré d'un trait continu magenta (rose). Ne vous en écartez pas ! Dans le chenal, il y a 12 pieds d'eau, mais juste à côté, sans avertir, il peut n'y avoir qu'un pied. Bien suivre les indications, surtout dans les courbes. Lorsqu'on quitte la ligne magenta pour aller à l'ancre, par exemple, il faut réduire la vitesse à 1,5 nœud et se tenir bien au centre entre les berges. Il faut se méfier, même si la carte indique qu'il y a suffisamment d'eau. L'eau est brun pâle et opaque : il n'y a aucun moyen de savoir ce qu'il y a devant. Attention aux fils électriques aériens en allant vous ancrer !

Naviguer sur l'Intracostal demande de la concentration et de l'attention en tout temps. On doit suivre la carte, surveiller la circulation

Voici la position régulière de nos journées, de 10 à 14 heures, dans l'Intracostal. Le barreur est assis haut de façon à très bien voir devant et de chaque côté.

• *Le pilote automatique barre, mais sa boîte de commande est juste à ma gauche (bâbord) ; cet instrument remplace littéralement un équipier. Cela permet de libérer le reste de l'équipage un certain temps.*

• *Les pantalons de ciré sont essentiels, le matin, alors que la rosée de la nuit n'est pas séchée au moment du départ.*

• *La carte est dans une grosse enveloppe exprès, pour la protéger de cette même rosée. Les pointes sèches sont déplacées sur la carte à mesure que l'on progresse.*

• *Les jumelles sont juste à côté (parce que trop pesantes à la longue dans le cou) ; on doit pouvoir identifier les numéros de balises ou de bouées à mesure, pour être certain de ne pas en sauter une. Autrement, on s'échoue.*

de bateaux et de barges, éviter les obstacles flottants, faire ouvrir les ponts trop bas. On doit quand même prendre soin de soi (manger, se vêtir, bouger pour ne pas geler, etc.), et rouler et dérouler le génois. Bref, il n'est pas étonnant qu'à la fin de la journée on soit épuisé, alors qu'on est resté tout ce temps debout derrière la barre, ou assis à corriger le pilote automatique !

C'est pourquoi j'insiste pour vous dire de prendre votre temps. Pourquoi ne pas faire deux ou trois longues journées de dix heures, puis prendre deux ou trois jours complets de repos au même endroit ? Il faut se dire qu'un voilier avance lentement. Alors, que vous alliez à quatre ou sept nœuds, cela est quand même très lent et il faut l'accepter. L'Intracostal vous offre un délicieux plaisir pendant vos vacances. Ne le manquez pas, profitez-en : vous êtes logés à l'hôtel le moins cher de la côte américaine ! Pourquoi ne pas saisir l'occasion de visiter quelques endroits, en louant une voiture, si nécessaire ? Bonne route !

Pourquoi ne pas commencer par faire le voyage en images avec *L'Intracostal, l'album* (Éd. LOGIQUES) ?

NORFOLK À LA FLORIDE

Le cap Hatteras

Le cap Hatteras, le cimetière de l'Atlantique Nord. Peu de navigateurs le contournent par la mer, à moins d'être à 35 milles au large. Les hauts-fonds qui s'avancent vers le large, mais aussi les vents dangereux et changeants, caractéristiques de ce cap, en sont la cause. Pour vous qui passez par les eaux intérieures, le problème ne se pose pas. On nous offre de Norfolk à Beaufort (N.C.) une alternance de rivières étroites, de canaux creusés de main d'homme et des « sounds » : ce sont des bras de mer peu profonds (17 pieds).

Pour s'engager dans les rivières et canaux, la direction et la force du vent importent peu : on réussira à progresser assez confortablement. Alors que dans les bras de mer, si le vent n'est pas favorable (soit trop fort, soit contre nous, soit les deux), on devra attendre une autre journée pour avancer. À cause du peu de profondeur, le vent forme de petites vagues courtes qui rendent la progression difficile.

Norfolk

Il y a un mouillage en face de l'hôpital et on peut aller à terre facilement. On trouve aussi nombre de marinas. Nous ne sommes jamais allés à Norfolk. Nous arrivions toujours de la Chesapeake, traversions le port, et allions nous ancrer devant la porte de la première écluse du Dismal Swamp Canal. Mais pour ceux qui seraient intéressés, il y a plusieurs attraits à Norfolk.

D'abord, on peut s'informer pour visiter un des porte-avions. Puis, il y a le fameux Chrysler Museum, ainsi que le Nauticus Museum. Et si vous voulez vraiment voir un GROS musée maritime, alors il vous faudra aller à Newport News. Et bien sûr, il y a un magasin BoatU.S. pour ceux qui en auraient besoin.

Le Dismal Swamp ou le Virginia Cut ?

En sortant de Norfolk, vous avez le choix entre deux canaux : le Virginia Cut ou le Dismal Swamp. Celui-ci offre une profondeur d'au moins six pieds d'eau, autrement il est fermé et on doit passer par le Virginia Cut.

Le Virginia Cut offre 12 pieds de profondeur, une écluse, quelques emplacements de mouillage et des marinas. Nous ne l'avons jamais emprunté, mais plusieurs l'ont fait et ont bien aimé.

Le Dismal Swamp, s'il est ouvert, est la route à emprunter en priorité. Les quatre fois où nous sommes passés, il n'y avait jamais moins de 8 pieds d'eau. Le canal n'est pas très large (60 pieds) et est percé dans la forêt : on se croirait dans un autre monde, surtout lorsqu'on sort du port très militaire et industriel de Norfolk. Les arbres forment même une voûte, par endroits. C'est de toute beauté, surtout avec les couleurs de l'automne. La circulation est lente (maximum 16 km/h), donc peu de bateaux à moteur l'empruntent. Deux écluses, une à chaque bout, ouvrent quatre fois par jour. Habituellement, on traverse le port de Norfolk et on vient mouiller pour la nuit devant les portes de la première écluse pour la première ouverture du lendemain (8 h 30). Puis, on suit tout le canal et on arrive juste à temps pour le 5 à 7 à Elizabeth City.

Elizabeth City
La chambre de commerce d'Elizabeth City met gratuitement à la disposition des navigateurs de passage quatorze quais (séjour maximum de 48 heures). Il faut s'arrêter ici, même si vous êtes passé par le Virginia Cut. Les gens de l'endroit viennent régulièrement aux quais offrir leur voiture pour vous amener aux restaurants, à l'épicerie, au fournisseur de propane, etc. Et que serait Elizabeth City sans les Rose

La chambre de commerce d'Elizabeth City, en Caroline du Nord, a aménagé quatorze pontons pour accueillir les voiliers. C'est gratuit, mais on n'y offre aucun service. Les gens de l'endroit sont très chaleureux.

Buddies ? Ces hommes retraités s'occupent en recevant chaque nouvel arrivant. Ils vous remettent une carte de la ville, et une rose à toutes les dames. À tous les quatre ou cinq nouveaux arrivants, on organise un « vin et fromage ». C'est peut-être pour certains la première véritable occasion de rencontrer de nouveaux amis. Chaque rencontre dans ce voyage vaut son pesant d'or ! Qui dit que vous ne vous reverrez pas plus loin, ou même aux Bahamas ? Évidemment, il s'agit d'un « wine and cheese » américain : vin de Virginie et cheddar, mais c'est de bon cœur… C'est ça, l'accueil du Sud. Et dire qu'ils ne connaissaient pas les viniers avant qu'on leur en parle lors de notre passage en 1991 : « What ? Wine in a box ? »

Beaufort, N.C.

Puis, on continue la route vers Beaufort à travers les Pamlico et Albemarle Sounds. Beaufort, en Caroline du Nord, est une petite ville dont l'économie est tournée vers la plaisance. On trouve à peu près de tout pour nous. Il y a un très beau et grand musée maritime qui fait la fierté de l'endroit : à ne pas manquer. On met même à votre disposition deux voitures pour aller faire votre épicerie !

Deux mouillages possibles et une marina municipale. De toute façon, l'accès à terre est très facile de la marina. Il y a même un quai pour les annexes ! On mouille sur deux ancres étant donné l'étroitesse du chenal. Ceux d'entre vous qui se lèveront vers 5 h 30 pourront peut-être apercevoir les chevaux sauvages…

Beaufort a une passe facile vers la mer (les cargos l'utilisent) : à retenir pour le retour. Peut-être voudrez-vous y arriver directement de Nassau ? Voisine de Beaufort, c'est Morehead City. Pour une raison qui m'échappe encore, les voiliers se retrouvent à Beaufort et les bateaux à moteur, à Morehead City. Enfin, c'est comme ça. À Morehead City, il y a un quai qui s'annonce : « 10 $ A Night ! » Faut dire qu'on a un énorme réservoir d'essence pour paysage à l'arrière-plan…

De Beaufort à Charleston

De Beaufort à Wrightsville, l'Intracostal suit de près la mer. On traverse le camp d'entraînement militaire Lejeune. Il est possible qu'un amphibie haut d'un étage vous coupe la route de temps en temps, mais à part ça, c'est le paysage habituel…

Wrightsville est très touristique : grosse station balnéaire, plusieurs marinas, beaucoup de circulation. Éviter d'y circuler le week-end !

Mouillage très près de la mer, pour ceux qui voudraient continuer par celle-ci.

De Wrightsville à Charleston, c'est la Caroline du Sud avec ses marais et ses boisés en alternance. Parfois, l'Intracostal longe la mer et parfois, on est en pleine forêt! Beaucoup d'endroits où jeter l'ancre.

Charleston

Ville coloniale au charme et aux odeurs typiques du Sud américain. Accès à terre facile à la marina municipale et navette pour le centre-ville historique. Je retiens de cette ville qu'on y mange bien partout. Je n'avais plus eu ce sentiment depuis Montréal. Il faut vous promener sur Murray Boulevard, au bord de l'eau, bordé de ces grosses maisons cossues datant de l'époque où le coton et le tabac étaient au centre de l'économie. Certaines de ces grandes demeures sont ouvertes au public.

De Charleston à la Floride : le plus beau

À partir de Charleston, et jusqu'en Floride, l'Intracostal nous fait souvent parcourir le double de la distance du pélican en vol : tortueux et ponctué de ponts à faire ouvrir par-ci, par-là. On est en plein avec les hérons, les pélicans, les dauphins, les crevettiers. C'est le paysage des films *Prince of Tides* et *Forrest Gump*. Le soir venu, à l'ancre, le silence est parfois tel qu'on entend son cœur battre... **Je pense que, de tout l'Intracostal, c'est le tronçon qui nous a le plus émerveillés.** L'accueil des gens est si généreux, autant dans les marinas que dans les villages et les ports de pêche.

À cause des nombreux méandres et détours que l'on doit suivre, on risque de toucher le fond ou même de s'échouer carrément : attention de ne pas couper les coins trop carré, bien respecter les feux d'alignement lorsqu'il y en a, et ne pas oublier d'en sortir en arrivant dans l'axe du prochain!

La Floride

Puis, c'est la Floride. Je vous renvoie au *Waterway Guide* qui décrit bien chaque coin et recoin. Je ne retiens ici que quelques endroits marquants.

La Floride n'arrive jamais trop tôt, surtout si on a eu froid depuis le lac Champlain. À cause de sa géographie, la Floride bénéficie d'un microclimat qui fait qu'en général, il y fait toujours plus chaud. Malheureusement, il y a un prix à payer pour cet avantage et tout n'est pas rose dans cet État du loisir perpétuel...

D'abord, les navigateurs à l'ancre n'y sont pas les bienvenus (surtout au sud de Daytona) : on aimerait nous voir à quai tous les soirs. La législation se durcit d'année en année. De plus en plus d'espaces de mouillage se remplissent de corps-morts, d'amarrages payants ou sont purement interdits d'accès. Plus on descend, plus on le ressent. Au sud de West Palm Beach, il y a tellement de maisons le long de l'Intracostal qu'on ne peut faire autrement que de s'ancrer dans la cour de quelqu'un. Et si ce quelqu'un décide d'appeler le shérif, il faudra vous trouver une autre place ou une marina. À Fort Lauderdale, c'est simple : il est interdit de s'ancrer, un point c'est tout ! Et vive les palmiers !

Ensuite, ce sont les autorités : elles sont partout ! La police, le shérif, la garde côtière, les douaniers, et sûrement le FBI ! En tant qu'étrangers (eux disent « aliens »), on devrait même prévenir la douane chaque fois qu'on change de port ! Peu de gens le font, mais on peut vous demander si vous avez signalé votre présence.

Je pense qu'il est préférable de prévoir les frais de quai pour quelques marinas et de voir la vie du bon côté. De toute façon, vous ne passerez pas des mois en Floride.

Un jour, alors que nous étions en Floride depuis un mois, deux hommes vêtus en civil s'approchent pendant que nous étions à faire le plein de diesel. Ils sortent leur insigne étincelant : « Customs officers. Please show us your papers... » Et nous voilà à leur sortir nos permis, nos passeports, les papiers du bateau, et tout le tralala. Ensuite, ils sont retournés tranquillement s'asseoir avec deux collègues – deux shérifs en uniforme. Non mais, est-ce que j'ai l'air d'un bandit ? Ou est-ce le nom du bateau (*Sunshine Reggae*) qui les rendait soupçonneux ?

Au Nord, on retiendra surtout Saint-Augustine, qui offre une excellente marina municipale et accueille bien les annexes des bateaux à l'ancre. Première ville d'Amérique du Nord, elle a gardé tout son côté hispanique. Bien qu'elle soit très touristique, on ne s'y sent pas agressé par les vendeurs. En plus de toutes les boutiques de curiosités, on peut visiter des musées, le fort Castillo, le phare de la passe, les plages et il y a plein de bons restaurants. On peut même, avec le billet de trois jours, se promener à volonté dans le petit train local qui fait le tour de la ville. Pour les romantiques, ce sera la balade en calèche...

Plus loin, on a Titusville, à quelques milles de Cap Canaveral. Avec un peu de chance, vous assisterez au départ d'une navette spatiale ! De toute façon, faites-vous un devoir d'arrêter à Titusville : en plus de tous les avantages pour le bateau (*voir la liste de mouillages, à la page 351*), vous pourrez facilement louer une voiture et aller vous distraire à Orlando qui n'est qu'à 60 km vers l'ouest. Redevenir enfant pour un jour !

Fort Pierce, à 70 milles au sud, ne semble pas avoir beaucoup à offrir, mais si on se donne la peine d'aller dans Faber Cove, on trouvera un des derniers mouillages tranquilles du sud de la Floride. Si vous êtes discret, si vous n'allez pas à terre et si vous ne faites pas de bruit, personne ne viendra vous en chasser, malgré la limite de 96 heures. Protection sur 360°. À un mille de là, une excellente marina, Harbor Town, vous permet de débarquer. Juste en face, il y a un magasin West Marine et une épicerie, sans compter que la marina est en eau douce !

Fort Lauderdale. Rien à dire qui ne soit pas déjà dit ailleurs. C'est le faste à son meilleur... ou à son pire ? Interdiction de jeter l'ancre. Corps-morts municipaux et même une marina offrant un neuf trous de golf !

Miami n'offre rien d'intéressant sauf pour Key Biscayne, un peu au sud : c'est le Beverley Hills de Miami. Vous ne vous ferez rien voler ici : ils sont tous plus riches que vous ! L'accès à terre n'est pas toujours facile pour l'épicerie, le téléphone ou la banque. Pour plusieurs, ce sera le dernier mouillage avant de traverser vers les Bahamas.

Finalement, les Keys. Je vous renvoie au *Waterway Guide* et à ma liste des sites de mouillage (*page 351*). Si vous ne prévoyez pas être aux Bahamas pour le Nouvel An, alors allez le passer à Key West !

· CONCLUSION ·

C'est le long de l'Intracostal que vous ferez une bonne partie de votre apprentissage et que vous goûterez vraiment à ce mode de vie. Si vous partez d'ici sans ou avec très peu d'expérience, vous gagnerez en confiance, envers vous-même et aussi envers votre bateau. Vous apprendrez à le laisser à l'ancre plusieurs heures, sans surveillance. Vous apprendrez à dormir à l'ancre, nuit après nuit. Vous découvrirez les cuisines locales des États du sud. Vous serez, plus que jamais dans votre vie, proche de la faune sauvage : combien connaissez-vous de gens qui se sont déjà endormis au son de dauphins qui respirent à moins de deux mètres de leur oreiller ?

Il faut prendre son temps le long de ce parcours. Nous avons mis quatre mois pour descendre jusqu'à Miami. D'autres m'ont dit avoir pris trois mois et m'ont décrit des endroits que nous ne connaissions même pas ! Comme quoi il y a beaucoup à voir. De plus, c'est à l'arrêt que vous ferez des connaissances. En restant au même endroit trois ou quatre jours, il commence à se passer des choses magiques : ce sera à vous de les découvrir !

LES BAHAMAS

LES BAHAMIENS :
UN PEUPLE FIER

Mais qui sont-ils donc, les Bahamiens ? Ont-ils leur propre culture ? D'où viennent-ils ? Les Bahamas représentent une échappatoire fiscale ; cela rend-il les Bahamiens plus riches individuellement ? Hélas, non. La plupart des Bahamiens sont très pauvres comparés à nos standards de vie nord-américains. Pourtant, ils sourient souvent, sont accueillants et prêts à rendre service. Ils ne mendient pas (sauf un peu, à Nassau). Ils se révèlent fiers d'être eux-mêmes. Comme le dit la chanson : « Toi, t'as l'argent, lui, le soleil… » (F. Cabrel.) Et ils en sont très conscients…

D'où viennent-ils ?

Les Bahamas sont passées de main en main comme peu de pays l'ont historiquement subi. D'abord, les îles étaient habitées par des tribus d'Indiens, les Lucayans. Ce peuple était si pacifique qu'il ne connaissait même pas le sens du mot guerre. Il avait une hiérarchie sociale et une vie spirituelle très poussées.

En 1492, Christophe Colomb débarque d'abord à San Salvador, puis prend possession des îles au nom du roi d'Aragon, Ferdinand II (Espagne), époux d'Isabelle de Castille, qui avait donné à Christophe Colomb ses trois caravelles. Après avoir conquis Hispaniola (République dominicaine), Christophe Colomb y transporte presque toute la population bahamienne afin de l'assujettir à l'esclavage dans les mines et les plantations.

Les îles resteront inhabitées pendant des dizaines d'années. Ensuite, arrive l'ère des fameux boucaniers qui trouvent, aux Bahamas, les endroits parfaits pour faire échouer les caravelles de marchands espagnols et les piller. Au XVIIe siècle, l'arrivée du capitaine Woodes

Rodgers, premier véritable Gouverneur royal des Bahamas, met fin à ces pratiques, bien que certaines régions aient continué de vivre du pillage pendant un certain temps. Encore aujourd'hui, il arrive qu'on retrouve des trésors isolés.

En 1783, à la fin de la guerre de l'Indépendance américaine, plusieurs îles sont colonisées par des loyalistes voulant rester fidèles à la Couronne britannique. Aujourd'hui encore, on trouve plusieurs ruines datant de cette époque. Mais il y a longtemps que leurs plantations n'existent plus. Leurs descendants, par contre, constituent la majeure partie de la population actuelle. Au nord de Nassau, on retrouve, en majorité, les descendants blancs, tandis qu'au sud les Noirs sont majoritaires.

En 1861, les îles connaissent un véritable boom économique durant la guerre civile américaine. À la fin de celle-ci, la misère revient, jusqu'en 1919, où une certaine prospérité renaît avec la prohibition de l'alcool aux États-Unis.

La Deuxième Guerre mondiale donne une chance aux Bahamiens de se sortir de leur situation dramatique et de se moderniser conformément à l'ère du XXᵉ siècle. Le tourisme prend son envol et ne cessera de se développer jusqu'à nos jours.

Finalement, le 10 juillet 1973, les Bahamas obtiennent leur indépendance de la Couronne britannique. Bien que cet événement soit perçu, dans l'ensemble, comme positif, l'industrie touristique « en prend un coup » au dire de certains Bahamiens avec qui nous avons parlé. L'étiquette britannique se perd petit à petit. Les hôtels se remplissent moins et le personnel, autrefois presque exclusivement britannique est remplacé par les Bahamiens, qui n'ont pas le même sens de l'organisation… Il ne faut donc pas s'étonner de ne pas y retrouver tous nos standards ; ce « nouveau » pays n'a même pas 25 ans !

Texte inspiré du chapitre « Introduction to the Bahamas », *Yachtmans's Guide to the Bahamas*, 1991.

Les Bahamiens sont-ils riches même si leur pays est un paradis fiscal ?

Comme dans tous les pays, il y a une différence entre les résidants de la capitale, Nassau, et d'ailleurs.

À Nassau, on retrouve de tout. Autant les yachts de riches que les bicoques de pêcheurs. Autant les maisons de béton et de ciment aux couleurs de feu, d'inspiration coloniale, que les petites cabanes modestes qui risquent qu'un prochain ouragan ne se déchaîne pour les faire s'écrouler. Comme navigateur-touriste, on est frappé de ne pas trop se faire demander d'argent. Lorsque c'est le cas, la pauvre personne affiche toujours un large sourire : *Gi' me five dollars, please...* et ils n'y vont pas avec le dos de la cuillère ! Un simple *No* avec le sourire, les découragera.

Dans les îles, au sud de Nassau, la plupart des résidants sont pauvres. Malgré tout, ils semblent tous avoir affaire avec le tourisme et arriver à se débrouiller. Plusieurs possèdent un téléviseur et on peut voir les antennes satellites. Les plus pauvres dépendent des mieux nantis et ne demandent rien à personne. Ils sont très fiers d'eux-mêmes, de leur pays, du moindre service qu'ils peuvent rendre.

Le contact

Le contact est facile. Ils aiment parler des Bahamas et savoir d'où on vient. La relation s'améliore avec les jours qui passent tel le renard du *Petit Prince*. Plus on reste au même endroit longtemps, moins ils nous considèrent comme de simples touristes de passage. Ils apprécient qu'on aime leur petite île. Et cela se traduit par un appel sur la radio pour dire que notre pain est prêt...

La culture et l'art

Comme navigateur, nous ne sommes exposés qu'à une partie de leur culture, mais elle existe bel et bien !

D'abord, le tressage de chapeaux et autres produits en paille, comme dans beaucoup d'îles des Antilles. Il n'y a pas un coin d'île où l'on ne trouve pas une Bahamienne en train de tresser. Il y en a pour tous les goûts !

La cuisine bahamienne se veut une cuisine des îles, composée de produits de la mer, d'abord et avant tout. Ils accompagnent souvent certains mets de macaroni en pain...

Leur musique est un genre de reggae qu'on n'entend pas souvent. Ce qui est surtout entendu à la radio, sur les plages d'hôtels, et vendu dans les boutiques est du reggae américain et jamaïcain.

À Georgetown, on trouve à la boutique de l'hôtel Peace and Plenty, des aquarelles d'artistes bahamiens ainsi que les vêtements d'un designer local.

À Little Farmer's Cay, il ne faut pas manquer d'admirer les sculptures sur bois de J.R. Pourquoi ne pas lui en acheter une, si le cœur vous en dit ? (À partir de 20 $.) Si vous avez un reste de litre de vernis, il l'apprécierait beaucoup, parce qu'il n'a pas toujours les moyens de s'en acheter. Et demandez-lui d'aller vous faire visiter « sa » forêt, où il coupe son bois, il en sera sûrement enchanté.

• *CONCLUSION* •

Il serait dommage de passer 3 ou 4 mois dans ce magnifique coin de paradis et de ne pas revenir avec un seul souvenir de bon contact avec un Bahamien, ne serait-ce que lorsqu'on va acheter sa glace ou son pain maison. Pourquoi ne pas prendre quelques instants et se laisser gagner par leur lenteur, leur sourire et leurs récits ? Après tout, on est en vacances !

LA TRAVERSÉE DU GULF STREAM

Le Gulf Stream est un courant chaud qui vient du golfe du Mexique. Il longe la péninsule floridienne et remonte vers le nord en s'éloignant graduellement de la côte pour s'en rapprocher de nouveau à la hauteur du cap Hatteras ; de là, il s'éloigne vers l'Europe. Sa vitesse varie de 1,5 à 5 nœuds selon l'endroit et les conditions météo. En face de Fort Lauderdale/Miami, on utilise 2,5 nœuds comme vitesse moyenne pour préparer la traversée, et 2 nœuds devant West Palm Beach. Sa largeur est d'environ 35 milles nautiques.

LE VENT

Comme dans n'importe quelle situation où le vent est contre le courant, le pire est à craindre si le vent du nord est trop fort. Et comme la traversée la plus courte fait tout de même 47 milles nautiques, on prendra soin de ne pas se retrouver dans des conditions de mer dangereuse pendant 12 heures ! On évitera donc toute condition prévoyant des vents du secteur nord, sauf s'ils sont de moins de 12 nœuds, car il se produit alors un phénomène de surface qui annule le courant. Mais attention, pour être certain de profiter de cet effet, il faut partir avec des vents de moins de 8 nœuds et la certitude qu'ils n'augmenteront pas. Peu importe ce que la météo prévoit, ajoutez toujours 5 nœuds pour avoir une marge de sécurité.

Les vents du secteur sud seront très tolérables jusqu'à 25 nœuds, puisqu'ils sont dans le sens du courant. Des vents plus forts, cependant, peuvent provoquer une grosse houle qui pourrait devenir dangereuse pour certains petits bateaux (de moins de 35 pieds).

Le modèle des vents

Supposons la situation idéale suivante. Aucun système dépressionnaire n'influence la région. Les vents dominants seront alors du secteur S.-E. C'est ce qu'il reste des alizés à cette latitude. Les dépressions arrivent de l'ouest et se déplacent lentement vers l'est. À mesure qu'elles se rapprochent de nous, les vents passeront au S., puis au S.-O., à l'O. et au moment où la ligne de front passe, les vents tournent au N.-O. À mesure que le front s'éloigne et perd de sa force, les vents tournent au N., puis au N.-E. pour revenir s'établir au S.-E. Le modèle se reproduit à chaque prochaine dépression. Ce qui change avec les saisons, c'est le temps que prend le vent à faire le tour. L'été, le vent reste dans chaque quadrant quelques jours, voire quelques semaines. Ou encore, la dépression défile très rapidement, sans pluie ni vents forts (8 nœuds) et revient au S.-E. Alors que l'hiver, tout le cercle peut être complété en vingt-quatre heures, ce qui ne vous donne pas beaucoup de possibilités pour traverser le Gulf Stream avec la promesse d'un vent du secteur sud pendant au moins douze heures !

Et comme le vent se promène entre l'est et le sud, entre les dépressions, on risque fort de faire la traversée avec le vent contre nous, étant donné la correction de cap que nous impose le courant.

Attention de ne pas vous faire influencer par les autres ! Je ne le répéterai jamais assez : une « bonne » météo pour un voilier de 40 pieds n'est pas aussi bonne pour un autre de 28 pieds !

LE CAP

Faisons un petit rappel de vos notions de navigation côtière, pour ce qui est de calculer un cap avec un courant.

Vitesse du courant : 2,5 kn
Direction du courant : 000° Cv (Cap vrai)
Votre vitesse : 5 kn
Départ : Cape Florida (Key Biscayne)
Destination : Cat Cay, Bahamas
Distance : 50 milles nautiques
Cap : 100° (Route sur le fond)

Nous allons donc dériver vers le nord, pendant 10 heures, au rythme de 2,5 milles à l'heure, donc de 25 milles au total. Si je ne veux pas me retrouver à 25 milles au nord de Cat Cay, je devrai corriger ma façon de faire.

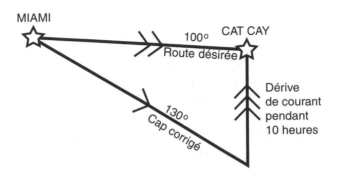

Mon cap corrigé sera donc de 130°. Vous devez calculer votre propre cap selon votre vitesse et selon la route choisie. Mais il est important que vous n'ayez jamais à corriger de plus de 45° par rapport à plein est, 90° (donc un cap de 135° au maximum), sinon vous combattez plus le courant que vous ne le traversez !

Dans ce cas, il vous faudra partir d'un port plus au sud ou viser un point de chute plus au nord, afin de mieux profiter du courant.

L'HEURE DE DÉPART
Ce n'est pas tant l'heure de départ que l'heure d'arrivée qui importe. On veut arriver DE JOUR, avec le soleil au-dessus de la tête et même un peu derrière, donc pas avant 10 h 30 et pas après 14 h 30. Vous aurez établi votre temps de traversée et vous n'aurez qu'à soustraire.

Ainsi, pour nous, pour arriver à Cat Cay vers midi, en estimant une traversée de 11 heures, il fallait partir vers 1 h. Il est très facile de partir de nuit de n'importe où de la côte américaine : les sorties vers la mer sont toutes balisées.

LA ROUTE À SUIVRE
Peu importe la route suivie pour se rendre, vous prendrez peut-être un autre chemin pour revenir.

L'aller
Comme on ne veut pas aller contre le Gulf Stream, on élimine tout port d'entrée qui nous obligerait à trop s'orienter vers le sud. Certains plaisanciers partent de West Palm Beach vers West End ou Port Lucaya, mais la route est directe (vers l'est) et ne permet pas d'abattre vers le nord si les choses tournent mal. Nous avions utilisé cette route la

deuxième année, mais nous étions le 9 décembre et les vents d'hiver n'étaient pas encore commencés. C'est pourquoi plusieurs descendent au moins jusqu'à Fort Lauderdale et traversent vers Bimini ou West End ou Port Lucaya. D'autres continuent jusqu'à Key Biscayne pour entrer à Cat Cay, et d'autres, plus petits et préférant profiter du courant, partiront des Keys (Angel Creek, Marathon, Key Largo, etc.).

Voici une anecdote

La première année, nous étions une flottille de nouveaux vacanciers. Personne n'avait jamais fait cette traversée. On se stressait à se demander si on devait partir à minuit ou à minuit quinze ! Quel cap : 130° ou 133° ? Voilà que notre ami Jacques arrive au mouillage. Jacques, un sage retraité, en est à sa neuvième traversée. Je saute dans mon annexe et je vais jaser avec lui. « Luc, m'explique-t-il calmement, vous êtes trop stressés… Moi, je me couche après souper pour faire une sieste. Quand je me réveille, on part. Parfois, il est 23 h, parfois, il est 1 h. Pour la direction, eh bien, les Bahamas sont à l'est ! Toujours à l'est. Alors, je pars vers l'est. Parfois, on arrive à l'endroit prévu, parfois un peu plus au nord, c'est tout. » Pourquoi s'énerver ?

Le retour

Pour revenir, les choses sont plus simples. Les États-Unis sont à l'ouest, donc difficile de manquer son coup ! Au printemps, les journées sont plus longues : il peut être possible de partir au petit matin et de traverser de jour. De toute façon, il est facile d'arriver la nuit tombée sur la côte. Certains voudront aller explorer les Keys de Floride, qui, d'ailleurs, explosent de fleurs et de parfums agréables au printemps. D'autres voudront rentrer au plus vite et profiteront du Gulf Stream pour les ramener par la mer jusqu'à Beaufort, en Caroline du Nord (environ 580 milles nautiques de Nassau).

• CONCLUSION •

De toute façon, vous aurez tout le temps voulu pour faire vos calculs et échanger avec d'autres sur place, puisqu'il est très rare de se pointer pour traverser et que ta météo soit parfaite ce jour-là. Vous aurez du temps. Un bon exercice pour se rassurer, durant les jours d'attente, est d'aller faire un petit tour en mer question de « voir » le Gulf Stream et de se sentir en mer. Voyez comme c'est plus vaste, plus étendu et beaucoup plus beau et moins restreint que l'Intracostal. Prenez note des bouées et des indicateurs de sortie sur votre GPS. Faites-en des points de route. Vous n'aurez qu'à remonter le sentier la nuit du départ…

Un bon matin, la météo annonce un temps favorable pour traverser ce soir. Vous irez faire votre dernière grosse épicerie de produits frais et vous placer, à l'ancre ou à la marina, prêt pour le départ. Et si, selon vous, à minuit, la météo n'est pas à votre goût, remettez tout à plus tard ! Il y aura une autre occasion demain ou après-demain.

D'un autre côté, il ne faut pas tomber dans le piège de devenir casanier. Il est normal qu'il y ait des vagues et du vent sur la mer ! Nous avons vu des bateaux attendre tout l'hiver sans jamais traverser ! Il y a même eu un type qui a vendu son voilier, parce qu'il n'a pas eu le courage de traverser ! À vous de faire la part des choses : après tout, ce n'est que 48 milles…

LES ARMES À FEU

De nombreux articles de revues ont été publiés sur ce débat et je n'ai pas l'intention d'en écrire un de plus. Nous n'avions pas d'armes à bord et n'avons jamais senti que cela aurait pu nous être utile. Ça fait partie du jeu, je pense. Nous sommes plus exposés à la criminalité, il est vrai, que dans nos maisons surveillées par les voisins, la police et le système d'alarme. Mais il y a beaucoup moins de criminels sur l'eau que dans les rues !

Mon conseil est le suivant et vous en ferez ce que vous voulez : si vous n'avez pas l'habitude des armes à feu ou n'en avez même jamais tenu dans vos mains, ne croyez pas que vous saurez quoi en faire le moment venu. Autre point de vue : si vous êtes menacé par une arme à feu, en en ayant une vous-même, vous devenez la cible numéro un.

Sur la côte américaine, même dans les mouillages les plus reculés et déserts, notre plus grand souci était qu'une crotte de pélican (grosse comme une omelette !) ne tombe sur le pont ! Il est évident qu'à New York, le risque était plus grand, mais je ne pense pas qu'avoir eu une arme de calibre 22 à bord nous aurait vraiment protégés. Quant à une arme de poing, si vous n'avez pas de pratique, vous pouvez très facilement rater une cible à dix pieds !

Dans l'ordre des endroits les plus criminalisés, vient ensuite le sud de la Floride, mais il y a tellement de policiers partout que nous nous sentions tout de même en confiance sans arme à feu.

Permis de possession d'arme
En entrant aux Bahamas, vous devez déclarer votre arme à la douane ainsi que la quantité exacte de munitions, et le tout doit être rangé sous

clé. À votre sortie du pays, vous devrez repasser à la douane et montrer qu'il ne manque pas de cartouches. Donc, les armes sont permises, mais pas leur utilisation!

Nous avons entendu parler d'un navigateur qui, en mal de nourriture (ou victime de distraction?) avait tiré sur une chèvre sauvage. Mal lui en prit: il s'est retrouvé en prison et sa libération lui a coûté 3 000 USD.

Le *Yachtman 's Guide to the Bahamas* indique les endroits à ne pas fréquenter, mais je peux vous dire que, quoi qu'on en pense, il y en a de moins en moins depuis que la garde côtière américaine patrouille les Bahamas en hélicoptère, en plus des militaires bahamiens.

Finalement, méfiez-vous des bateaux que vous ne connaissez pas (eh oui!). Si vous voulez faire connaissance, faites-le de jour et soyez clair dans vos intentions. Une fois leur confiance gagnée, les gens de bateaux sont en général assez généreux de conseils et d'informations locales et sont de bons vivants qui aiment la compagnie. Nous nous sommes ainsi fait plusieurs amis.

LA NAVIGATION

LES CARTES, LES GUIDES, LA LUMIÈRE, LE GPS ET LE LORAN C

Une autre anecdote

Février 1991. Il fait un soleil radieux. Le voilier glisse sur une eau émeraude. Aucune terre en vue : seulement de l'eau émeraude ! Nous sommes sur le Great Bahama Bank, entre Cat Cay et Chub Cay, en direction est. Une dizaine de voiliers naviguent à nos côtés. Graduellement, huit voiliers commencent à s'éloigner de notre route. Au bout de quelques heures, un bateau à moteur passe. Il remarque que huit voiliers font route ensemble et que deux autres (dont nous) font également route vers l'est, mais un peu plus vers le sud. Nous voyons encore les autres voiliers, mais ils s'écartent de plus en plus de notre trajectoire. Après avoir établi un contact radio, les deux groupes de voiliers confirment au bateau à moteur qu'ils ont la même destination : donc, un des deux doit forcément être sur la mauvaise route. Le groupe de huit voiliers justifie sa position en prétendant suivre le premier qui, lui, est équipé d'un GPS (en 1991, les GPS commençaient à se vendre, et c'était un luxe que d'en posséder un). Un de ces voiliers contacte donc le premier pour lui demander s'il est certain de sa route, et l'autre de lui répondre : «Attends un instant, je vais l'allumer… » Quelques instants plus tard, ils corrigent tous leur trajectoire pour venir se placer sur notre route…

Quelles sont les deux plus grandes appréhensions de naviguer aux Bahamas ? Réponse : l'absence quasi totale d'aides à la navigation et les faibles profondeurs d'eau partout. En contrepartie, on a droit à de l'eau très claire où le fond et les obstacles sous-marins sont visibles de la surface, et en suivant la bonne route, on navigue tout de même toujours dans 12 à 22 pieds d'eau.

Il faudra donc naviguer de façon moins conventionnelle pour se déplacer d'un mouillage à un autre. Quelques règles pour éviter les accidents :

- toute la navigation se fait à vue, en se méfiant même des aides lorsqu'il y en a ;
- toujours naviguer de jour, si possible entre 9 h 30 et 15 h 30, autrement le soleil est trop bas et le fond devient illisible sous certains angles ;
- avoir le soleil dans le dos ou au-dessus de la tête ;
- même après avoir pris conseil auprès d'autres plaisanciers, s'en tenir à son propre plan de navigation ;
- parfois, compter les îles pour savoir entre lesquelles on doit passer ;
- toujours se méfier et être prudent dans les passes entre les îles ;
- éviter les situations de vents forts à contre-courant de la marée entre les îles : c'est dangereux ;
- toujours lire et avoir bien compris les conseils de votre guide de navigation avant de faire une approche.

VOTRE PROPRE NAVIGATION

Il est important, avant de se déplacer d'un point à un autre, de connaître *votre* plan de navigation.

Liste de questions à se poser :

- Avons-nous une météo favorable ?
- Quelle route allons-nous suivre ?
- À quelle heure prendrons-nous le départ ? Quelle est l'heure estimée d'arrivée ?
- Quelles seront les conditions de marée et de courant à l'arrivée ?
- Entre les deux points, quelle sera la plus faible profondeur ?
- Aurai-je des points de repère pour savoir si j'ai dévié de ma route (à cause d'un courant par exemple) ?

- Quelle route dois-je suivre pour sortir d'ici et quelle route devrais-je emprunter pour entrer dans l'aire de mouillage là-bas ?
- Y a-t-il des obstacles à contourner ?

Vous devez pouvoir répondre à TOUTES ces questions avant même de lever l'ancre. Souvent, on planifie sa route, aussi courte soit-elle, la veille avant de se coucher, sinon ce sera le matin même du départ. De toute façon, aux Bahamas, on ne lève pas l'ancre avant 9 h 30 à cause du soleil, alors, on a le temps d'écouter la météo et de faire son plan de navigation.

Faites vos propres choix. Il est possible que les conditions météo soient favorables pour certains, mais présentent un danger pour les bateaux plus petits. Il est possible, aussi, que certains à votre bord n'aient pas envie de se déplacer, ou que le rythme des déplacements soit trop rapide pour eux. Il faut s'adapter à ce milieu et à ce mode de vie nouveaux.

NAVIGUER SUR LE BANC OU NAVIGUER EN MER

Aux Bahamas, particulièrement dans l'archipel des Exumas, on navigue soit en mer, soit sur le banc. Qu'est-ce que le banc ? Si on pouvait abaisser le niveau de l'océan autour des Bahamas, on serait devant un champ de montagnes aux sommets plats. C'est-à-dire que le fond de la mer remonte jusqu'à environ 25 pieds de la surface, créant ainsi des plateaux ; les bords de ces plateaux sont parfois plus élevés de 50 pieds au-dessus de la surface, créant ainsi les îles.

Entre ces plateaux, la mer bleue et profonde règne. Sur les plateaux, ou bancs, c'est l'eau verte légendaire des Caraïbes. Certains de ces plateaux sont petits, mais la plupart couvrent de très grandes surfaces. Ainsi, le plus grand, le Great Bahama Bank (G.B.B.) couvre une surface en forme de croissant d'environ 90 milles de largeur sur 240 milles de longueur !

La plupart des navigateurs qui séjournent pendant l'hiver aux Bahamas traversent le Gulf Stream et passent la saison sur le G.B.B., naviguent donc dans 20 ou 25 pieds d'eau tout l'hiver. Pour naviguer en mer, il faut presque faire exprès ! Ou encore, il arrive que les profondeurs sur le banc deviennent impraticables (moins de 5 pieds) et il faut passer par la mer. Après vous être arrêté à Nassau, vous continuerez probablement vers les Exumas. Les Exumas sont une chaîne d'îles qui s'étend sur 90 milles en bordure du G.B.B. : donc, en naviguant du côté ouest, on est sur le banc, et en naviguant du côté est, on est en mer.

Naviguer sur le banc ne demande pas une grosse planification si les conditions météo sont favorables. On suit les instructions du guide et les cartes. Il n'y a pratiquement aucun courant et on voit le fond tout le temps.

Naviguer du côté mer s'avère une tout autre histoire. Ce n'est pas d'être en mer qui est problématique, au contraire, mais c'est de passer du banc à la mer, ou de la mer au banc. Imaginez : vous arrivez de la mer, vous approchez le banc : les profondeurs chutent de centaines de pieds à 15 pieds en quelques secondes ! On a l'impression, parce qu'on voit tellement bien le fond, qu'on va le toucher, et pourtant, au bon endroit, on passe sans problème.

Mais il est important que les conditions soient idéales pour traverser ces passes, surtout la première fois.

Vent à contre-courant

La pire des situations lorsqu'on veut négocier une passe entre deux îles est lorsque le vent est à contre-courant. Si le vent est de plus de 15 nœuds, même si le courant n'est que de 1 nœud, il y aura un fort clapot dans l'entrée. Le bateau peut être dérouté par les vagues et le courant. Voici comment éviter cette situation.

Observer les bateaux la veille du départ. À quelle heure se produit l'étale (moment où le courant de marée change de direction : il n'y a alors pas de courant) ?

Rajouter une heure pour connaître l'heure de l'étale du lendemain. C'est l'heure où l'on devra se présenter dans la passe, demain.

En calculant la distance à parcourir et en la divisant par votre vitesse, vous obtiendrez le temps de croisière, et donc l'heure du départ le lendemain. Il est possible que ce ne soit pas la meilleure heure pour négocier la passe de votre mouillage actuel, mais cela est moins important, puisqu'on sort. Vous connaissez déjà ce plan d'eau, la profondeur de la passe, etc., alors que l'autre passe vous est inconnue.

NAVIGUER À L'AIDE DES APPAREILS ÉLECTRONIQUES
Le GPS
Le Loran C
Le radar
Le compas de relèvement
Le profondimètre

LE GPS

Avec le GPS qui se raffine de plus en plus, naviguer aux Bahamas devient moins l'affaire de quelques initiés. Dois-je rappeler que, comme de tout équipement électronique, il faut s'en méfier en tout temps et toujours essayer de confirmer l'information par un autre instrument ou moyen d'observation ?

Le problème, avec des instruments de positionnement aussi précis que le GPS, c'est quand on commence à se rendre compte que l'île elle-même est mal cartographiée ! Certaines cartes du *Chartkit*, par exemple, datent de 1867, soit l'époque de Napoléon III. Même les cartes plus modernes ne peuvent être très précises, puisque les îles bahamiennes sont tellement petites que, vues des satellites de cartographie, elles sont très difficiles à placer exactement.

Mais tout ça change, tranquillement, avec les années. Ainsi, pour les Exumas, un ensemble de cartes très précises comportant plusieurs coordonnées GPS a été publié en 2001. (*Voir la section* « La bibliothèque de bord ».) Ces coordonnées GPS ont été prises sur place et j'ai un ami qui m'a confirmé la précision de ces cartes.

Le GPS donne une latitude et une longitude. Encore faut-il avoir le temps de descendre pour pointer notre position sur la carte. C'est parfait lorsqu'on est en route, mais à l'approche ou au départ d'une île, on doit concentrer toute son attention sur ce qu'on voit, et non sur la route tracée sur la carte.

Finalement, je vous rappelle que le système GPS appartient à l'armée américaine et peut être modifié, brouillé ou entretenu de façon aléatoire, et ce, sans avertissement.

Au cas où vous auriez des doutes sur votre appareil, voici une technique de navigation un peu particulière : notre point de départ devient notre destination.

1) Il faut d'abord avoir une bonne installation : le fil coaxial de l'antenne vers l'appareil doit passer le plus loin possible d'autres fils, des boîtes de connexion et du moteur pour ne pas subir la moindre interférence.

2) On doit recevoir les signaux satellites 10/10 : l'appareil l'indique.

3) Inscrivez sur une feuille vos coordonnées lorsque vous passez entre deux îles : inscrivez-les comme points de repère n° 1. Le GPS a cette capacité de se « souvenir » d'un endroit, c'est-à-dire que pour un point donné, il fournira toujours les mêmes

coordonnées, **même si celles-ci ne correspondent pas à la position indiquée par la carte**.

On peut ainsi se promener partout « à reculons », à condition qu'on reçoive bien les signaux satellites.

Exemple : Je pars. J'ai établi sur la carte un cap de 090°. Après une heure, je demande au GPS où est mon point de route n° 1 ; il me dit : au 270°, à 5,2 milles. Je soustrais 180° et j'obtiens : 090°. Je suis toujours sur la bonne route, à 5,2 milles de mon point de départ. Je peux même calculer mon ETA[1], puisque ma vitesse sur le fond est de 5,2 nœuds. Et ainsi jusqu'à l'approche finale de mon point d'arrivée, où je terminerai à vue.

LE LORAN C

Le système de positionnement par Loran C est ce qui existait avant l'avènement du GPS, et il disparaîtra bientôt. Au lieu de se servir de satellites, on utilise des antennes terrestres : une antenne maîtresse et deux secondaires. Le récepteur Loran C vous indique où vous vous trouvez grâce au croisement des ondes des trois antennes. C'est un système qui a fait ses preuves et est très précis, surtout le long de la côte.

Aux Bahamas, il n'y a pas d'antenne Loran C. Le signal provenant de la côte américaine couvre bien le territoire bahamien, mais il est plus faible et surtout, il donne un mauvais croisement d'ondes. Donc, la plupart des navigateurs ne peuvent s'en servir adéquatement.

LE RADAR

Non, il n'y a pas de brouillard aux Bahamas, pas plus que de neige, et le radar n'est pas indispensable au point de s'en acheter un si vous n'en avez pas. Mais si vous en possédez déjà un, vous trouverez très utile de pouvoir distinguer le contour des îles avant même de les voir.

Par exemple, aux Exumas, on navigue souvent à deux ou trois milles de petites îles basses : le radar vous aidera à savoir à quel moment virer vers l'île pour vous y ancrer.

Autre utilisation : lors d'un passage plus long, vous voyez un grain sous un cumulus à l'horizon. Se dirige-t-il vers vous ou pas ? Le radar perçoit très bien les fortes pluies.

De plus, si vous êtes de ceux et celles qui aiment ou prévoient faire des passages en mer de quelques jours, soit pour vous rendre plus au sud

---

1. *Estimated Time of Arrival.*

ou en revenir, le radar, à mon avis, prend une autre dimension et devient indispensable pour surveiller tout ce qui pourrait se rapprocher du bateau.

LE COMPAS DE RELÈVEMENT

Bien sûr, il existe des compas de relèvement électroniques, mais ce que je veux souligner ici, c'est surtout le fait que la navigation aux Bahamas s'effectue beaucoup avec le compas de relèvement. On se positionne à l'aide des amers naturels, des antennes de téléphone (260 pieds), des passes, des alignements d'îles, etc.

Il n'y a rien d'aussi sûr en navigation que le bon vieux **point relevé** sur une carte de papier!

LE PROFONDIMÈTRE

Si vous aviez à choisir un seul instrument pour les Bahamas, ce devrait être le profondimètre. Veillez à ce qu'il soit en bon état de fonctionnement en tout temps.

Vérifiez que le fil entre la sonde et l'appareil ne soit pas dénudé ou endommagé. Il ne devrait y avoir aucune connexion, sauf à l'appareil. La raison est très simple: dès qu'il y a une connexion, le vert-de-gris s'installe. C'est l'équivalent du cancer pour les fils! Le vert-de-gris progresse lentement et finit par empêcher le signal de bien se rendre à l'appareil. On doit alors changer au complet la sonde et le fil, puisque ceux-ci sont en général scellés ensemble.

Pour ce qui est de naviguer avec le profondimètre, c'est une technique qu'on emploie régulièrement. Il peut même arriver que vous ayez à naviguer avec moins d'un pied sous la quille et alors, vous posterez quelqu'un pour vous lire les chiffres pendant que vous serez occupé à trouver votre chemin!

Une sonde à main n'est pas superflue, c'est-à-dire une corde avec des nœuds tous les pieds et un plomb au bout. Particulièrement utile à l'ancre, lorsqu'on a des doutes sur la profondeur tout juste derrière le bateau, alors que la sonde électronique est souvent à l'avant.

• *CONCLUSION* •

Il y a très peu d'aides à la navigation aux Bahamas et c'est aussi ce qui contribue à en garder le charme exotique. Usez de votre gros bon sens (GBS), et naviguez de jour.

Tenez-vous-en à votre plan. Il est possible qu'un passage soit facile pour un bateau et que pour vous, votre bateau étant plus petit, ou parce que vous partez deux heures plus tard, ou pour d'autres raisons en apparence banales, vous ne vous sentiez pas à l'aise de passer par le même chemin. Peut-être y a-t-il une autre route, plus facile, même si elle n'est pas aussi directe ? Vous devez en venir à vous connaître et à respecter vos limites. Vous n'avez rien à prouver à personne, surtout pas à vous-même. Soyez prudent !

LES TECHNIQUES
DE MOUILLAGE

Mouiller aux Bahamas est particulier. Les mouillages les mieux protégés sont aussi les plus restreints et les plus achalandés. On voudra donc s'ancrer de façon à occuper le moins de place possible. C'est une des raisons pour lesquelles on utilise deux ancres. L'autre raison, c'est la qualité du fond : toujours sablonneux sur fond dur de corail. Il arrive que l'épaisseur du sable soit de plusieurs pieds, mais il arrive aussi qu'elle ne soit que de quelques pouces. En utilisant deux ancres différentes, on s'assure qu'au moins une des deux tiendra par vent fort.

TECHNIQUES DE MOUILLAGE AUX BAHAMAS

La loi de Bernuy dit ceci :

> *Pour une embarcation à l'ancre, le courant détermine*
> *dans quelle direction le bateau pointe, alors que le vent*
> *détermine son déplacement sur le plan d'eau.*

Ainsi, ceux qui ne sont pas déjà habitués à ancrer dans des eaux à courant seront surpris les premières fois de ne pas faire face au vent. Et cela commence dès la rivière Hudson en partant du lac Champlain. Donc, le bateau pivotera toutes les 6 h 13 selon le sens du courant de marée, peu importe d'où vient le vent.

S'ancrer « à la bahamienne » veut dire mouiller sur deux ancres placées à 180° l'une de l'autre, les deux câblots partant **de l'avant du bateau**.

En arrivant dans le mouillage, on détermine d'abord quelle position on veut finalement occuper. On va alors placer une première ancre à l'avant, puis on recule jusqu'au-dessus de la position de la deuxième ancre qu'on laisse descendre. On revient se placer au centre, en ayant soin de reprendre le mou sur la première ancre. Pendant la manœuvre, on s'assurera que le câblot de la deuxième ancre, maintenant à l'arrière du bateau, ne s'enroule pas autour de l'arbre d'hélice. On frappe les deux câblots aux taquets et on vérifie que, somme toute, on occupe la position visée au départ : autrement, il faudra réajuster, voire même recommencer la manœuvre !

Cette opération est beaucoup plus facile à décrire qu'à exécuter, mais faites-moi confiance, vous aurez tout le temps de la pratiquer ! Il n'était pas rare de prendre plus d'une heure (parfois deux) pour s'ancrer et nous n'étions pas les seuls. Vous aurez compris aussi qu'une fois tout ce processus terminé, vous n'aurez peut-être pas le goût de relever tout ça le lendemain ! Voilà une bonne raison de rester au même endroit quelques jours jusqu'à ce que le vent tourne et nous force à trouver refuge ailleurs…

AUTRE MÉTHODE…

Voici une autre méthode qui nous a été enseignée et qui nous a été utile à certaines occasions.

Première condition, être dans des eaux sans courant. Supposons que vous êtes ancré près d'une passe par où la houle de la mer réussit à trouver son chemin jusqu'à votre bateau, d'où que vienne le vent.

Si le vent n'est pas dans la même direction que ces vagues, vous serez roulé bord sur bord sans arrêt, et c'est très inconfortable ! Voici donc le truc : attachez une amarre sur le câblot d'ancre à environ 15 pieds du davier (pour un bateau de 30 pieds) et ramenez-la sur un winch arrière. Tendez cette amarre à l'aide du winch jusqu'à ce que le bateau se place face à la houle. Allez-y doucement, puisqu'il faut laisser au bateau le temps de réagir.

Le bateau se retrouve contre le vent, mais également face à la houle.

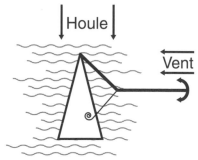

Si le vent tourne, on n'a qu'à tendre ou à laisser filer un peu l'amarre pour se placer au degré près. Évidemment, si le vent vient se placer dans le lit de la houle, le système devient inutile, puisqu'on est naturellement face ou dos à la vague.

TYPES D'ANCRES

Lorsque la chose était possible, nous recherchions un endroit où le sable blanc était épais, où il n'y avait pas de courant, et où on était donc toujours face au vent et aux éléments. Une seule ancre suffisait alors et tous les types d'ancres étaient valables.

Sur notre bateau, chaque mouillage consistait en une ancre de 20 livres (une de 35 livres aurait été préférable, mais nous n'avions pas de guindeau), une chaîne de 30 pieds, puis un câblot de 110 pieds. Presque toujours, je laissais filer la chaîne et 50 pieds de câblot. J'ajustais ensuite des tuyaux de PCV transparent renforcés de 30 pouces de longueur, que je fixais avec une ficelle au taquet : cela prévenait l'usure prématurée du câblot. Finalement, il m'arrivait parfois de laisser filer sur 7 pieds le long du câblot de l'ancre arrière un poids (une « sentinelle ») d'environ 2 à 4 livres, qui empêchait la quille du bateau de s'appuyer sur le câblot de l'ancre arrière.

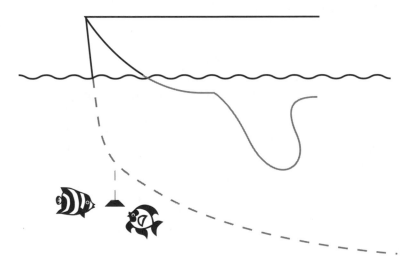

Devant la variété des fonds, je recommande d'avoir au moins deux types d'ancres parmi les trois principaux : charrue (CQR, Delta, Spade), Danforth, Bruce. La Danforth est imbattable dans les fonds minces sablonneux ; elle s'accroche à la moindre aspérité. La CQR est heureuse là où elle peut s'enfoncer. Plus il vente fort, plus elle cherche à s'enfoncer : j'aime le concept. Et la Bruce se retourne très bien quand le vent tourne.

La règle dit que le poids de l'ancre (en livres) doit correspondre à la longueur du bateau (en pieds). Ainsi, un bateau de 35 pieds aura des ancres d'environ 35 livres. Je crois que ce principe est bon. Nos ancres étaient sous-dimensionnées et cela nous a fait travailler quelques fois plus fort, mais ainsi va la vie ! La seule exception à cette règle : les ancres de marque Fortress, faites d'alliage d'aluminium : une ancre de 19 livres (FX-37) devrait bien retenir un bateau de 34 pieds, puisque le fabricant la recommande pour les bateaux de 45 pieds !

Pour la chaîne d'ancre, le principe est d'avoir au moins un pied de chaîne par pied de bateau. Sa fonction est la suivante : garder l'ancre couchée horizontalement le mieux possible. Même dans des vents de plus de 30 nœuds, je n'ai jamais vu plus de 10 pieds de chaîne lever du fond. Je ne peux imaginer le vent qui ferait tendre 30 pieds de chaîne et donc décrocher l'ancre, sauf si le mouillage est exposé et s'il y a des vagues très hautes, et encore !

Ne tombez pas non plus dans l'exagération : si vous installez des ancres surdimensionnées ou une chaîne trop longue ou trop grosse, vous allez voir l'assiette de votre bateau prendre un drôle d'angle, à cause du poids que ça représente dans le puits d'ancre !

• *CONCLUSION* •

Bien s'ancrer est un art. Vous l'approfondirez en route le long de l'Intracostal et le peaufinerez aux Bahamas. C'est ce qui fait la différence entre bien dormir, et toujours se demander si... Je me souviens très bien de certains matins où, malgré les vents changeants et la renverse de la marée, l'ancre ne s'était jamais déplacée : seule la chaîne avait bougé et c'est son poids qui nous retenait.

LA MÉTÉO : EXERCICE PRATIQUE

Pour les navigateurs, la météo est essentielle. C'est ce qui aide à décider ce qu'on va faire aujourd'hui. Dès qu'on se lève, on ouvre la radio pour connaître la météo. Je parle ici des vents, de leur force et de leur direction. La journée sera-t-elle ensoleillée, nuageuse ou pluvieuse ? Ça n'a pas vraiment d'importance : ce sont les vents qui comptent.

Précisons tout de suite deux notions de base :
1. Capter le bulletin.
2. Interpréter le mieux possible ce bulletin.

Voilà deux choses bien différentes. J'ai vu des gens qui possédaient un récepteur météo à bord, avec imprimante, s'il vous plaît !

Ça, c'est pour capter le bulletin. Mais n'allez pas leur demander si les vents vont augmenter ou diminuer dans la journée : ils n'en savent rien ! Ça, c'est interpréter le bulletin...

En général, vous n'aurez pas de difficulté à recevoir un bulletin. Et en général aussi, vous aurez de la difficulté à recevoir une bonne interprétation par autrui. Conclusion : prendre un cours de météo ici, avant de partir, pour pouvoir interpréter soi-même les bulletins captés par d'autres ! Je ne vous donnerai pas ici un cours de météo, puisqu'il s'en donne déjà ailleurs.

Voyons donc de quels instruments nous disposons pour capter la météo.

La côte américaine

La radio du bord (VHF) est notre meilleure alliée. Partout, on pourra capter au moins une voie destinée exclusivement aux bulletins météo (WX 1, 2, 3...). Ce sont des messages enregistrés et continuellement mis à jour. C'est clair : leur crédibilité, comme pour tout bulletin, n'est bonne à 100 % que pour les six prochaines heures, et au-delà de ce laps de temps, l'exactitude de l'information diminue considérablement. De plus, il faut ajouter 5 nœuds aux vents prédits en mer : on annonce 20 nœuds, il ventera 25 nœuds, avec peut-être des bourrasques de 28 nœuds. Les Américains aiment savoir longtemps d'avance le temps qu'il fera, alors les bulletins de certaines régions prédisent jusqu'à 10 jours d'avance, et même 15 jours à certains endroits ! C'est farfelu : toute prédiction dépassant quatre jours n'a que 5 % de chances de se réaliser (on parle toujours, ici, des vents).

Aux Bahamas
La radio VHF
La plupart des gens n'utilisent que leur radio VHF pour la météo. Les bulletins sur la bande WX n'existent pas aux Bahamas. Les derniers que l'on pourra capter proviendront de la Floride et pourront être reçus jusqu'aux Biminis (50 milles). De toute façon, ils ne concernent que la Floride.

Toujours sur les ondes VHF, cette fois sur la voie 16, on pourra capter de bons bulletins à l'occasion. Le problème, c'est qu'il n'y a pas d'heures fixes pour ces émissions et que ce sont des prévisions pour six à huit heures, tout au plus. Parfois, on nous donne même les conditions actuelles dans les îles !

Habituellement, il y aura un bulletin météo lorsqu'il y a quelque chose à annoncer : lorsqu'il fait beau, pas de bulletin ! Si les conditions se détériorent, on aura droit à un bulletin. C'est l'Association BASRA (Bahamian Air and Sea Rescue Association) qui s'en charge. L'émission sera diffusée sur la voie 16, depuis Nassau. Dans les Exumas, la marina de Highborn Cay répétera ce bulletin. Vu la hauteur de son antenne, on peut l'entendre jusqu'à Georgetown, 90 milles plus au sud ! Et à Georgetown, le matin, beau temps mauvais temps, à 7 h 45, toujours sur la voie 16, on a droit à un bulletin complet.

Donc, pour la plupart d'entre vous, qui traverseront vers Nassau puis descendront les Exumas jusqu'à Georgetown, pour ensuite remonter par le même chemin, la radio VHF suffira.

Le récepteur à ondes courtes
Ce récepteur permet de capter les bulletins émis de Portsmouth, en Virginie. Ceux-ci couvrent tout l'Atlantique Nord, divisé en quatre

quarts. La première fois, on ne comprend rien. Mais si on enregistre et qu'on écoute à nouveau, on s'aperçoit qu'ils utilisent toujours le même vocabulaire, mais ce n'est pas facile de s'y retrouver.

Le récepteur à ondes courtes permet aussi de capter le signal des stations internationales, telles que Radio-Canada International ou Radio-France International. C'est le monde dans votre bateau ! Je me souviens d'avoir passé de longues soirées à écouter ces stations. Quoi de plus agréable, en février, juste avant d'aller pêcher, que d'entendre qu'il fait -20 °C à Montréal et que l'autoroute Métropolitaine est congestionnée...

Aucune licence n'est requise puisqu'il ne s'agit que d'un récepteur.

Radio-Shack offre plusieurs modèles de récepteurs ondes courtes (OC) bons marchés. Leurs modèles varient avec les années. Il a malheureusement cessé de vendre de bons appareils comme les DX-440/392/394. Peut-être en trouverez-vous sur le marché secondaire ! Aujourd'hui (2004), on nous propose, par exemple, le Grundig S350 (environ 150 $). La maison Grundig est réputée depuis longtemps dans ce genre de produit. Il peut se brancher sur le système 12 volts du bateau, a aussi une sortie pour enregistreuse (gros avantage pour les bulletins météo) et couvre toutes les bandes OC, en plus du FM et AM.

Pour des appareils de meilleure qualité, la maison Elkel, de Trois-Rivières, a fait sa réputation depuis longtemps à travers la province et même plus. Même chose pour Raytech, à Laval. Vous y trouverez, en plus, des radios HF, VHF, BLU, amateurs, balayeurs, etc. Le personnel très courtois de ces deux endroits vous aidera à choisir l'appareil répondant à vos besoins. (*Voir leurs coordonnées dans la section* « L'équipement de bord... Où s'équiper ? ».)

La radioamateur

C'est ce qu'il y a de mieux. En plus de pouvoir recevoir, on peut émettre, et là, votre limite, c'est la planète ! En fait, vous aurez de la difficulté à parler avec des gens qui ne sont qu'à 60 milles de vous. Il faudra passer par... la Guadeloupe pour y arriver.

Les adeptes de radioamateur s'organisent en réseau, un peu comme Internet. Et il existe un réseau pour l'Intracostal de la Floride qui émet un très bon bulletin météo pour le S.-O. de l'Atlantique Nord, les Bermudes étant le coin N.-E. de ce quadrilatère. C'est le « *Waterway Net* » : il diffuse sur une fréquence de 7268 kHz, à 7 h 45, sept jours par semaine. Encore ici, on aura recours à un magnétophone, mais c'est beaucoup plus facile à décrypter que les bulletins émis de Portsmouth !

Mais la radio amateur offre beaucoup plus. On peut même recevoir des télécopies météo par celle-ci. On peut joindre nos parents et amis ici, à l'aide d'une liaison. On devient alors indispensable en cas de catastrophe naturelle (ex. : tremblement de terre, ouragan).

Il faut une licence pour opérer ces appareils. L'utilisation est très réglementée et on n'y «jase» pas comme au téléphone.

La radio BLU (bande latérale unique) ou SSB (Single Side Band)

Créé pour le milieu marin, c'est un émetteur-récepteur ayant la puissance de la radio amateur, mais avec des fréquences présélectionnées (600), comme la radio VHF. Son utilisation demande une licence, facile à obtenir.

Tous les amateurs de course au large et de circumnavigation utilisent la radio BLU.

L'antenne

L'éternelle oubliée ! On achète tous ces bidules et on oublie le plus important : l'antenne. Pour la VHF, vous avez déjà ce qu'il faut. Pour les autres radios, l'antenne VHF ne fait pas l'affaire. Certains isolent leur pataras et en font une antenne. D'autres, comme moi, montent un fil de cuivre couvert en tête de mât avec une drisse. Habituellement, l'antenne télescopique intégrée à l'appareil suffira pour certaines émissions, mais pas toutes.

Si vous achetez une radio amateur pouvant émettre avec une puissance de 100 watts, il vous faudra aussi l'antenne pouvant diffuser ces 100 watts. Informez-vous.

L'électricité

Le courant 12 volts alimente la VHF, la BLU et, avec un adaptateur allume-cigarettes, le récepteur d'ondes courtes. Mais pour la radioamateur, il vous faudra du courant 120 volts alternatif, qui pourra provenir d'une génératrice (pas très commode pour écouter une radio à cause des interférences) ou d'un petit onduleur de 200 W.

Il est important d'avoir toute la puissance requise pour émettre, mais aussi pour bien recevoir. Les batteries du bord doivent donc être bien chargées. Évitez d'utiliser des piles C ou D dans votre récepteur d'ondes courtes : vous allez vite être malheureux, puisqu'elles se déchargent vite.

Conclusion

Voilà donc pour ce qui est de capter le bulletin météo. De toute façon, il y a toujours le voisin. Vous êtes dans une communauté où tout le monde s'entraide. Il est fréquent qu'à l'ancre un type ayant reçu un bulletin météo en fasse part aux autres intéressés. Si vous pensez naviguer plus loin, soit dans les îles à l'est (Conception, Cat, etc.) ou vers les Antilles, alors il vous faudra être plus autonome.

Exemple de bulletin

Voici à quoi peut ressembler un bulletin émis par le « *Waterway Net* », à 7 h 45, sur 7 268 KHz.

Le bulletin est divisé par région. La région S.-O. de l'Atlantique Nord elle-même subdivisée.

BAHAMAS

ALL AREA :	NE 15-20 kn	SCA : Small Craft Advisory

SW NORTH ATLANTIC :   S OF 32N, W OF 65W

SYNOPSIS :

COLD FRONT NEAR MONA PASSAGE WILL GO BEHOND PORTO RICO TODAY

HIGH PRESSURE RIDGE ALONG 30N WILL MOVE EAST TROUGH SUNDAY

TODAY

E OF 72W	N-NE	15-20 Kt	SEAS 4'-6' + LARGE N.	SWELLS
W OF 72W	5E			
N OF 26N		15 Kt	SEAS 3'-5'	
W OF 72W	**E**			
S OF 26N		**15-20 Kt**	**SEAS 4'-6' + ISOL. SHOWERS**	

TONIGHT

E OF 68W	NE-E	15 kt	SEAS 4'-6' + LARGE N.	SWELLS
W OF 68W	SE-S			
N OF 26N		15 Kt	SEAS 3'-5'	
W OF 68W	**E-SE**			
S OF 26N		**15-20 Kt**	**SEAS 4'-6' + SHOWERS**	

SUNDAY

S OF 25N	E-SE	15-20 Kt	SEAS 4'-6'
N OF 25N	S-SW		
W OF 75W		15-25 Kt	SEAS S'-8'
N OF 25N	SE-S		
E OF 75W		15 Kt	SEAS 3'-5' + ISOL. SHOWERS

OUTLOOK SUNDAY NIGHT AND MONDAY: LITTLE CHANGE

FLORIDA

CAPE CANAVERAL TO KEY LARGO : TODAY..., TONIGHT..., SUNDAY... KEY LARGO TO DRY TORTUGAS : TODAY..., TONIGHT..., SUNDAY...

GULF OF MEXICO

SYNOPSIS :
SOUTH END OF WEAK COLD FRONT MOVING EAST

J'ai donc CAPTÉ le bulletin. Il me reste à l'INTERPRÉTER. Voyons d'abord ce qui se rapporte à notre position. Supposons que je sois à Nassau et que mes plans soient de partir demain vers les Exumas (vers le sud).

Ma position à Nassau : 25°N 77°W

J'ai donc indiqué **en gras** ci-dessus ce qui me concerne.

Il me reste maintenant à tracer la situation sur une carte à cet effet. Je transcris les informations selon les SYNOPSIS du bulletin :

COLD FRONT NEAR MONA PASSAGE WILL GO BEHOND PORTO RICO TODAY
HIGH PRESSURE RIDGE ALONG 30N WILL MOVE EAST TROUGH SUNDAY

GULF OF MEXICO

SYNOPSIS : SOUTH END OF WEAK COLD FRONT MOVING EAST

À retenir

La dépression à l'est est passée et n'affecte plus mon secteur. La faible dépression dans le golfe du Mexique risque de s'être dissipée avant même d'avoir traversé la Floride. Il n'y a donc aucun système majeur influençant Nassau, ni d'ailleurs toutes les Exumas. Les vents seront dominants E.-S.-E., de 15 à 20 kn. Bref, il fera beau. Les conditions ne seront pas idéales pour descendre vers le sud, si le vent tourne trop au S.-E., mais si je veux aller vers le nord, ce sera une très belle journée. Mais pourquoi ne pas rester au mouillage et aller à la pêche ?

Pourquoi semer la peur ?

Omniprésente, la météo devient, pour certains, une véritable passion voire une obsession. Mais si les conditions se détériorent, parfois ils sèment la peur avec leurs prédictions apocalyptiques ! Ne vous laissez pas emporter dans l'ouragan de mots tels que « gale, hurricane force, permanent watch, weather warning, three anchors situation, no exit possible, get off the air, stay far from my boat, major cold front, etc. ».

Je me souviens de situations où nous ne pouvions même pas communiquer avec d'autres plaisanciers parce qu'on interdisait l'utilisation de la voie 16 pour être certains de ne pas rater la dernière mise à jour météorologique ! Non, mais franchement…

Il est possible que dans un bulletin météo on parle de *cold front with gale force winds (+ 35 kn)*. Avant d'installer toutes vos ancres, assurez-vous que le message concerne bien votre région ! On a déjà vu quelqu'un, alerté par un bulletin météo télécopié, mettre en garde tous ses voisins de mouillage contre une dépression en réalité au-dessus… d'Hawaï !

La circulation des vents

Pour connaître un peu mieux la circulation des vents et les conditions météo aux Bahamas, je vous renvoie au *Yachtman's Guide*, qui les décrit bien. Ce qu'il faut retenir, c'est que les Bahamas sont un territoire qui s'étend sur six degrés de latitude, soit 360 milles nautiques : les conditions météo ne sont donc pas les mêmes partout. Janvier et février sont des mois d'hiver, comme ici. Ce sont les mois les plus frisquets et les plus venteux. Pour mettre toutes les chances de votre côté, pourquoi ne pas descendre le plus rapidement possible vers le sud, vers Georgetown (Exumas) et remonter les Exumas tranquillement au gré des vents ? Il n'est pas rare qu'il vente 20 kn à Nassau, alors qu'il n'y a que 10 kn à Georgetown.

Dois-je rappeler que, la plupart du temps, on navigue du côté ouest des Exumas, et donc dans 18 pieds d'eau ? Quelles que soient les conditions météo, vous n'y rencontrerez jamais de déferlantes de 10 mètres ! Par contre, la petite vague courte avec des creux de 3 pieds vous rendra vert si vous essayez de la remonter dans des vents de 25 nœuds…

• *CONCLUSION* •

Vivre au quotidien, au rythme de Dame Nature, voilà le secret. C'est simple : si le vent est nord, on va vers le sud, si le vent est sud, on remonte vers le nord. S'il pleut, s'il vente de la mauvaise direction, ou s'il vente trop fort à notre goût, on ne bouge pas et on profite de la douceur du mouillage. Si vous voyez les choses autrement, pourquoi appeler ça des vacances ?

L'APPROVISIONNEMENT

INTRODUCTION

La facilité d'approvisionnement est une des raisons souvent invoquées pour séjourner aux Bahamas plutôt que d'aller plus au sud. Ainsi, même les plus petits bateaux, moins autonomes, trouvent refuge dans ces îles. Notre Hunter 34 avait de l'espace à revendre pour ses provisions : nous étions très autonomes.

Les réservoirs d'eau principaux contenaient 240 litres (60 gallons US), et nous avions en plus 68 litres (17 gallons), dans des bidons. Notre autonomie était d'environ deux mois. Nous ne nous retenions jamais de consommer, mais nous ne gaspillions plus comme à la maison : voilà le secret. Se brosser les dents dans un verre d'eau au lieu de faire couler le robinet pendant quatre minutes

Notre glacière mesurait 2 x 2 x 2 pieds et était isolée **de l'intérieur** avec de la mousse rigide de polystyrène bleu de 1 pouce, ce qui nous donnait une autonomie de 14 jours avec 70 livres de glace.

Le réservoir de diesel contenait 100 litres (25 gallons US) et j'avais un bidon supplémentaire de 20 litres (5 gallons US), ce qui nous donnait une autonomie de 60 heures (à 5 kn, cela aurait donné 300 milles). Comme nous n'avions pas de frigo électrique, nous n'avions aucune raison de faire fonctionner le moteur à l'arrêt pour recharger les batteries.

Notre approvisionnement en denrées non périssables était complet depuis la Floride. Nous n'avions donc besoin que de produits frais : légumes, fruits, lait, œufs, fromages, viandes. Nous pêchions beaucoup, donc nous avions rarement à acheter de la viande. On trouve toujours partout des tomates, des poivrons verts et des oignons, bref, ce qu'il faut

pour cuisiner un riz aux légumes! Le coût de l'épicerie pour deux se situait, en moyenne, à 150 USD par mois (oui, par mois!) aux Bahamas...
Voyons maintenant tout ça en détail...

NOURRITURE

Liste partielle des épiceries. Vous retrouverez plus de détails dans votre guide de croisière.

- Nassau : grandes épiceries de style américain.
- Georgetown, Exumas : épicerie complète de village (assez grosse pour utiliser des paniers roulants).
- Staniel Cay, Exumas : deux petites épiceries de village qui se complètent. Denrées sèches très chères.
- Highborne Cay, Exumas : très petite, mais plusieurs produits de bonne qualité ; beaucoup de produits congelés ; quelques légumes.
- Little Farmer Cay, Exumas : une épicerie et un Yacht Club se font concurrence ; l'épicerie offre peu. La marina offre de bons fruits et de bons légumes, mais de façon très irrégulière, selon les mois ou même les années !
- The Bight, Cat Is. : très moyen et surtout très loin.
- Fernandez Bay, Cat Is. : superbe garde-manger bien rempli de produits frais (cher).
- Rock Sound, Eleuthera : grosse épicerie, style américain, pas loin.
- Governor Harbor, Eleuthera : grosse épicerie, plus proche de l'eau qu'à Rock Sound.
- Lucaya, Grand Bahama (Freeport) : non.
- Bref, il y a toujours moyen de se ravitailler en nourriture où qu'on soit. Certains endroits seront plus chers que d'autres, mais on trouvera, à l'occasion, de bonnes affaires et, dans l'ensemble, les prix s'équivalent. Si vous avez bien fait vos provisions de denrées non périssables en Floride, il ne vous manquera plus que les produits frais. Et si vous appréciez le poisson et les fruits de mer, il ne vous manquera plus que les fruits et les légumes, qu'on trouve sans difficulté un peu partout.

ESSENCE ET DIESEL

Partout où ils vont, les Bahamiens se déplacent constamment en bateau à moteur. De ce fait, les stocks d'essence et de diesel sont constamment renouvelés. La qualité du diesel et de l'essence est très bonne, et même parfois supérieure aux produits que l'on trouve dans quelques endroits de la côte américaine.

Note : le diesel est un liquide légèrement huileux, non explosif et de **couleur jaune pâle** : si vous vous faites servir du diesel brun ou vert, c'est qu'il est contaminé. Il va convenir, mais il souillera votre réservoir pour toujours. Je ne connais pas assez la mécanique pour prévoir les conséquences sur le moteur, sinon qu'il doit l'encrasser plus vite. D'autre part, je connais peu de bateaux qui fonctionnent avec du diesel propre.

Aux Bahamas, de l'essence et du diesel, on en trouve dans chaque village. Il peut arriver que vous ayez à vous servir de bidons pour le transporter. Nous avions à bord un bidon de 20 litres (5 gal US) et, au besoin, j'en empruntais un autre.

GLACE ET EAU DOUCE

On ne considère ici que l'eau potable. L'eau de certains puits comme à Staniel Cay et à Little Farmer est impropre à la consommation. Toutefois, même l'eau potable peut avoir un mauvais goût. L'eau potable de mauvais goût servira à se laver, à rincer la vaisselle, à cuire les aliments, à laver les légumes ou le poisson. L'eau de bon goût servira à se désaltérer, à faire le café ou la tisane, à cuisiner, etc. En moyenne, nous consommions un gallon US d'eau de bonne qualité par jour, pour nous deux. Comme l'eau potable de mauvais goût se trouve plus facilement, on avait moins de scrupules à l'utiliser.

Les prix suivants sont en dollars US et datent de 1992.

≠ signifie eau potable qui a mauvais goût

NASSAU

Près du quai de BASRA ....0 $ (robinet)

Nassau Yacht Club..8 $/jour ≠ bonne

East Bay Marina ....0,10 $/gal ≠ bonne

À l'épicerie ....1,50 $/bidon = bonne

GLACE : on ne trouve que des glaçons à Nassau ....(3 $/10 livres)

EXUMAS

Highborne Cay ....2 $/bidon = bonne

1 $/g. glace ≠ bonne

GLACE : ....(6 $/25 livres)

Norman's Cay...puits = bonne

GLACE : au petit bar, près de l'aéroport ....(prix non disponible)

Sampson Cay Yacht Club ....(prix non disponible)

GLACE : ....bloc de 20 livres (5 $)

sur commande 48 heures d'avance

glaçons 10 lb (3 $)

Staniel Cay Yacht Club ....0,45 $/gal = bonne

GLACE : en glaçons seulement ....(prix non disponible)

Staniel Cay Happy People Marina...0,45 $/gal ≠ bonne

Black Point..gratuite = bonne

Little Farmer's Cay...(prix non disponible)

GLACE : ....seau d'eau gelée (8 $/15 livres)

Rudder Cut Cay..puits = bonne

Georgetown (marina) ....(prix non disponible)

Exuma Market : au quai des annexes ....gratuite ≠ bonne

À l'épicerie..2 $/gal = bonne

GLACE : ....glaçons ou blocs (2,75 $/10 lb)

ABACOS

Nous n'y sommes jamais allés, mais vu la multitude de marinas et de services, on doit y trouver de tout, mais en payer le prix…

ELEUTHERA

Rock Sound, au quai le plus au nord ....gratuite = bonne

À l'épicerie..0,99 $/bidon = bonne

GLACE : ....cubes seulement (5 $/20 livres)

Governor Harbor..prix non disponible = bonne

Hatchet Bay ....(prix non disponible)

Current Cut..aucun service (en 1986)

Spanish Well...marina avec services, y compris la glace

CAT ISLAND

Île bénie des dieux, Cat Island bénéficie de lacs et offre de l'eau, peu chère ou gratuite.

Les conditions changent souvent, mais on peut être assuré que, dans l'ensemble du territoire, nous trouverons toujours de l'eau et de la glace au moins une fois tous les cinq jours, peu importe nos déplacements.

LA GESTION DE L'EAU DOUCE

J'ai donné plus haut un aperçu des réserves d'eau à bord. Il faut savoir que la plupart des vacanciers conservaient dans leurs réservoirs de bord l'eau moins bonne, et ne consommaient pour boire que l'eau achetée en bidons, alors que nous faisions le contraire.

Conservation de l'eau

Comme on consomme moins d'eau que sur la côte américaine, l'eau stagne plusieurs semaines, voire des mois, dans les réservoirs principaux : il faut la traiter pour la conserver. Il existe sur le marché de petites capsules exprès (par exemple, « Aqua Tabs » de Haft), mais on peut soi-même traiter son eau avec de l'eau de Javel (par exemple, La Parisienne). Le rapport à utiliser est de 1 c. à thé par 5 gal US, ou 1 ml par 4 litres d'eau.

Il est recommandé d'installer en plus un filtre le plus près possible du robinet : ce filtre aura pour rôle, entre autres, de retenir le chlore. Selon sa qualité, il pourra aussi réduire, voire améliorer, le goût de l'eau au besoin.

ATTENTION : ces filtres ne rendent pas potable une eau qui ne l'est pas.

Quelques considérations

- On goûte toujours à l'eau avant de remplir les réservoirs (même aux États-Unis).
- Utilisation de la douche : quand on navigue le long de la côte américaine, on prend une douche à bord avec de l'eau chaude sous pression.
- Comme le réservoir d'eau chaude est petit (5 gallons) et que l'eau est chauffée quand le moteur fonctionne, on prenait souvent notre douche en marche : eau chaude appréciée et douche de 15 minutes tant désirée !
- Quand vient le temps de faire sa toilette aux Bahamas, on se lave derrière le bateau dans l'eau de mer avec du savon à vaisselle liquide biodégradable : les pains de savon ne moussent pas dans l'eau salée. Puis, on se rince à l'eau douce avec une douche solaire[1] (2,5 gallons). Certains plaisanciers avaient gardé leur système d'eau sous pression et procédaient comme

---

1. Il s'agit d'un sac de plastique noir, auquel est rattaché un tuyau avec un pommeau.

sur la côte. D'autres avaient plusieurs sacs de douches solaires et se lavaient uniquement à l'eau douce dans l'intimité de leur bateau. À vous de choisir !

- Dans notre cas, aux Bahamas, nous avons renoncé à utiliser le système d'eau sous pression (et donc le réservoir d'eau chaude) pour ne pas gaspiller d'eau, pour économiser les batteries et pour ménager la pompe de pressurisation. De toute façon, j'avais installé un système parallèle avec pompe à pédale, au cas où le système électrique tomberait en panne.

- On lave la vaisselle à l'eau de mer, mais on rince tout à l'eau douce (on trempe chaque article dans un bol d'eau douce). Il faut toujours essuyer la vaisselle immédiatement, sinon même les ustensiles en acier inoxydable commencent à rouiller !

• CONCLUSION •

À bas les mythes ! On trouve de tout aux Bahamas, pas aussi souvent qu'aux États-Unis, mais de tout quand même. Donc, avec un peu de planification, on ne manquera jamais de rien. Lorsque vous arrivez dans un nouvel endroit, informez-vous de la disponibilité et de la fiabilité des services auprès de ceux qui sont déjà là : vous vous ferez, par la même occasion, de nouveaux amis !

LA PÊCHE ET LA PLONGÉE

Une des raisons qui poussent les navigateurs à préférer les Bahamas à d'autres îles, c'est la facilité d'y pêcher et l'abondance des poissons. On pêche sur des « têtes » de corail, en eau peu profonde (de 8 à 20 pieds). Mais encore faut-il être informé sur cette faune, avoir le bon matériel, développer une technique efficace et, aussi, adopter l'attitude qui convient à cette activité. Nous verrons ces quatre points en détail, mais d'abord, jetons un coup d'œil sur ce que la loi bahamienne prévoit en matière de pêche sportive.

LA LOI
Le permis de pêche est inclus avec le permis de croisière obtenu à l'entrée dans le pays. On doit déclarer son matériel de pêche. Notez ici que les seuls instruments de pêche autorisés aux Bahamas sont la ligne à pêche et la lance *spear pole* ou *Hawaian sling*. Les harpons mécaniques, fusils ou pistolets à flèches, arbalètes, armes à air comprimé ou toutes autres armes de pêche sont strictement défendus. Il est aussi interdit de pêcher en plongée autonome (avec des bouteilles). Pour les contrevenants, la saisie pure et simple du bateau les attend.

QUOI PÊCHER ?
Tout le monde sait que la langouste, c'est bon. Tout le monde sait que certains poissons sont toxiques. Mais encore ? La question n'est peut-être pas « Quoi pêcher ? », mais plutôt « Quoi ne pas pêcher ? » Le ciguatera est l'affection grave qui menace le pêcheur ! Ayez de bons guides. (*Voir* « l'annexe K »).

En combinant ainsi les guides, on arrive à avoir une description complète et à savoir quels spécimens sont comestibles. Les poissons qui se nourrissent sur le corail sont toxiques. Les prédateurs qui les mangent deviennent toxiques avec l'âge, puisque les toxines ne s'éliminent jamais. Généralement, les plus beaux spécimens, tels les anges, les balistes (*trigger fish*), les poissons-perroquets, et les plus laids, ceux qui ressemblent plus à des monstres qu'à des poissons, sont toxiques. Les autres, ceux qui ont une forme de poisson « normal », de couleurs moins variées, sont délicieux. Quant aux prédateurs de taille adulte, il faudra les éviter : barracuda, vivaneau (*snappers*), jacks, mérou *grouper* (certaines espèces), murènes, requins.

LE MATÉRIEL (voir la liste complète plus loin)

D'abord, il faut s'équiper avant d'arriver aux Bahamas. Normalement un masque, un tuba et des palmes constituent le matériel de base pour tous, car, même si on ne pêche pas, la plongée en apnée est incontournable. La faune et la flore sous-marines valent à elles seules le déplacement. Le masque qu'il vous faut doit bien adhérer au visage sans la courroie, une fois qu'on y a fait le vide en inspirant par le nez. Pour la pêche, il faudra compléter avec la liste proposée plus loin. La lance ou *Spear pole* est l'instrument principal : il s'agit simplement d'une perche de 5 à 7 pieds de longueur en fibre de verre ou en aluminium, munie d'une pointe dévissable et, à l'autre extrémité, d'un élastique de 3 pieds, en boucle. De plus, si on veut goûter aux conques (ces gros coquillages qu'on se colle sur l'oreille pour écouter la mer), il faudra prévoir une hachette et un maillet à attendrir. Pour la pêche à la traîne, inutile de se compliquer la vie : une ligne ayant une résistance de 100 livres, un leurre (le type « pieuvre de couleur verte » est efficace) et un gros hameçon devraient faire l'affaire. Non, je n'ai pas oublié la canne à pêche : elle n'est pas nécessaire, mais pratique !

LA TECHNIQUE

L'Homme n'est pas né poisson et il est normal que les débuts soient frustrants. On se dit : « Là, c'est impossible que je le rate, je suis à un pied de sa tête. »… et on passe à côté. Certains reviendront victorieux dès leurs premières expériences, d'autres devront être plus patients. De façon générale, le poisson va aller se cacher dans un trou en vous voyant. Il s'agit alors de le surveiller à sa sortie et de le tirer.

Encore faudra-t-il que vous soyez bien placé, de façon à ce qu'il ne vous aperçoive pas trop vite, mais en même temps que votre pointe soit à tout au plus trois pieds de la cible, le tout sur une seule respiration !

Le mérou ou *Nassau grouper* et la langouste

Les deux prises les plus recherchées sont la langouste et le *Nassau grouper* (mérou). Voyons leurs habitudes.

La langouste vit dans les trous. On la trouve parfois dans un pâté de corail, parfois sur un fond plat. Rarement (mais cela arrive à l'occasion), vous la surprendrez lors d'une marche sur le fond ! Il faut donc plonger et aller examiner les trous un à un. C'est essoufflant, mais on finit par trouver. Lorsqu'on en aperçoit une, on peut la considérer dans son assiette. En effet, la langouste n'a presque pas de défenses et, vu la taille de son cerveau, elle croit qu'on ne l'a pas vue tant qu'on n'y touche pas. Ceci nous permet, par exemple, de manquer notre cible, de remonter à la surface, de reprendre un peu d'air et de retourner : elle y est toujours, étant maintenant certaine qu'elle nous a déjoués ! La pauvre ! Notons cependant que si elle frôle le plongeur de ses antennes, véritables radars mobiles, elle se volatilisera assez rapidement. Mais rien n'est encore perdu : la langouste court peut-être très vite (elle a dix pattes…), mais elle s'arrêtera net au bout de son sprint, essoufflée.

Nous pêchions toujours à deux : l'autre, de la surface, aura tout vu du manège et pourra poursuivre la chasse. Une fois hors de l'eau, la langouste meurt vite et sa précieuse queue ne se conservera pas des heures au soleil, dans votre annexe. Dès qu'on revient au bateau, le mieux est de la faire cuire à la vapeur ; elle se conserve mieux cuite que crue.

Le mérou ou *Nassau grouper* est un véritable délice : il a une chair blanche savoureuse, floconneuse et peu d'arêtes. On le trouve près des têtes de corail. Le mérou est un poisson curieux (son cerveau est un peu plus évolué que celui de la langouste) et territorial. Il a son trou : c'est sa maison et il gravite autour. On doit l'approcher avec beaucoup de lenteur, en silence, avec le moins de mouvements possible, en plongée et non en surface. Il viendra alors vous voir pour connaître vos intentions. Il s'approche. Il est de face : inutile de tirer, son cartilage frontal est une véritable armure. Il va lentement tourner, exposant ses bajoues à votre tir précis. Si on le manque, il rentre aussitôt dans son trou. Rassurez-vous, il vous donnera une deuxième et dernière chance (à moins qu'il ne soit blessé). À cause de sa grande curiosité, il va ressortir vous voir ; si le tir et encore hors cible, il disparaîtra pour la journée… Il vous faudra manger du spaghetti, ce soir…

QUESTION D'ATTITUDE...

J'aimerais profiter de cette occasion pour dénoncer la pêche abusive qu'exercent de plus en plus de plaisanciers aux Bahamas (dont, malheureusement, certains Québécois). Si les Bahamiens vident leurs eaux de leurs ressources, ils en subiront les conséquences. Mais que dire de nous tous qui, ne l'oublions pas, sommes des visiteurs : ne devrions-nous pas respecter un tant soit peu ce Paradis, si on veut qu'il demeure encore le Paradis dans les années à venir ?

Il y a au moins quatre types de comportements frauduleux : utiliser des armes illégales (harpons, cages ou autres) ; accumuler plus de prises qu'on ne peut en manger (ou en donner) ; pêcher les petits spécimens qui ne deviendront ainsi jamais adultes et endommager le corail ou les plantes, sans scrupules. Et sans compter ceux qui, par ignorance et insouciance, pêchent de magnifiques spécimens qui, souvent, ne sont pas comestibles ou encore blessent dix poissons pour en prendre un... L'hiver 1992, nous pouvions pêcher à moins d'un mille de notre mouillage ; l'hiver suivant, il fallait déjà aller à plus de 2 milles... S'il vous plaît, donnons une chance à la ressource !

La plongée et la pêche en apnée aux Bahamas demeurent des activités très complètes sur plusieurs plans et il serait triste de vous en passer. Ne serait-ce que pour garder la forme ou alimenter les discussions à l'heure de l'apéro. Les plus habiles vous le diront : il faut être patient envers le poisson, mais aussi envers soi-même et se donner le temps d'apprendre à utiliser nos outils et de comprendre les mœurs des animaux. Bonne pêche !

MATÉRIEL DE PÊCHE ET DE PLONGÉE

Pour la plongée :

- Des palmes, un masque, un tuba.
- Un appareil photo sous-marine (par exemple, Kodak « Weekend 35 »).
- Une annexe pneumatique motorisée, une ancre et un câblot de 20 pieds.

Pour la pêche, on ajoutera :

- Un moteur hors-bord assez puissant pour déjauger (cela présente de gros avantages).
- Une ceinture de plomb (de 4 à 8 livres) : en eau salée, on flotte sans effort, surtout avec un vêtement isothermique. Vous devez avoir une flottabilité neutre.

Pour pêcher, il faut le bon équipement.

- Une lance (*Spear pole* ou *Hawaian sling*) de 5 à 6 pieds.
- Une petite paire de gants pour travailler ou se retenir au corail.
- Une combinaison isothermique pleine longueur, si possible de 2 ou 3 mm d'épaisseur.
- Une cagoule ou une tuque de laine : on perd 40 % de notre chaleur par la tête !
- Un seau à fond transparent pour observer le fond de l'eau avant de plonger.
- Un couteau à fileter et à désosser, avec une pierre à affûter.
- Une planche à dépecer et des sacs étanches.
- Une balance à poisson (0 à 10 livres ; facultatif).

Pour les conques :
- Une hachette et un maillet de bois (ou autre outil pour attendrir).
- Un filet pour suspendre dans l'eau les conques vivantes.

Pêche à la traîne (même si nous n'étions pas des experts…) :
- Une ligne à pêche (100 livres) avec un gros hameçon.
- Vos leurres préférés : le type « pieuvre verte ou jaune avec un œil » a obtenu le plus de succès.

246

On installait tout ça à l'arrière du bateau, sous voile, et la ligne était retenue grâce à des épingles à linge, le long des filières ; un élastique à crochets amortissait le choc lorsqu'un poisson mordait à l'appât. La ligne était ramenée avec le winch.

Notes :

- Les filets de poissons frais se conservent quelques jours au frigo, mais la langouste doit être immédiatement cuite (de 5 à 10 minutes) ou congelée.
- Un poisson blessé est condamné : essayez de le retrouver avant d'en viser un autre…
- Seul le gros bon sens dicte notre conduite, si on veut ménager la ressource pour les autres… et pour nous l'an prochain !

Vous trouverez, en annexe K, une liste des espèces comestibles ; et en annexe J, une liste d'adresses utiles pour le matériel.

LE *CHARTER* ET LA VISITE

Bien sûr, il est dans la nature humaine de vouloir partager ses joies avec nos proches : « Ah ! si Lyne était ici ; ah ! si Raymond était là, on irait pêcher ensemble : ils adoreraient ça. » Eh bien, non, justement ! Si Lyne ou Raymond ou Nancy ou Pierre ne sont pas là, c'est parce qu'ils ne partagent pas votre passion. Bien sûr, ils vous envient peut-être, mais pas au point de vouloir vivre la même chose. Soyez donc modeste dans vos invitations. Venir un week-end au lac Champlain et passer une semaine ou dix jours aux Bahamas avec vous, ce n'est pas du tout la même chose. Le problème, c'est qu'il est parfois difficile ou contraignant de s'ajuster à des visiteurs temporaires : ils ne trouvent pas toujours leur place, dans ce mode de vie où les choses se déroulent lentement, au quotidien.

Je ne vous dis pas d'éviter tout le monde ! Mais soyez certains qu'eux aussi désirent ce séjour avec vous. Ceci dit, vous serez peut-être heureux de revoir vos amis et parents, dans votre décor naturel, après quelques mois d'absence de la maison.

La location à la cabine
(ce qu'on appelle familièrement le *charter*)
Adieu les vacances ! Le *charter* est un travail rémunéré et doit être considéré comme tel. Vous avez une lourde responsabilité et vous devez respecter vos engagements.

À ceux et celles qui partent moins de deux ans, je conseille d'oublier le *charter* aux Bahamas. Laissez ce travail à d'autres. Travaillez un ou deux mois de plus ici, si vous manquez d'un peu d'argent.

Les Bahamas n'y sont pas propices. D'abord, parce que la première île est à sept heures de voile (une journée). En une semaine, vous passerez, au plus, trois journées agréables dans les îles. Et enfin, rien ne vous garantit une météo favorable. Ce n'est pas les Antilles, où il pleut tous les jours à 15 h pendant 15 minutes. Aux Bahamas, il pleut 15 jours dans tout l'hiver, mais il peut pleuvoir trois jours de suite. Pour vous qui êtes là tout l'hiver, ce n'est qu'un rafraîchissement, sans plus. Pour eux qui sont là seulement 6 jours, et qui ont payé…

Finalement, aux Bahamas la concurrence est forte. Alors, ne pensez pas avoir des prix élevés. Finalement, après l'hiver, il vous faudra des vacances dans le nord…

Les visiteurs

Si le paragraphe plus haut ne vous a pas découragé d'inviter des connaissances, je vous donne quand même certains conseils.

- N'allouez pas plus de 30 % de vos semaines **aux Bahamas** à vos visiteurs. C'est **votre** voyage. **Vous** y avez mis l'effort et l'énergie. Vous serez entourés d'autres navigateurs partageant beaucoup plus vos intérêts que n'importe quel membre de votre cercle d'amis et de parents.

- Encouragez-les à acheter leur billet d'avion le plus tard possible, puisque vous ne savez pas où vous serez. Par exemple, qu'arrive-t-il si vous décidez, une fois en Floride, de passer l'hiver dans les Keys ?

- Avertissez-les que la météo peut être défavorable tous les jours. Informez-les également que c'est la météo qui décide chaque jour de la planification des activités, et que l'épicerie coûte cher.

- Faites vos invitations pour le début et la fin de votre séjour prévu. Les Bahamas représentent un immense territoire et on ne passe à Nassau que deux fois dans tout l'hiver : en entrant et en sortant des Bahamas. Revenir à Nassau pour embarquer des gens, alors que vous êtes à 70 milles de là, peut vous enlever quatre ou cinq jours de vos vacances.

- Regroupez vos visiteurs un à la suite de l'autre. Un groupe débarque le samedi ; un autre embarque le dimanche. Si vous avez un écart d'une semaine entre les deux groupes, vous devrez attendre dans la région de Nassau. Mais peut-être aurez-vous besoin de cette semaine de répit !

- Vous reconnaîtrez les bons amis à ceux qui vous offriront d'aller vous rejoindre là où vous serez rendu. N'oublions pas qu'il y a tout un réseau local de liaisons aériennes entre les îles, mais que ces dernières sont coûteuses.

Gardez de la flexibilité dans votre planification. Inviter quelqu'un pour Noël à Nassau c'est bien, mais il faut compter trois à cinq jours pour s'y rendre de la Floride, selon les conditions météorologiques. Il faut aussi compter jusqu'à 10 jours d'attente pour traverser le Gulf Stream à cette période de l'année. Et puis, si c'est votre première expérience, vous devrez arriver avant eux pour avoir le temps de repérer les épiceries, les bons sites de mouillage ou la marina qui vous convient. Bref, il vous faut être à West Palm Beach ou à Miami 15 jours avant le jour du rendez-vous pour prétendre que toute l'opération ne sera pas une source de stress.

Peut-être vos visiteurs peuvent-ils loger à l'hôtel ou dans un bungalow : c'est une solution qui peut s'avérer agréable pour tous. On retrouve de tels sites pittoresques à Sampson Cay, à Staniel Cay, à Little Farmers Cay et à Georgetown. On trouvera leurs coordonnées dans le *Yachtsman's Guide* ou au consulat des Bahamas à Montréal. Mieux encore, mais plus difficile à organiser, c'est que vos amis louent leur propre voilier et que vous naviguiez ensemble.

• CONCLUSION •

Je vous suggère de renoncer au charter si vous partez moins de deux ans. Quant aux visiteurs, ils seront informés et leur séjour sera organisé. Ce sera donc une autre occasion de passer des moments agréables, et non une source de stress pénible.

NASSAU

LA VIE SUR L'EAU, LA VIE SUR LA TERRE

Le port de Nassau est un abri naturel. Le courant de marée y est assez fort (1,5 kn) et évidemment change de direction toutes les 6 h 13, nettoyant du même coup tous les déchets qui y traînent en surface. D'un côté, on a l'île de New Providence sur laquelle se trouve Nassau et toutes ses activités urbaines. Et en face, on a Paradise Island, sur laquelle sont installés le Club Med, le Casino, les marinas de luxe et tous les hôtels chics. Bref, Paradise Island est surtout touristique. Deux ponts surélevés relient les deux rives.

La protection contre les vents est assez bonne, mais le fond n'offre pas une bonne tenue. Alors, s'il vente à plus de 20 nœuds, ce qui est fréquent en janvier et en février, méfiez-vous. Une fois les courses à terre terminées, vaut mieux se déplacer et aller s'ancrer du côté de Paradise Island, où le fond est de meilleure qualité.

Même s'il fait beau, le plan d'eau du port est toujours très mouvementé à cause de la circulation locale. Plein de petites embarcations à moteur traversent sans arrêt toute la journée d'un côté à l'autre ou se déplacent d'un bout à l'autre du port. Le bruit y est constant, bien que lointain.

Le fond est traversé de deux pipelines et deux chaînes à ouragan. Mais comme l'eau est transparente et que ces obstacles figurent sur les cartes, il n'y a qu'à être vigilant pour ne pas jeter l'ancre à proximité.

LA SÉCURITÉ

Finalement, votre sécurité. Nassau est une ville et comporte ses risques. Le soir, on allume un feu de mouillage. L'annexe doit être **attachée le**

long du bateau et verrouillée. L'idéal est d'utiliser une chaîne, puisque si quelqu'un la manipule, cela fera du bruit. Certains vont même jusqu'à embarquer, chaque soir, leur annexe sur le pont du bateau. Évitez de la laisser en remorque derrière le bateau : c'est tenter le pauvre Bahamien...

LA VIE À TERRE

L'accès à terre : où ?

L'accès à terre est très facile, mais mon Dieu qu'on marche beaucoup à Nassau, et pourtant les distances ne sont pas si grandes ! Le principal quai à annexe est au quai de BASRA, près du poste de police. Ne pensez pas qu'il est plus en sécurité pour autant.

1) Il faut le verrouiller avec un bon filin d'acier ou mieux, avec une chaîne.

2) Le moteur doit lui-même être verrouillé à l'aide d'une barre d'acier inviolable.

3) De plus, vous aurez soin d'ancrer l'arrière du dinghy pour éviter qu'à la renverse du courant, il ne soit ramené et coincé sous le quai.

Il existe au moins quatre débarcadères. Moyennant des frais minimes et après en avoir demandé l'autorisation, les marinas East Bay Marina et Nassau Yacht Heaven vous laisseront utiliser leur quai. Et puis, il y a le quai de BASRA. Et quatrièmement, en face du garage Texaco, au pied des marches de béton.

Bien que nous n'ayons vécu aucune expérience malheureuse, je vous suggère de revenir au bateau avant la nuit, une fois vos courses terminées.

La ville

Les rues de Nassau sont étroites et souvent sans trottoir. Les automobiles y circulent du côté gauche et roulent vite. Lorsqu'un paquebot arrive, 2 500 personnes envahissent les trottoirs. Inutile de se presser : mieux vaut flâner à leur rythme ou rester au bateau... La ville étant construite à flanc de colline, les rues perpendiculaires au rivage sont toujours plus ou moins en pente. C'est une caractéristique de Nassau qui, parfois, influe aussi sur le rythme des déplacements.

À peu près tous les services dont on a besoin s'y trouvent : buanderie moderne, épicerie à l'américaine complète, bureau de poste, remplissage de propane, plusieurs boutiques d'accastillage et de pêche.

Évidemment, l'alcool ne coûte pas cher (sauf la bière) et on en trouve partout.

QUELQUES DONNÉES

Alcool : Il y en a partout. Bière : 45$/caisse.

Propane : Facile à trouver au quai de BASRA.

Taxi : De l'aéroport : 15 $. Au casino : 10 $ (1/2 mille !)

Demandez au chauffeur de mettre le compteur.

Supermarché : Ouvert 7 jours.

Buanderie : Très propre.

Eau potable : À l'épicerie, en bouteille. À la marina, au gallon ou à volonté, selon l'endroit. Près du quai de BASRA, directement du robinet, gratuite.

Glace : Chilly Willy ou dans les marinas.

Restaurants : Malgré le nombre de restaurants, nous avons en général été déçus, compte tenu des prix exorbitants. Nous retenons quatre endroits qui, sans offrir une grande cuisine, offrent de bons mets à bons prix :

- 2e étage du Straw Market (marché de paille) ;
- Imperial Cafe (en face du Colonial Hotel) ;
- Captain Nemo's ;
- À la terrasse du Shack (à côté de BASRA).

Et bien sûr, il vous reste toujours les « fast food » américains : ils y sont tous...

• CONCLUSION •

J'avoue qu'il est plutôt agréable de prendre son temps dans les petites rues de Nassau et de s'arrêter boire un punch au rhum mangeant des conques frites. Ceux et celles qui aiment le magasinage trouveront de quoi s'occuper. Mais pour nous, à cause du fond douteux, du courant constant, du sentiment d'insécurité et de l'inconfort général du port, je dirais que Nassau est un endroit ou l'on traîne le moins longtemps possible. 8

Avec l'expérience et le recul, je vous suggère le scénario suivant : vous entrez au port, en général, en après-midi. Vous mouillez l'ancre face au Club Med, où le fond est meilleur, et vous réservez une place au quai de la marina pour le lendemain. Vous restez à bord pour observer si l'ancre tient bien ; vous vous reposez et vous planifiez la journée du lendemain. Le lendemain, vous vous pointez à la marina tout de suite après le déjeuner. Vous avez toute la journée pour faire vos courses ou recevoir les amis. Le soir, c'est la sortie en ville ou au casino. Le surlendemain, vous avez droit au quai encore une demi-journée, si nécessaire, puis vous retournez à l'ancre. Les démarches « sérieuses » étant faites, vous pouvez retourner à terre et jouer aux touristes à votre guise. Croyez-moi, vous vous épargnerez bien de la fatigue et un temps précieux.

LES EXUMAS

Lorsqu'on dit : « Je m'en vais aux Bahamas », on parle des Abacos ou des Exumas. Je ne parlerai pas des Abacos, n'y étant jamais allé. Mais je sais par des témoignages qu'il y a plus de services et de civilisation ; et que les profondeurs sont plus restreintes : plusieurs ont dû attendre la mi-marée pour entrer dans certains mouillages. Mais il paraît que l'été y est très agréable.

Les Exumas sont un chapelet d'îles situé au sud-est de Nassau et s'étendant, dans un axe N.O.-S.E., sur une centaine de milles nautiques. La région est plutôt sauvage, les mouillages nombreux et les plages toujours désertes.

Étant donné la position favorable de l'archipel par rapport aux marées montantes et descendantes, qui s'infiltrent chaque fois entre les îles en apportant une grande quantité de nourriture sur les récifs de corail, l'eau y est d'une clarté incroyable. Je me souviens, étant sous voile, d'avoir regardé par-dessus bord vers le fond : on pouvait y distinguer les rides dans le sable... et le sondeur indiquait 35 pieds !

Les endroits propres au mouillage sont généralement de fond sablonneux blanc, à l'occasion avec de l'herbe ; la tenue dépend de l'épaisseur de ce sable sur le fond dur de corail, mais généralement, elle est très bonne. Certains (rares) mouillages sont protégés, alors que d'autres sont exposés au vent, d'un côté ou de l'autre. Même si l'on est exposé au vent d'un côté, il arrive que des hauts-fonds nous protègent des vagues. Et puis, il y a des coffres d'amarrage qui « poussent » avec les années. Les Bahamiens ont de plus en plus le sens des affaires et ils les installent à certains endroits stratégiques (de 5 à 15 $/nuit).

Quelques îles sont habitées et sont l'occasion d'agréables rencontres avec d'autres vacanciers qui ne travaillent pas le lendemain : la belle vie, quoi ! Sur ces îles, on trouvera de petites épiceries, de la glace, de l'eau, un ou deux restaurants, souvent une ou deux petites marinas offrant diesel et essence, et surtout des Bahamiens accueillants, prêts à vous guider, si nécessaire, pour vos expéditions de pêche ou de spéléologie… Sans compter les activités qu'ils organisent pour nous, touristes de passage (course de crabes, encans de pizzas, festival, etc.).

Et puis, il y a ces îles où résidaient autrefois de douteux personnages, et maintenant reconquises par la végétation subtropicale. Paradis d'exploration où l'on s'imagine ce que devait être la vie à une autre époque, parfois pas très lointaine, et parfois datant du XVIIIe siècle ! Ces îles offrent encore, à l'occasion, des puits d'eau de pluie en parfait état et **conservés** ainsi par les navigateurs.

La navigation aux Exumas est généralement facile, mais le nouveau venu aura soin d'être très prudent et ne s'exposera pas aux éléments dangereux, car le prix à payer peut être très élevé. Nous ne sommes plus dans l'Intracostal : les passes sont bordées de récifs, les hauts-fonds rocheux espèrent attraper votre quille au passage et, bien sûr, il n'y a aucune aide à la navigation. Les vents d'hiver (janvier, février) ne pardonnent pas ceux qui ne sont pas bien mouillés ou qui utilisent une ancre sous-dimensionnée. (*Voir la section* « Navigation : les cartes, le guide ».)

Sous l'eau

Le véritable clou des Exumas, c'est sa flore et sa faune sous-marines. C'est à en perdre le souffle ! Les poissons, tous plus colorés les uns que les autres, qui se faufilent entre toutes sortes de coraux et d'algues, tout aussi riches en couleurs et en formes. Certains s'adonnent à la pêche, mais même sans pêcher, il faut plonger sur les récifs, autrement vous manquez le plus beau !

Au sud de la chaîne d'îles, c'est Great Exuma Island, et Georgetown, chef-lieu de la horde des navigateurs. C'est ici que tous se rassemblent petit à petit en vue de la régate annuelle qui a lieu début mars. Georgetown devient alors une microsociété, vivant au rythme de centaines de plaisanciers, en harmonie avec les Bahamiens, et complètement en dehors du temps et du monde extérieur. Pour plus de détails, voir le *Yachtsman's Guide to the Bahamas*.

• *CONCLUSION* •

Les Exumas sont probablement les plus belles îles des Bahamas, surtout à cause de la clarté de leurs eaux émeraude, que l'on ne retrouve pas partout dans le pays, mais aussi à cause des autres navigateurs et des insulaires. Vous ne retrouverez pas ces conditions de plongée et de fourmillement de poissons avant les Grenadines, 600 milles plus au sud !

De plus, lisez toujours le Yachtman's Guide, *avant même de vous déplacer d'un mouillage à. un autre... Et aussi, pour savoir tout ce que la prochaine destination vous réserve...*

GEORGETOWN

Imaginons un monde sans violence, sans désir de pouvoir et avec très peu de jalousie. Un monde où tous semblent toujours heureux. Un monde où personne ne travaille le lendemain, où tout le monde, ou presque, semble en vacances perpétuelles. Même ceux qui travaillent ont l'air de tellement aimer leur boulot... qu'ils ont un air de vacanciers! Un monde où il n'y a presque pas de téléviseurs puisque ceux-ci n'ont pas leur place; même chose pour le four à micro-ondes, le téléphone, le répondeur, le télécopieur, l'ordinateur. Certains en ont, bien sûr, mais c'est accessoire. Imaginons un monde où tous les gens laissent toujours leur bateau ouvert, non verrouillé, même s'ils s'absentent plusieurs heures. Enfin, un monde où les gens sont en santé puisqu'on vit toujours dehors et qu'on fait plein d'exercice : plongée, pêche, volley-ball, course au trésor, magasinage (pour certains, c'est un sport!). Ce monde existe : c'est Georgetown, Great Exuma, Bahamas! Mais surtout, ne dites à personne que je vous ai donné l'adresse!

Plusieurs font de Georgetown leur destination soleil, hiver après hiver. Ils arrivent de la Floride ou du nord, et se rendent directement à Georgetown. La régate du début de mars constitue le point culminant de la saison. Plus de 500 bateaux se regroupent alors dans le port. Les festivités durent une semaine et deux courses ont lieu. Les fonds amassés durant cette semaine serviront une cause plus noble : la régate bahamienne du début d'avril. La plupart des plaisanciers seront déjà repartis vers le nord, mais si vous pouvez rester, vous aurez droit à une activité traditionnelle typique des Bahamas.

LES SERVICES OFFERTS
Tous les matins, sur la VHF, à 7 h 45 :
- météo locale et bahamienne ;
- nouvelles du monde (10 minutes) ;
- petites annonces (10 à 30 minutes) : les plaisanciers qui ont besoin de quelque chose ou qui offrent quelque chose le font savoir à toute la communauté. C'est très efficace !

Un lagon fermé, seulement accessible aux annexes, assure une protection totale, et on y trouve divers quais pour l'accès à terre :
- Quai principal du village : quai d'Exumas Market (l'épicerie). Très long, avec taquets ; il y a même un robinet d'eau douce : à volonté et gratuite ! L'épicerie est juste au bout.
- Quai avec conteneur pour laisser vos déchets.
- Quai d'accès à la buanderie « Harbour View Laundry ». Celle-ci est très propre ; elle surplombe tout le port. On y apporte un bon livre et on se laisse caresser par la brise pendant le lavage.
- Quai d'un loueur de petits « Boston Whaler ». Il offre aussi le remplissage des bouteilles de plongée. Il y a une boutique de matériel marin à proximité ainsi qu'un revendeur de moteurs Johnson.
- Dans le port, il y a un quai pour annexes à l'hôtel « Peace and Plenty » ; accès direct au restaurant et au bar de l'hôtel.

Il existe d'autres accès faciles en annexe. Georgetown se développe tranquillement et il y a de plus en plus d'installations et de services pour les touristes navigateurs.

Plusieurs commerces ont une radio VHF permettant de les appeler du bateau pour savoir s'ils ont ce dont on a besoin. Également utile en sens inverse, pour appeler au bateau. Ainsi, l'épicerie, la boulangerie, la quincaillerie, les taxis et d'autres ont une VHF.

Il y a deux hôtels principaux, près du port : le « Peace and Plenty » et le « Two Turtles » (celui-ci propose deux repas sur barbecue par semaine). Il y a également quelques maisons à louer, juste sur une pointe de terre avançant dans le port.

Il y a trois téléphones publics. Un à chaque hôtel et un au pied de l'antenne de Batelco (Bahamas Telephone Company). Les cellulaires fonctionnent bien (avec serveur bahamien).

Pour la poste, il y a un service de poste restante très fiable à l'épicerie.

Il y a une quincaillerie, qui utilise une navette pour aller chercher et ramener les clients au quai.

Il y a un aéroport international. Des vols quotidiens desservent les Bahamas et la Floride : bienvenue à vos amis et à la famille !

En plus de ceux des deux hôtels, il existe quelques restaurants, dont une pizzeria.

Le remplissage de propane se fait régulièrement : on vient chercher vos bouteilles, et on vous les rapporte pleines le lendemain.

Il y a un comptoir UPS. Quand je dis que les Bahamas ne sont que la cour arrière des États-Unis, c'est encore plus vrai à Georgetown. On y fait livrer ce qu'on veut.

LE PORT

Mais ce qui rend Georgetown attrayant, c'est aussi son mode de vie typiquement tropical, où rien n'est urgent et où il fait toujours bon vivre. Les activités sont nombreuses. En face de Georgetown se trouve Stocking Island, une île étroite et longue qui forme, avec Great Exuma (Georgetown), le port comme tel. L'aire de mouillage ainsi disponible mesure un mille et demi de large sur cinq milles de long : 500 bateaux peuvent y mouiller, sans pour autant être à l'étroit. On est ancré dans cinq à neuf pieds d'eau sur un fond de sable blanc. Il n'y a aucun courant, donc on est toujours face au vent (et à la pluie).

Sur Stocking Island, tout est prétexte à la fête ! Le nom des plages évoque à lui seul les activités : Volley-ball Beach, Hamburger Beach, Sand Dollar Beach. Parfois, une course au trésor est organisée pour les enfants : le Paradis, quoi !

Bref, ne passez pas aux Bahamas sans au moins vous arrêter une petite semaine à Georgetown ! Même la pêche y est très bonne… si on sait où aller !

AUTRES ÎLES MOINS CONNUES : CAT ISLAND, LONG ISLAND, CONCEPTION ISLAND, ELEUTHERA, LITTLE SAN SALVADOR

À part Eleuthera, les autres îles mentionnées ci-dessus sont considérées comme faisant partie des «Far Out Islands». Le navigateur devra être un peu mieux préparé pour explorer ces îles : elles sont plus isolées, offrent moins de services et surtout, moins de bonnes protections en cas de mauvais temps. Avant de partir vers ces îles, je vous conseille de bien lire tout ce que le *Yachtman's Guide* dit à leur sujet.

Cette mise en garde étant faite, qu'en est-il de l'exploration de ces îles ? C'est un circuit tout naturel pour quiconque part de Georgetown (Exumas) et remonte vers le nord. Je le recommande après le 15 mars : les dépressions sont plus rares et surtout, moins puissantes. En avril, les vents dépassent rarement les 15 nœuds. La navigation entre ces îles est très facile et plus reposante, puisque nous sommes en mer. Bien sûr, nous perdons la terre de vue entre certaines îles, mais avec une bonne navigation à l'estime et un GPS pour confirmer (et non le contraire), on arrive à bon port. La plus grande distance est de 30 milles : de Conception Island à Cat Island, à moins d'arriver à Cat Island directement de Georgetown (rajouter alors sept milles).

Une des raisons d'effectuer ce circuit est d'abord d'éviter de revenir par une route déjà connue. Une autre est d'explorer des îles peu fréquentées par la plupart des navigateurs. Et enfin, c'est de vouloir rencontrer des Bahamiens qui ne sont pas autant habitués aux touristes que ceux des Exumas et des Abacos. Ces gens ont tout leur temps et sont toujours un peu curieux : «Que diable faites-vous perdus ici ?»

LONG ISLAND

Long Island est située à 21 milles à l'est de Georgetown. C'est peut-être l'île dont le sol est le plus fertile du pays. On y fait l'élevage de bétail et la culture de maïs, de pois, de bananes, d'ananas et d'autres fruits. Nous n'y avons fait qu'une escale d'une nuit, alors nous n'avons rien vu de tout cela. Mais pour ceux d'entre vous dont le tirant d'eau est de moins de cinq pieds, Long Island offre de nombreux recoins à découvrir.

En route vers l'est, on se contente de mouiller dans Calabash Bay, au nord-ouest de l'île. La baie est ouverte sur la mer, mais un récif-barrière nous protège. Ici encore, si votre tirant d'eau est faible, vous pouvez vous ancrer à deux milles plus au sud dans Joe's Sound, qui offre une protection totale.

En quittant le lendemain, il faudra contourner largement Cape Santa Maria, au nord : il faut passer au large à cause des récifs qui s'étendent de la pointe vers le nord jusqu'à deux milles de l'île.

CONCEPTION ISLAND

Conception Island est à 14 milles à l'est de Long Island. ATTENTION : Conception Island fait partie du «Land and Sea Park». AUCUNE PÊCHE N'Y EST PERMISE. C'est la beauté, la tranquillité de l'endroit et ses nombreux sites de plongée qui attirent. On peut s'ancrer d'un côté ou de l'autre de l'île, selon la provenance du vent. Si vous avez une annexe qui déjauge, vous pourrez mieux profiter de cet endroit qui offre de magnifiques récifs à explorer en plongée au nord de l'île.

CAT ISLAND

En remontant vers le nord-ouest sur une distance de 27 milles, on arrive à Cat Island. Celle-ci offre un banc à l'ouest, comme dans les Exumas, pour naviguer en eaux peu profondes (25 pieds). C'est donc de ce côté que nous explorerons.

Cat Island a beaucoup à offrir. Nous y avons passé neuf jours et n'avons pas tout vu ! D'abord au sud, c'est Hawknest Creek, où nous nous sommes glissés, malgré nos six pieds de tirant d'eau. La marina était à l'abandon à l'époque, mais il était question de la remettre sur pied ; il y a un mouillage étroit. Aux Bahamas, il faut se faire à l'idée qu'une marina ou un «yacht club» qui est ouvert une année peut très bien être fermé l'année suivante, et vice versa. On y trouvera tout en place : les quais, les chaises de jardin, le bar, les rideaux aux fenêtres, la piste d'avion… mais plus personne !

À notre arrivée à Hawknest Creek, il pleuvait. Voyant ces quais abandonnés, nous nous y sommes amarrés. Bien mauvaise idée : le lendemain matin, au lieu d'être deux à bord, nous étions 350 ! Trois cent cinquante fourmis faisaient la navette entre le bateau et leur nid, en transitant le long des amarres ! Ce fut une guerre ouverte pendant deux jours ! Il fallut d'abord aller à terre trouver des insecticides et des trappes à fourmis. Puis, nous avons tout vaporisé, même les dessous des coussins de couchette : il y en avait partout !

Nous avons essayé d'arrêter leur progression à l'intérieur par toutes sortes de moyens (même de la vaseline sur leur route). Rien n'y faisait : les premières s'y embourbaient... et les suivantes passaient sur le dos de leurs cousines ! Heureusement, nous avons fini par en venir à bout avec les insecticides... L'effet a été nucléaire. Elles sortaient de partout pour respirer mais s'écroulaient, vaincues. Même nous, nous devions sortir pour ne pas étouffer !

Plus tard, j'ai appris qu'on aurait pu attacher un chiffon imbibé de diesel sur chaque amarre. Contre les rongeurs (Dieu soit loué, nous n'avons jamais eu ce problème !), toutefois, il aurait fallu des assiettes à tarte en aluminium, traversées au centre par l'amarre et retenues au milieu de celle-ci par un nœud en huit. Mais évidemment, ces précautions ne s'appliquent pas dans des marinas en exploitation (on l'espère !). Morale de l'histoire : il peut y avoir un prix à payer, même dans une marina déserte !

Puis, on remonte vers New Bight. Aucune protection de l'ouest. Accès à terre facile le long d'une plage de sable blanc bordée de cajuarinas. Ces conifères, qui ressemblent un peu à nos pins, sifflent doucement lorsque la brise se lève et donnent encore plus l'impression de pays du bout du monde. L'intérêt de l'endroit est surtout le petit ermitage, situé tout en haut d'un promontoire. C'est d'ailleurs le plus haut point des Bahamas, soit 204 pieds... Vue prenante sur 360°. Abandonnés depuis la mort du frère Jérôme vers 1958, l'ermitage et le chemin de croix sont des curiosités qu'il ne faut pas manquer.

En continuant vers le nord, on arrive à Fernandez Bay : endroit tout à fait « carte postale » ! Une plage blanche, en forme de croissant avec de l'eau verte sous un ciel bleu. Une palmeraie dont le sol est couvert d'un tapis de noix de coco de trois pieds d'épaisseur ! Et à l'ombre des palmiers se cachent une dizaine de maisons individuelles en pierre assez distancées les unes des autres. Une terrasse, dont les tables se couvrent de pétales de fleurs le soir venu pour accueillir les invités au souper.

Bref, le petit coin de paradis dont tous les nouveaux mariés rêvent. Mais vous, c'est à Donna et à Mark qu'il faudra vous adresser : ils accueillent les quelques voiliers de passage avec le sourire. Ils ont un très gros réfrigérateur pour vous ravitailler en provisions, en eau douce et en glace. En passant, Cat Island ne manque pas d'eau ; on y trouve même des lacs… et les gens arrosent leurs pelouses !

Plus au nord, nous n'avons pas exploré Smith Bay, Bennett's Harbour (très petit), ni Arthur Town. Tous ces endroits restent à découvrir : à vous de nous en parler !

Fait intéressant, Cat Island n'est qu'à 45 milles à l'est des Exumas. On peut donc retourner vers ceux-ci quand on veut, les vents dominants du printemps étant de l'est. On peut quitter Cat Island vers l'ouest de nuit sans problème, pour s'assurer un amarrage de jour aux Exumas.

LITTLE SAN SALVADOR

À 13 milles à peine à l'ouest de Cat Island (Alligator Point), on arrive à Little San Salvador. Selon les années, il arrive que les paquebots arrêtent pour offrir un pique-nique à leurs 2500 passagers sur cette île minuscule. Lors de notre passage en 1992, cette pratique avait cessé, mais, selon de récentes informations (1995), elle aurait repris, comme quoi rien n'est acquis. Le principal site de mouillage est sur sable blanc et ouvert sur le sud-ouest. On pourra trouver refuge du côté est de l'île en cas de vent d'ouest.

L'intérêt de Little San Salvador, à part sa magnifique plage en croissant de lune, est l'extraordinaire plongée et la pêche facile qu'on y pratique. Très peu de navigateurs s'aventurent jusqu'à cet endroit, et les pâtés de corail y sont très nombreux. On pêche parfois dans 15 pieds, mais aussi dans 20 pieds. Petit rappel : la pêche à la langouste se termine le 30 mars.

De toute façon, même sans vouloir nécessairement pêcher, Little San Salvador offre sans équivoque, avec les Exumas, les plus beaux paysages de plongée en apnée.

Cet après-midi-là, on se la coulait douce au mouillage. Arrive un yacht de croisière équipé pour la pêche au gros « gibier ». Il s'ancre. Il nous hèle sur la radio VHF : « J'ai pris quelques poissons, si ça vous intéresse, ils sont à vous ! » Il n'en faut pas plus pour nous voir arriver, avec deux autres, pour récolter le butin annoncé. En effet, notre type revenait d'une pêche en mer trop généreuse pour ses propres besoins.

Ce butin (car c'en était un!) attendait tranquillement dans une immense glacière, pleine de glace, d'être apprêté pour notre consommation! Dorades coriphènes, maquereaux et thons : il y en avait même trop! À côté de nos prises qui dépassent rarement 18 pouces, ceux-là ont l'air de mastodontes! J'ai pris une dorade que je me suis empressé de dépecer en filets sur la plage. Je me souviens encore de mon coup de couteau, qui contournait largement la moindre arête ou le moindre cartilage, laissant parfois beaucoup de chair sur le poisson. Mais qu'importe : il me restera entre les mains plus de viande rouge que nous ne pourrons en manger dans les jours suivants. La dorade goûte plus le poulet que le poisson!

Et dire que malgré tout nous n'avions pas à nous plaindre, puisque cette île nous avait offert une langouste et un mérou, chaque jour...

ELEUTHERA

De Little San Salvador, vous pouvez retourner aux Exumas, vers Highborne qui est à 48 milles à l'ouest, ou continuer vers Eleuthera. Celle-ci contraste avec les autres îles vues ci-dessus, surtout à cause de la civilisation omniprésente. C'est le retour au tourisme à grande échelle! Épicerie, cinéma et Club Med à Governor's Harbour. Eleuthera a fait aussi sa réputation à cause de ses plages de sable rose, du côté est de l'île.

De Governor's Harbour, on peut continuer vers le nord : Hatchet Bay, Current, Spanish Well, Royal Island. On peut aussi décider de rentrer directement à Nassau, de Governor's Harbour ou de Hatchet Bay. Deux routes sans obstacles, en eau profonde.

• CONCLUSION •

Il est dommage de se rendre jusqu'à Georgetown (Exumas) et de remonter par le même chemin, alors qu'une route plus pittoresque s'offre au navigateur un tant soit peu curieux de nouveauté. Allez-y! Les Bahamiens ne vous attendent pas et c'est ce qui est merveilleux.

RETOUR PAR LES BERMUDES

En 1987, Anne et moi avons eu l'occasion de convoyer un voilier au retour des Bahamas. Cette croisière n'est pas pour tous les bateaux, mais c'est un beau défi pour ceux qui voudraient goûter à la croisière hauturière, au moins du bout des lèvres (7 à 12 jours de mer consécutifs).

Les Bermudes sont situées vis-à-vis de Charleston, en Caroline du Sud, à 750 milles au large. De Nassau, on compte 800 milles, soit environ une semaine de mer. Puis, des Bermudes on se rendra soit à Norfolk, 650 milles à l'ouest, soit directement à New York (670 milles). Remarquez que je décris le trajet du sud vers le nord. Si vous ne voulez pas avoir de mauvaises surprises, mieux vaut faire cette route au printemps qu'à l'automne : les journées sont plus longues, le vent dominant est du sud-est et il y a beaucoup moins de dépressions. Bien sûr, tout ça n'est que statistique.

Pour entreprendre ce périple, vous devez être équipé pour la croisière hauturière, ce qui dépasse les paramètres de ce livre. Principalement, il faudra être au moins quatre personnes à bord, que le bateau puisse se barrer de lui-même, avoir un régulateur d'allure, l'outil le plus fiable pour ce travail.

Qu'est-ce que les Bermudes ? Un petit archipel de 3 milles par 14 milles où tout coûte les yeux de la tête ! Même les Bermudiens font un pèlerinage aux États-Unis pour s'acheter des biens (vêtements, meubles, téléviseurs, appareils électroniques, etc.). On y trouve beaucoup de nouveaux mariés et de joueurs de golf.

Les Bermudes bénéficient d'un climat subtropical tout en arborant la propreté des pays nordiques. L'éthique y reste encore très britannique malgré l'indépendance, et on y porte les shorts bermudas avec le veston. Tout le monde se déplace en Mobylette et sourit tout le temps.

La communauté nautique est très accueillante. Les paquebots sont amarrés aux mêmes quais que les voiliers (à St-Georges). On rencontre ainsi des navigateurs en route vers l'est, et d'autres arrivant des pays nordiques comme la Norvège… C'est l'occasion d'admirer les Swan 65 ou Baltic 55 qui se côtoient les uns les autres !

Et un beau jour, on finit par quitter ces lieux, même si la météo n'est pas parfaite, parce que le portefeuille n'en peut plus… Mais vous aurez dans vos bagages une très belle expérience de mer.

La navigation

L'archipel est entouré d'une barrière de corail. Il faut donc entrer dans les passes avec précaution. Si les paquebots peuvent le faire, vous y arriverez sûrement ! De plus, la garde côtière bermudienne peut vous aider à y entrer grâce à son radar, surtout si vous arrivez de nuit ou dans des conditions de visibilité réduite.

Vous devrez ensuite décider d'aller mouiller à Hamilton ou à St-Georges. Hamilton est la capitale. Plus d'action, mais aussi plus de va-et-vient. St-Georges nous a paru plus sympathique : un paquebot de temps en temps et beaucoup de plaisanciers. Mais surtout le bar White Horse. Comment peut-on aller aux Bermudes sans y trinquer ?…

Il s'en passe des choses aux Bermudes…

Un bon matin, alors qu'il n'y avait qu'Anne et moi à bord, une lettre tombe du ciel, dans le carré. Nous l'ouvrons et le signataire nous demande la permission de visiter notre bateau, de construction artisanale, et, en échange, il nous fera visiter le sien. En regardant l'en-tête du papier utilisé, nous y lisons le nom de son bateau : Bermuda Star. Nous nous précipitons à l'extérieur et levons les yeux vers le ciel, ou plutôt vers le nom de ce paquebot tout blanc, amarré juste derrière nous : le Bermuda Star !

Et, à quelques pas déjà de notre bateau, nous voyons deux officiers de marine s'éloigner. Nous les rejoignons : il s'agit de deux Québécois, membres d'équipage du Bermuda Star. Ils avaient remarqué notre pavillon québécois et l'allure inusitée du bateau en aluminium. L'un d'eux est le responsable du service à la clientèle. Il a carte blanche pour satisfaire les moindres désirs et caprices de sa riche clientèle. Il n'en faut pas plus pour nous mener au septième ciel !

Le soir même, accompagnés cette fois de notre capitaine, nous sommes invités à visiter ce monstre blanc. Nous avons droit au souper à bord, en plus de la tournée de tous les bars s'y trouvant, avec, bien sûr, un verre à chacun, tradition oblige ! La nuit s'est terminée à la discothèque, après la rencontre de Suédoises faisant aussi partie du personnel. Mais nous, en couple modèle (hum, hum), sommes rentrés tôt. Notre capitaine est arrivé plus tard…

Bien sûr, nous avions fait visiter notre modeste bateau,
comme le demandait la lettre…

LA VIE À BORD

LE QUOTIDIEN

Partir sur son voilier, l'étrave dirigée vers le Monde. Voilà bien le rêve que plusieurs d'entre vous caressent. Partir juste pour partir, diront certains. Partir pour grandir, diront d'autres, plus philosophes. Mais en tout cas, partir et loin. L'été, sur nos lacs et rivières, on se paie du bon temps à bord de nos bateaux, mais vient toujours ce moment où l'on doit rentrer chez soi. Voilà la fin de semaine ou les deux semaines de vacances terminées. Mais cette fois, on est samedi... tous les jours. Mieux encore, pour tous les autres autour de nous, demain c'est aussi toujours samedi. Et c'est ce qui fait toute la différence. Avoir tout son temps à soi, comme peut-être jamais vous ne l'avez eu auparavant, sans raison pour que cela se termine un jour.

Descendre vers le sud, c'est plus que juste faire du millage. Tous ceux pour qui « descendre » leur bateau est un travail n'ont pas le même but que vous, et n'ont aucune raison de prendre leur temps ; souvent, ce n'est même pas leur bateau. Ne vous laissez pas impressionner par ceux qui vous diront être arrivés en 15 jours ou mieux à Miami : ils ont tout raté.

J'ai écrit ce chapitre pour vous montrer que ces vacances correspondent plutôt à un nouveau mode de vie, dans lequel on n'entre pas sans préparation. En effet, quel serait l'avantage de se retrouver dans un aussi petit milieu, humide, froid, et vacillant tout le temps, tous collés les uns sur les autres, s'il n'y avait aucun réconfort ? Quel est le truc ? À quoi ressemble donc cette vie à bord d'un bateau pendant non pas une semaine ou deux, mais un an ou deux ? Pourquoi y prend-on goût ?

Ne parlons donc plus de vacances, mais bien de mode de vie. En ce moment, chez vous, c'est métro-boulot-dodo. En croisière, c'est la vie comme le Créateur l'a probablement imaginée : tout votre temps vous appartient. Il n'appartient plus à votre employeur, à votre association du coin, à vos amis, ni même à vos enfants. Vous décidez de votre emploi du temps à 100 %. Seule la météo peut, à l'occasion, brouiller les plans ; c'est pourquoi on essaie d'en faire le moins possible.

CONFORT À BORD

Votre nid, c'est vous qui le faites. Vous vivrez à bord 10 mois, peut-être plus. Mieux vaut être à l'aise. On peut toujours trouver une bonne raison d'équiper le bateau d'appareils électroniques de toutes sortes ou de grosses pièces de matériel (réfrigération, guindeau électrique, etc.), mais j'insiste pour vous rappeler que 85 % d'une journée de 24 heures se passe à l'ancre ou à terre (besoins essentiels et loisirs) et non à naviguer. (Ce guide s'adresse d'abord aux gens qui ne visent que les Bahamas.) Ne serait-il pas logique de prévoir les dépenses en fonction de cette réalité ?

Petite anecdote

Un jour à Montréal, je rencontre une amie que nous avions connue en voyage. Elle avait lorgné son copain sur son bateau aux Antilles ; elle m'expliqua qu'elle en avait assez de vivre dans des conditions misérables. «Ce n'est pas le Club Med ici», qu'il lui expliquait. Eh bien, justement, ce devrait l'être! Et tous les jours à part ça. Il n'en tient qu'à vous de modifier l'intérieur de votre bateau, vos équipements, votre plan de route, etc., pour en arriver là.

Voici donc quelques idées sur la vie à bord.
- Le bateau
- Le chauffage
- Les coussins
- La décoration intérieure
- La cuisine
- La chaîne stéréo et le téléviseur
- L'équipement de confort et de luxe

Le bateau

Le bateau doit être en bon état de marche. Certains défauts peuvent être supportables lors de sorties de fin de semaine, mais pas plus longtemps. Rien de pire qu'un hublot qui fuit à chaque fois qu'il pleut : ça, ce n'est pas du confort. Si la cabine arrière empeste le diesel, elle n'est pas utilisable à long terme : il faudra y installer une ventilation d'air forcée. Avoir appliqué trois couches de peinture anti-algues avant de partir évitera de couper le gazon tous les dimanches matin, aux Bahamas. C'est cher à court terme, mais les intérêts seront versés aux Bahamas...

Le chauffage

Nous avions une petite chaufferette incandescente au propane. Elle a beaucoup servi, surtout au nord, jusque dans la baie de Chesapeake. Il faut vraiment attendre à la Floride pour être certain de ne plus en avoir besoin. Mais pour les durs à « geler » qui voudraient se passer d'une chaufferette, je vous suggère quand même le petit truc suivant : munissez-vous d'une bouillotte pour chaque cabine (habitée). On y verse de l'eau chaude avant de se coucher et on la glisse à ses pieds. Non seulement vous n'aurez pas froid, mais vous transpirerez peut-être ; et même, il y a des chances qu'il y reste de l'eau tiède au petit matin !

Le chauffage à bord est incontestablement le summum en matière de confort pour les régions nordiques d'où nous venons. Si j'avais eu le choix, j'aurais installé une fournaise au diesel, qui donne une chaleur sèche. Certaines sont très esthétiques, avec un hublot pour voir la flamme.

Une autre façon de se passer de chaufferette est de partir d'ici début septembre au plus tard, ou même pendant l'été, et d'aller flâner dans la baie de Chesapeake en attendant la fin de la saison des ouragans.

Les coussins

Ne vous contentez pas des coussins d'origine du carré. S'ils sont défraîchis, changez les housses pour quelque chose de plus vivant que les éternelles teintes de brun et de beige. Pourquoi ne pas simplement les recouvrir d'un coton agréable pour les yeux : vous limiterez beaucoup la dépense et vous serez dans un environnement personnalisé. Rajoutez de petits coussins pour arrondir les angles souvent trop carrés des dossiers.

Les coussins de banquettes de cockpit ne sont pas un luxe, même s'ils coûtent cher. Imaginez votre chaise longue de jardin en fibre de verre, dure et sans coussin. C'est la même chose. Vous y passerez des heures à lire, à peindre, à coudre, à barrer, à rire et à manger, à boire, à discuter, etc. Votre arrière-train mérite son confort.

La décoration intérieure

Personnaliser le bateau crée une impression unique d'être chez soi. Ce sera peut-être des tissus jetés sur les banquettes du carré, une multitude de petits coussins aux couleurs vives, un beau grand laminage ou encore une reproduction vissée sur la cloison. On remplacera un des plafonniers par une lanterne sur cardan. On changera les rideaux. On ajoutera une tablette ici ou là ; on modifiera un équipet pour y ranger le coffret du sextant. Certains ajouteront du tapis par endroits, pour que ce soit plus douillet au petit déjeuner, alors que le plancher de bois est froid… Tiens, on accrochera un filet à rangement ici pour y mettre les légumes de longue conservation (noix de coco, bananes vertes, courges, bottes de thym ou de persil). Les livres seront en évidence sur une tablette invitant à la lecture, tout en colorant l'intérieur de leur épine respective. Et on peut s'étendre ainsi au coin toilette et aux cabines…

La cuisine

Voyez à l'aménager de façon pratique. Les ingrédients les plus utilisés seront à portée de la main. Vous ne pourrez pas dire : « Que j'ai hâte de revenir à la maison pour retrouver ma cuisinière avec mes casseroles et mes ustensiles de dimensions normales et mes armoires pratiques. » Vous êtes à la maison, dans votre nouvelle maison. Ne laissez rien passer. Vous aimez cuisiner dans votre wok ? Apportez-le. Vous aimez cuisiner avec un robot culinaire ? Achetez-en un de 12 volts ou apportez le vôtre si vous avez un onduleur à bord. Vous aimez avoir vos épices sous les yeux ? Posez-vous une étagère à épices. Apportez vos ustensiles de cuisine habituels, ainsi que trois ou quatre de vos casseroles et poêles préférés. Vos plaques à biscuits et moules à gâteau ne devront pas être plus grands que votre four (*voir section* « Approvisionnement »).

Une chaîne stéréo et le téléviseur

Je ne conçois pas un bateau sans au moins un baladeur à bord pour pouvoir écouter de la musique. Vous aurez plus de temps que vous n'aurez de cassettes ou de disques compacts à écouter. Nous avions une simple radiocassette d'auto, mais avec trois paires de haut-parleurs (cockpit, carré, cabine avant), tous contrôlables de façon indépendante. Oui, monsieur ! Et 180 cassettes audio avec ça : une différente par jour, pendant six mois... Considérant le peu d'énergie nécessaire pour cet équipement par rapport au bienfait qu'il apporte, c'est indispensable.

Plusieurs équipages ont un petit téléviseur à bord. D'ailleurs, beaucoup de marinas offrent maintenant des prises pour le câble. Si vous partez avec des enfants, songez à un magnétoscope (soit de 12 volts, soit sur onduleur : quelle invention géniale pour les occuper les journées de pluie !)

Un de mes élèves a installé un système de son de 6000 $ à bord de son yacht ! Comme quoi il n'y a pas de limites à la qualité du confort...

L'équipement de confort et de luxe

Certaines pièces d'équipement marin améliorent le confort. Elles ne sont pas indispensables, à mon avis, pour ce type de croisière, mais plusieurs navigateurs ne s'en passeraient pas. Si vous êtes de ceux-là, pourquoi vous priver ? Mais n'oublions pas qu'en plus de l'installation vous aurez la responsabilité de leur entretien... En voici quelques exemples :

- le réfrigérateur
- le congélateur
- un appareil de production d'eau douce
- un téléphone cellulaire
- un guindeau (électrique ou pas)
- des pattes-d'oie (*lazy-jack*) pour la grand-voile
- un enrouleur de grand-voile
- des winches électriques
- un bimini rigide

J'allais oublier...

Ne partez pas sans un jeu complet de moustiquaires et assurez-vous qu'elles sont bien ajustées aux différents contours. Il ne faut qu'un seul moustique pour tenir tout un équipage éveillé !

LES HABITUDES DE VIE

Une des principales raisons de prendre son temps, c'est qu'il faut s'habituer à ce nouveau rythme de vie plutôt lent et surtout plein d'imprévus. Créer une routine est presque impossible si on se déplace tout le temps, puisque le décor change tout le temps. Il faut toujours lire le guide et les cartes pour voir ce qui vient. On doit toujours se demander comment négocier tel ou tel quai de service puisqu'on n'y est jamais allé. Tranquillement, mais sûrement, un certain degré de tension, variant d'un équipage à un autre, s'installe. La tension à bord monte, et elle éclatera à l'improviste si elle n'est pas évacuée.

Un bon truc : rester à l'ancre quelques jours au même endroit (ne serait-ce que deux nuits). On découvre alors toutes sortes de façons de rendre la vie à bord plus confortable à long terme.

D'abord, on réalise combien il est beaucoup moins stressant de manger assis à une table, dans un bateau qui ne bouge pas, sans avoir à faire de surveillance en route.

Une des premières bonnes habitudes que nous avions prises aux Bahamas était, une fois ancrés, de dégager les passavants, par mesure de sécurité et par souci que personne ne se blesse quand on marche pieds nus. Puisque nous ne ferions pas de voiles avant trois, quatre, cinq jours, je lovais les écoutes de génois et les pendais au balcon avant ; puis, j'enlevais les chariots de renvoi de leur rail.

L'annexe

On prend vite l'habitude de toujours y descendre par le même côté du bateau ou par l'arrière. Si votre franc-bord à l'arrière n'est pas trop haut, et que votre filière peut se décrocher pour libérer le passage [1], il est beaucoup plus facile (et on risque moins de tomber à l'eau) d'utiliser un des côtés arrière du bateau plutôt que le tableau arrière. N'oubliez pas que vous aurez à pratiquer cette manœuvre des centaines de fois.

Et le hors-bord ?

Eh bien, là aussi, il faudra établir une routine ! Si vous naviguez seul, vous aurez un davier à palans pour votre annexe et son hors-bord, ou un petit moteur léger (moins de six chevaux), ou alors vous vous résignerez à traîner annexe et hors-bord partout, en tout temps (ce qui n'est pas recommandé). Si, comme la plupart, vous naviguez au moins à deux, vous devrez établir une routine pour installer le moteur et le remonter à bord, sans que cela soit une corvée à chaque fois. Même dans des conditions où le plan d'eau est un peu tumultueux, il est possible d'y arriver en toute sécurité. Vous aurez également à pratiquer cette manœuvre de très nombreuses fois, alors pensez-y bien avant d'acheter un moteur pesant plus de 85 livres.

---

1. On peut faire modifier les filières pour se faire installer une « portière ».

Je vous propose un truc : croiser un cordage autour de la « tête » du hors-bord, de façon à former un X ; ensuite, on vient accrocher un mousqueton à cette corde ; ce dernier est attaché au bateau par une corde de bon diamètre. Cela aidera la personne à bord à hisser le hors-bord sur sa planchette, en plus de parer à l'éventualité que le hors-bord vous échappe des mains.

ALLER À TERRE

Dans ce mode de vie, on ne fait en général qu'une activité majeure par jour. Ne riez pas, c'est la vérité ! Chaque fois qu'on se rend à terre, c'est une expédition, et il faut du temps. Prenons l'exemple de l'épicerie.

D'abord, préparer l'annexe. Ramener celle-ci sur le côté du bateau et attacher l'avant et l'arrière pour qu'elle y reste bien parallèle. Je descends dans l'embarcation ; Anne décroche le hors-bord de sa planche et le laisse glisser doucement grâce à un filin à nœuds au bout duquel est suspendu le moteur ; je le reçois et le guide sur le tableau arrière du youyou. Je l'y fixe et décroche le filin qu'Anne remonte à bord. Je vais chercher le réservoir d'essence et le descends dans le youyou. Pendant ce temps, Anne prépare le petit panier sur roulettes. On le descend à bord. J'installe la barre d'acier qui verrouille le hors-bord au youyou et je remonte chercher le filin d'acier et le cadenas. Enfin, on apportera le seau avec l'ancre de l'annexe et sa corde, par sécurité. N'oubliez pas vos VFI (vêtements de flottaison individuels). Tiens, il y a des nuages : on ne prend aucun risque, il faut fermer tous les hublots du bateau. On s'y met ensemble et on ferme finalement le bateau. Un dernier coup d'œil à l'avant et aux câblots d'ancres : tout semble en bon ordre. On est prêt.

On a l'argent et la liste d'épicerie. Hop ! nous voilà partis vers le rivage où un petit quai pour annexes nous attend. On y verrouille tout. Comme c'est un quai fixe et que l'annexe est libre d'aller en dessous, si la marée monte trop haut, il se fera écraser. J'envoie donc l'ancre, attachée à l'arrière, qui le gardera éloigné du quai. On assemble le panier qui est en trois morceaux. On marche vers l'épicerie qui, nous a-t-on dit, n'est qu'à « One mile up the road... » Fiou, au retour, ce sera en descendant.

Faire l'épicerie est en soi une aventure. Comme on se déplace le long de la côte, les étalages changent sensiblement. On ne trouve pas tout au même endroit. Pas de routine ici non plus. Sans compter qu'on peut faire des trouvailles, selon la région. On passe à la caisse et on revient à l'annexe.

Attention, il ne faut rien échapper tout en gardant notre équilibre. Comme on ne prévoit pas d'autres sorties avant de repartir demain matin, aussi bien remonter le hors-bord tout de suite sur sa planche. Et hop, la manœuvre ! On range ensuite l'épicerie et il est déjà 12 h 45. Après le repas, il sera 14 h 30. Or, on ne commence aucun projet d'envergure à 14 h 30, tout le monde sait ça !

AUTRES HABITUDES

Et puis, il y a toutes ces petites habitudes qui s'installent une à une, nous permettant d'apprivoiser ce mode vie, au début dépaysant, et de plus en plus confortable. Ou n'est-ce pas l'inverse ? Je pense aux bonnes bouffes préparées avec amour. Rien ne presse. Également à tous les menus travaux qu'exige un bateau. Au contraire d'une maison, la plupart des réparations ne peuvent attendre. Si les batteries ne se rechargent plus, il faut y voir immédiatement. Ou encore, s'il y a accumulation d'eau inhabituelle dans les cales, on doit tout de suite en découvrir la raison pour décider si la réparation est urgente ou si elle peut attendre.

La manœuvre consistant à mouiller et à relever l'ancre est sûrement l'exemple parfait pour distinguer les équipages qui « communiquent » de ceux qui n'ont rien compris au travail d'équipe. Plusieurs exécutent la manœuvre entièrement seuls, même s'ils sont plusieurs à bord. La plupart le font à deux et on peut voir les habitudes de tous et chacun : il y a ceux qui, littéralement, se crient d'un bout à l'autre du bateau et ceux qui, sans mot dire, manœuvrent comme des professionnels.

C'est l'ensemble de toutes ces petites habitudes qui font qu'on aime (ou non, pour certains) ce mode de vie.

LE PARADIS ? OUI, SI ON PREND SES RESPONSABILITÉS

Vivre sur un bateau engendre son lot de petites contraintes. Le Paradis, c'est bien beau, mais il y a un prix : il faut s'attendre à tout. Et quand je dis à tout, c'est à tout. Plus votre plan de voyage est ambitieux, plus il faudra s'attendre à tout.

Ainsi, aller aux Bahamas ne vous exposera pas à des conditions de mer apocalyptiques, mais vous subirez tout de même une fouille complète du bateau si le douanier, ou pire, l'armée bahamienne décide que c'est votre tour (bien que je ne connaisse personne à qui ce soit arrivé). Même si la piraterie dans les Exumas est maintenant chose du passé, il est toujours possible de se faire aborder par des individus bizarres. Ou plus simplement, l'ancre du bateau voisin cède dans un coup de vent et il dérive sur vous et cause de sérieux dommages, voire même vous entraîne sur le rivage avec lui! Vous allez en excursion, vous visitez les grottes d'une île mais vous sortez du sentier et un scorpion vous signale sa présence (ils n'ont qu'une façon de le faire…). L'eau de pluie puisée avec labeur est contaminée… Il faut accepter ces risques et prendre sur soi.

À nous, qui avons navigué 26 mois consécutifs, rien de tout cela n'est arrivé, sauf perdre notre safran dans le premier mois. Nous l'avons fait réparer et nous avons poursuivi notre route.

Coucher à l'ancre est un autre bel exemple de stress qui n'est peut-être pas au goût de tous. Au départ, on met les chances de son côté: on trouve une baie protégée avec un bon fond. Mais il y a toujours quelque part, dans notre subconscient (pas très loin pour certains), la crainte que l'ancre chasse lentement, pendant la nuit. Ainsi, je disais souvent à mon frère: «Toi, quand tu te couches, tu es certain d'être à la même adresse demain matin. Pas moi.» De toute façon, à ce chapitre, vous serez mis à l'épreuve assez vite: dès que vous irez à terre ensemble, alors que le bateau restera à l'ancre, seul.

• *CONCLUSION* •

De façon générale, sur un bateau, et tout au long de ce voyage vers les Bahamas, tout est réuni pour nous rendre la vie agréable. Il n'en tient qu'à nous de saisir cet état de fait pour le mouler à notre style et à notre personnalité.

TRUCS EN VRAC

- Avoir un cahier de notes. Écrire tout ce qui nous passe par la tête. Y écrire toutes les choses «à faire» et «à acheter». Et surtout, rayer à mesure! Si vous faites des choses dans la journée qui n'étaient pas sur le cahier, il faut les y écrire, puis les rayer…
- Tout ranger dans des sacs étanches: l'humidité finit par tout atteindre.
- Ne pas laisser ses passe-temps à la maison: peinture, tricot, musique, lecture, etc.
- Être sûr que les testaments, procurations et autres papiers officiels sont en règle.

- Avoir ses ordonnances avec soi, si on prend des médicaments.
- Avoir tous ses médicaments avec soi ; ne pas se dire qu'on les trouvera dans les îles.
- Écrire un journal de bord. Anne a même fait un journal parlé la première année.
- Avoir des thermos en plastique pour les excursions.
- Avoir une couverture de plage.
- Avoir des cartes de visite avec ses coordonnées (très utile).
- Avoir suffisamment de films photo et vidéo (très chers aux Bahamas) et les conserver dans le frigo.
- Des sacs étanches ou spéciaux pour apporter ses appareils photo à terre lorsqu'on utilise l'annexe.
- Avoir un appareil photo jetable sous-marin.
- Avoir un petit sac à dos pour les excursions à terre.
- Avoir plusieurs seaux (prendre de l'eau, garder les poissons pêchés, transporter des coquillages, etc.).
- Ne pas oublier une petite trousse de couture (pour les vêtements !).
- Se servir de serviettes de table en tissu et de torchons au lieu d'essuie-tout. Tout ce qui est papier prend de la place à bord et coûte cher aux Bahamas.
- Se munir d'une bonne provision d'épingles à linge (elles finissent toujours par-dessus bord !).
- Ne pas oublier les drapeaux de courtoisie (É.-U. et Bahamas), ni celui du Québec !
- S'assurer d'être en règle avec la Régie de l'assurance maladie du Québec.
- Inutile d'économiser sur la peinture antisalissure. Prendre ce qu'il y a de mieux.
- Améliorer l'isolation de la glacière en y disposant des panneaux de polystyrène sur le pourtour intérieur.
- Se procurer le manuel d'entretien du moteur.
- Se procurer un petit chariot pour l'épicerie, la glace ou le linge sale.
- Toujours cadenasser votre annexe. C'est votre voiture !
- Prendre son temps ! Vous êtes dans l'hôtel le moins cher de la région, alors profitez-en !
- Les chèques de voyage sont très utiles : les guichets automatiques sont inexistants aux Bahamas (sauf à Nassau).

LA VIE DE COUPLE

INTRODUCTION

Quelques élèves m'ont demandé de parler davantage de la vie de couple dans le cours. Hélas, la demande étant très faible de ce côté, et le temps alloué aux autres sujets me paraissant déjà très court, je ne l'ai jamais vraiment fait. Je suis donc heureux de pouvoir enfin exprimer quelques idées sur ce sujet ici.

J'utilise le masculin pour alléger le texte.

LE RESPECT D'AUTRUI

On vit tellement intensément! Un an en bateau est l'équivalent, pour beaucoup, de cinq ans de vie commune à terre. Il faut pouvoir connaître et respecter les limites de chacun. Il est important, à mon avis, de ne pas considérer l'équipage comme des matelots au service de notre plan personnel. Si c'est le cas, faites le voyage avec d'autres équipiers que votre conjoint!

Le simple fait de ne pas suivre une petite routine quotidienne risque de provoquer un certain niveau de tension dans le couple : on doit pouvoir désamorcer cette bombe avant qu'elle n'éclate. Au risque de me répéter, je dirai qu'il est sain de prendre son temps et de ne pas considérer les Bahamas comme le but du voyage ni l'endroit où débutent les vacances. Celles-ci commencent le jour où on largue les amarres, ici. Votre vie de couple ne devrait pas trop souffrir si tous les jours vous êtes en vacances, non?

Respecter autrui, c'est surtout être à l'écoute de ses besoins, de ses appréhensions et de ses inquiétudes. C'est pouvoir en discuter franchement. On ne doit pas laisser passer de situations ambiguës. Une bonne communication est essentielle dès le départ, ne serait-ce que pour connaître ce qui ne fait pas l'affaire de l'un ou de l'autre. Mais attention de ne pas tomber dans la dépendance d'autrui, ce qui n'est guère mieux…

LA PRÉPARATION AVANT LE DÉPART À DEUX

Comme il s'agissait d'un projet commun, nous avions tous les deux la volonté et surtout la force, l'énergie et la patience de tout préparer à deux. Pendant les deux ans qui l'ont précédé, tous nos efforts convergeaient vers le départ.

Nous avions établi un budget et chacun était responsable de sa cotisation à la caisse de bord. J'étais photographe à l'époque et je me souviens que les six derniers mois, je photographiais n'importe quoi, pourvu que ça se vende… D'ailleurs, pendant ces derniers mois, nous ne louions même plus de films vidéo pour économiser le plus possible ! Nous avions 30 ans, pas de pension en vue et aucun revenu prévu après le départ. Tout l'argent nécessaire devait être là avant le jour J. L'effort était colossal, mais commun : ça aide.

Le dernier été, nous avions pris une place à quai, alors qu'habituellement nous préférons le coffre d'amarrage. C'était nécessaire, vu les nombreuses allées et venues chez les différents fournisseurs. Comme plusieurs, nous avions une liste de choses « à faire ». Elle ne cessait de s'allonger malgré les travaux effectués tous les jours. Pour nous encourager, si un travail effectué ne figurait pas déjà sur la liste, nous l'inscrivions juste pour le plaisir de le rayer.

Nous avons préparé le bateau ensemble, mais chacun exécutait sa tâche seul. Ainsi, Anne a refait toutes les housses des coussins du carré, même si elle n'avait jamais cousu de sa vie. Par contre, nous étions allés ensemble choisir le tissu. De mon côté, j'ai installé tout le nouvel équipement à bord et fait les modifications qui s'imposaient, seul. Mais la liste des pièces d'équipement supplémentaires avait été élaborée ensemble, puisque notre vie commune allait en dépendre.

Anne a, entre autres, peint les trois bouteilles de propane, découpé et installé l'isolation intérieure de la glacière en polystyrène, et même vissé au mât les sept échelons !

Mais je ne crois pas qu'une telle implication à deux soit essentielle pour garantir le succès du voyage : on réussit tout simplement à en faire plus si les deux sont de la partie.

Il arrive que, dans un couple, le projet soit l'idée d'un seul des deux. Mieux vaut alors que celui-ci prenne ses responsabilités et prépare seul le bateau. Il est peut-être même préférable qu'il parte seul ou avec d'autres équipiers : le conjoint viendra alors le rejoindre sous les tropiques... et peut-être pour un temps limité. Les deux vivront l'expérience chacun à son rythme.

L'erreur que plusieurs font est de vouloir convaincre l'autre de leur projet. Ou pire, de l'entraîner malgré lui dans ce projet fou. Les choses dureront un temps, mais tôt ou tard, ça casse...

UNE FORMATION RÉCIPROQUE

Nous avions tous les deux appris la voile sur dériveur, avant même de se connaître. Nous en étions à l'étape de nous initier au quillard. C'est ce que nous avons fait à l'hiver 1986 : nous avons pris notre premier cours d'initiation au quillard sur un bateau-école aux Bahamas. Ce fut la piqûre. Merci à Claude et à Elaine qui nous ont fait découvrir ce mode de vie envoûtant. Au retour de ces deux semaines, nous avons décidé d'y retourner un jour, sur notre bateau.

Durant les hivers suivants, nous avons donc suivi le plus de cours possible à la Fédération de voile du Québec et à l'Institut maritime du Québec. Nous nous sommes inscrits ensemble à presque tous les cours (navigation, astronomie, premiers soins, etc.). J'ai participé au cours d'entretien de moteur et Anne a suivi seule des cours d'alimentation naturelle.

Au printemps 1987, nous avons convoyé un quillard de 34 pieds de Nassau à New York via les Bermudes, nous qui n'avions aucune autre expérience pratique. Nous étions équipiers, et l'expérience fut très enrichissante, d'autant plus que le test du couple était subi avec succès !

L'été de la même année, nous nous retrouvions sur notre premier quillard à nous. Ce fut notre meilleure école. Nous pouvions mettre en pratique les notions apprises pendant l'hiver. Mais, plus que ça, c'était aussi notre première véritable épreuve de vie à deux sur un bateau. Je pense que nous l'avons réussie haut la main, puisqu'en 1989 nous achetions *Sunshine Reggae*, pour nous préparer à partir deux ans plus tard.

Je continue à penser qu'il est important que les deux suivent le plus de cours possible ensemble, ou du moins chacun de son côté. Cela donne une assurance personnelle qui pourra ressortir en situation difficile. Plus vous serez compétents, plus vous aurez lu sur le sujet, mieux vous serez outillés pour ce mode de vie. Après tout, la vie à bord reste artificielle par rapport à la vie à terre.

LE OU LA CAPITAINE

Le capitaine peut être l'homme ou la femme.

En toute modestie, je pense que j'étais un capitaine conciliant et très à l'écoute. Mais il faut que quelqu'un décide : c'était moi. Donc, j'étais le capitaine.

Financièrement, le bateau nous appartenait en parts égales. Le temps allait nous dire qui, de nous deux, serait le capitaine. La décision s'est imposée d'elle-même quand nous avons constaté que mon jugement en situation normale ou en situation de crise était souvent juste.

Le fait d'être deux impose nécessairement des discussions, et parfois même de fortes discussions. Tous les points de vue sont admis, ce qui nous amènera souvent à un compromis. Mais cela ne veut pas dire qu'il n'y a pas de capitaine. Au contraire, le moment arrive toujours où un seul doit prendre la décision. Mais cette décision sera toujours prise dans le respect de l'équipage. Lors d'une soirée de l'association Conam[1], en 1996, on avait demandé à quatre conjointes de capitaines de décrire le capitaine idéal, et toutes ont décrit leur capitaine respectif, mais toutes ont aussi admis que s'il criait moins souvent, ce serait parfait…

Ne serait-ce que pour les formalités de douane, il faut un capitaine. En général, seul le capitaine peut descendre à terre jusqu'à ce que les formalités soient terminées.

Quand des visiteurs montent à bord, que ce soit des amis, des membres de la famille ou simplement des connaissances, il est important que le capitaine indique le cadre de vie et de comportement à bord de son bateau. Vu l'espace exigu à bord, certaines règles doivent être respectées pour prévenir les difficultés.

En dehors de ces paramètres, il n'y a pas de raison pour que l'un ou l'autre s'impose comme seul dirigeant à bord. Si, un bon matin, le capitaine décide de lever l'ancre alors que le reste de l'équipage préfère rester au lit, ne vaudrait-il pas mieux, pour tout le monde, rester à l'ancre, du moins encore quelques heures ? N'êtes-vous pas en vacances TOUS LES DEUX ? Dans ce type de croisière, le capitaine n'a pas tous les droits sur son équipage et ne peut dicter les activités, les déplacements, les charges de travail, l'horaire, la route à choisir, les escales, les menus, etc. Nous avons connu quelques équipages où il en était

---

1. Association des plansanciers de Montréal.

pourtant ainsi et, quelques mois plus tard, le capitaine n'était plus capitaine que de lui-même… l'équipage ayant abandonné le navire !

Le fait d'être à bord d'un bateau ne donne pas plus de droits à l'un qu'à l'autre quant à l'organisation des activités quotidiennes. En tout temps, toute décision doit être le résultat d'un compromis, tout comme à la maison.

LE PARTAGE DES TÂCHES

« Elle fait les tartes… moi, je les mange : c'est ça le partage » dixit Yvon Deschamps.

Sur un bateau, le couple trouve sa place dans le partage des responsabilités, mais les tâches sont souvent exécutées ensemble. Généralement, l'un et l'autre ont des aptitudes différentes. Ni l'un ni l'autre n'est plus important que l'autre : c'est l'équipe ainsi formée qui représente le tout.

Responsabilités d'Anne
Cuisine
Ainsi, sur *Sunshine Reggae*, Anne était responsable de l'approvisionnement et de la cuisine. Elle tenait à ce qu'on mange bien et avec des produits naturels. Elle avait exigé un robot culinaire de 12 volts avant de partir, et l'avait obtenu. Elle avait conçu tout le coin cuisine pour que le travail y soit pratique et facile. Elle cuisinait la plupart des repas, y compris le pain, aux Bahamas.

Les courses se faisaient presque toujours à deux ; je cuisinais de temps en temps. Je lavais toujours la vaisselle et Anne l'essuyait de temps en temps, autrement c'était moi. Je respectais sa tâche de cuisinière en n'invitant pas tout le temps des amis à souper.

Voile
Elle était aussi la spécialiste du réglage des voiles. Elle pouvait prévoir le vent et conjuguer sa force à celle des vagues pour faire avancer le bateau le plus vite que le permettaient les conditions. Elle pouvait tenir un meilleur cap qu'un pilote automatique !

Dans ces circonstances, j'étais l'équipier sur qui elle pouvait compter : prendre les ris, régler les winches ou enrouler le génois. J'étais disponible pour barrer, mais elle ne s'en fatiguait jamais… et moi je n'y tenais pas souvent !

Propreté

Elle avait pris sur elle la responsabilité de la propreté du bateau. Tout le monde sait qu'un bateau se salit tout le temps et vite. Personne n'aurait pu dire cela de notre bateau : la moindre tache ou salissure était nettoyée, l'aspirateur était régulièrement passé sur les coussins et les planchers.

Le cirage de la coque se faisait à deux, le lavage de pont aussi.

Responsabilités de Luc
Navigation

J'avais la responsabilité de la navigation. Savoir où nous sommes en ce moment, à tout moment. Vers où allons-nous et quand y serons-nous ? Voilà les questions auxquelles je pouvais répondre. J'avais de la facilité avec les instruments et je pouvais transposer les résultats sur la carte. Faut-il rappeler qu'en 1991/1992, le GPS n'existait pas ou peu, et que le Loran C faisait sérieusement défaut aux Bahamas ? On naviguait à l'estime.

Anne prenait ses quarts de surveillance lors de longs passages et me secondait ainsi très bien. Elle avait appris à faire un point aussi bien que moi, mais ce n'était pas sa passion. Généralement, en route, elle barrait (ou surveillait la route, laissant le pilote barrer) et je faisais la navigation. Elle me secondait aussi, simplement en accordant toute leur crédibilité à mes calculs.

Entretien mécanique et générale

J'avais aussi la responsabilité de l'entretien global du bateau, à part le nettoyage. Donc : le moteur principal, le hors-bord, les diverses pompes, la toilette, le gréement, le gouvernail, les appareils électroniques, le système électrique, la cuisinière, etc. Bref, dès que quelque chose était défectueux ou brisé, c'était à moi de jouer. Cela incluait aussi la réparation des hublots qui coulaient...

Bien sûr, avant le départ, j'étais responsable d'installer tous ces systèmes, de les modifier ou en comprendre le fonctionnement.

Certains travaux se faisaient à deux et Anne n'a jamais été dédaigneuse sur ce point. Au contraire, c'est souvent elle qui plongeait dans les eaux froides et brunes de l'Intracostal pour débloquer l'entrée d'eau du moteur. Autre exemple : tous les changements d'huile se faisaient ensemble, un pompant, l'autre recueillant l'huile.

Le simple fait de pouvoir partager à peu près toutes les tâches à bord d'un bateau est un bon indice de longévité du couple.

Manœuvres d'ancre

Il est indéniable que toute la manœuvre de mouillage, et la façon de mener l'opération, est LE baromètre de l'entente générale du couple à bord d'un bateau. Chacun se révèle à l'autre sans pouvoir cacher quoi que ce soit : on reconnaît tout de suite les couples harmonieux des couples désorganisés !

J'étais responsable du mouillage. Où s'ancrer et comment disposer les ancres. Ma position était à l'avant du bateau. Préparer les mouillages, les envoyer, les fixer ; les remonter, nettoyer, ranger. Anne était aux commandes du bateau. Elle devait positionner le bateau comme je le lui avais demandé et suivre mes signes. Chaque équipage doit trouver sa façon de faire.

Manœuvres à moteur

J'avais la responsabilité d'accoster et de quitter un quai ou une écluse.

Anne me secondait toujours en m'informant des distances, en retenant une dernière amarre ou en sautant sur les quais, etc. Il est important aussi de décider si vous voulez que les gens à terre vous aident (parfois, ils nuisent, malgré leur bonne volonté).

Responsabilités des deux
Mesures d'urgence

Tous les deux, nous avions la même formation en premiers soins, en réanimation, en récupération d'homme à la mer, en abandon du bateau, en extinction de feu et autres mesures d'urgence. Comme personne n'est à l'abri de ces situations, il vaut mieux que les deux aient une formation adéquate, surtout pour la récupération d'un homme à la mer : les deux doivent savoir quoi faire et il est bon de réviser ces mesures d'urgence de temps en temps.

Loisirs

La plupart des excursions à terre se faisaient ensemble, ainsi que l'apéro et les soupers entre amis. Mais il y avait toujours ce moment tranquille, soit au lever du soleil, soit le soir après la vaisselle, où chacun se retrouvait seul avec lui-même et ses pensées… Je dois confesser que j'aimais bien faire une petite sieste d'après-midi et avoir toute la couchette à moi… surtout les jours où la pluie tombait doucement, sans arrêt…

Pêche

Anne est une personne calme, ce qui lui donnait un net avantage pour la pêche au harpon. Elle avait la patience exigée par cet art et capturait les plus belles prises. C'était elle aussi qui avait étudié les guides pour savoir quelles espèces étaient comestibles. Elle était même la personne-ressource à ce sujet pour les autres plaisanciers du mouillage.

Quant à moi, j'étais le spécialiste des langoustes, vu mon flair pour les trouver. J'avais la charge de nettoyer les poissons et les langoustes. Anne trouvait les filets propres dans des sacs étanches dans le frigo, comme s'ils venaient de la poissonnerie.

Pour nous, pêcher était une activité à deux ; nous y allions ensemble et nous plongions ensemble. Je ne me souviens pas d'être allé pêcher seul. Quand un des deux avait repéré une prise, l'autre était appelé en renfort. Souvent, il s'agissait simplement, pour lui, de rester en surface à surveiller la fuite du poisson ou de la langouste ; d'autres fois, il fallait vraiment s'y mettre à deux pour réussir à faire sortir un mérou blessé de son trou.

Par contre, nous étions à peu près le seul couple à procéder ainsi. La pêche est encore l'apanage des hommes et les conjointes sont rarement dans l'eau. Parfois, elles accompagnent le groupe, mais restent dans l'annexe. Et pourtant, mesdames, vous avez souvent plus de patience et d'endurance que vos « Hercule », pourquoi ne pas plonger ? Sans compter qu'il s'agit probablement de l'exercice physique le plus complet qui soit.

LES DISPUTES DE COUPLE

Les disputes de couple sont également un signe de bonne santé conjugale : c'est simplement la vapeur qui sort. Cela rejoint l'idée qu'il faut s'exprimer lorsqu'on a quelque chose à dire. Nous avons eu des prises de bec à quelques occasions, et généralement c'était pour le mieux. Comment peut-on faire des compromis en faveur de l'autre s'il (ou elle) ne dit jamais ce qui ne va pas ?

Certains tempéraments sont plus fougueux que d'autres. Vous devriez faire vos mises au point le plus souvent possible pour éviter la catastrophe nucléaire. De plus, il est presque indispensable, dans un long voyage, de pouvoir se retirer chacun dans un coin du bateau ; à la limite, avoir sa propre cabine pour un certain temps. Mais cela n'est pas toujours possible, évidemment. Le milieu marin étant petit, il vous arrivera de vous monter sur les pieds.

Décompressez; allez faire un tour à terre seul, ou plongez-vous dans un livre, installé sur le pont avant du bateau. Il m'est arrivé, un jour, de grimper dans les barres de flèche et de m'y asseoir quelque temps… jusqu'à ce qu'Anne vienne m'y rejoindre. Comme il n'y avait pas beaucoup de place pour gesticuler, nous avons dû régler notre différend en adultes et sommes redescendus faire le souper ensemble…

• *CONCLUSION* •

La clé du succès repose sur deux points : le partage des responsabilités et la communication entre les deux équipiers. Tout le reste en découle. Soyez franc l'un envers l'autre AVANT le départ :

Pourquoi faites-vous ce voyage ? Avez-vous les mêmes raisons ? Vous sentez-vous entraîné par l'autre, malgré vous ? Aimez-vous naviguer ensemble ici ? Êtes-vous tous les deux prêts à tout laisser ici ? Connaissez-vous votre tolérance envers l'autre, à long terme ?

Si vous ne prévoyez pas partir avant deux ou trois ans, pourquoi ne pas faire une petite croisière de plus de trois semaines, vers New York ou Atlantic City ? Ou encore, louer un voilier aux Bahamas, avec capitaine ; vous n'aurez qu'à vous préoccuper de vous deux et vous pourrez toujours faire de la navigation si le cœur vous en dit. Vous serez plus en mesure de voir si ce mode vie est pour vous ou non.

Enfin, je terminerai en disant que pour notre couple, l'expérience a été très enrichissante. Nous avons appris à mieux nous connaître, vis-à-vis de nous-même mais aussi vis-à-vis de l'autre. Nous avons bâti une plus grande complicité en même temps que nous avons découvert nos forces respectives.

LE VOYAGE INTÉRIEUR
par Anne Bernier (©)

Luc vous a parlé d'à peu près tout ce qu'il est bon de savoir pour entreprendre et concrétiser le projet «Objectif Sud». De mon côté, j'aimerais exprimer ce que ce voyage a signifié pour moi, ce qui nous habitait de l'intérieur pour que nous nous lancions dans une telle aventure, et toute la richesse que nous en avons retirée.

PAR ICI LA LIBERTÉ!
D'abord, l'idée de partir sur son voilier n'est pas qu'une lubie qui nous passe par la tête un jour. Pour nous, pour moi surtout, ce fut un appel de l'intérieur, je pourrais même dire un «urgent besoin». C'était un désir incontournable, qu'il était impossible de ne pas satisfaire, sans quoi la vie, ma vie, aurait perdu tout son sens. Je suis comme ça, plutôt intense: quand je veux quelque chose, je le veux vraiment! J'ai eu la chance que mon compagnon désire partager mon rêve et c'est beaucoup grâce à lui si ce rêve s'est réalisé. Pour cela, je lui en serai toujours reconnaissante.

À 29 et à 33 ans, rien n'avait assez d'importance à nos yeux pour nous empêcher de partir: ni les sacrifices budgétaires, ni l'insécurité financière du retour, ni les carrières mises en attente, ni même la famille ou les amis. Nous avions soif de départ, soif d'aventure, soif de liberté!

Puis, un jour, c'est le grand départ... Ce soir-là, dans notre mouillage tranquille du lac Champlain, le mât couché sur le pont, je réalise que c'est vrai: mon rêve est devenu réalité! J'explose littéralement de joie, je danse et je chante comme une cinglée dans le carré. Nous fêtons, heureux comme des enfants.

290

VOGUER VERS L'INCONNU...

Pourtant, pendant la première semaine de notre périple, même si j'entame la plus belle expérience de ma vie, j'ai continuellement la larme à l'œil et l'envie de pleurer. Luc n'y comprend rien, et moi non plus, d'ailleurs! Aujourd'hui, je comprends que je pleurais parce que je laissais derrière moi ma vie telle que je l'avais connue jusqu'alors, qu'une partie de moi mourait pour faire place à une nouvelle Anne. C'était comme un sentiment de deuil, qui, heureusement, se dissipa assez vite et qui annonçait une renaissance... Car c'est bien ce qu'un voyage nous fait : il nous transforme. On pense partir à la recherche d'horizons lointains, mais, en réalité, c'est toujours un voyage vers soi. On effectue un long et merveilleux détour, un détour nécessaire, pour aboutir en plein cœur de soi!

Nous sommes entrés de plain-pied (pas encore marin, mais il le deviendra!) dans une aventure inconnue, sans aucun rapport avec notre état familier, habituel. Chaque jour nous offrait l'occasion de relever un nouveau défi, de découvrir en nous des ressources insoupçonnées, de vivre telle expérience pour la première fois ou une autre, plus banale, avec un regard tout à fait neuf. En fait, n'importe quel voyage en territoire étranger nous confrontant à d'autres cultures et à d'autres façons de faire déstabilise nos systèmes de référence. On s'en rend compte, habituellement, au retour à « la maison », en constatant à quel point rien, ni personne, n'a changé en notre absence. C'est un signe indéniable que quelque chose a « bougé » en soi.

Pour nous, ce n'était pas tant l'environnement qui était étranger, mais le mode de vie. C'était un peu comme s'inventer, se créer une version enrichie de nous-mêmes en repoussant nos limites, en un apprentissage accéléré. Poussés par la nécessité d'être les plus autonomes possible sur notre bateau, nous avons découvert que lorsqu'on veut vraiment quelque chose, on peut tout réussir, absolument TOUT!

SUIVRE LE COURANT...

Puis, en nous laissant gagner par le rythme tranquille de cette vie « d'aventuriers bohèmes », nous avons appris une des plus belles leçons de notre vie, qu'on ne peut pas apprendre dans un livre : comment se rendre disponible à vivre le moment présent, s'ouvrir à tout ce qui peut survenir à chaque instant, ne plus essayer de tout contrôler mais bien se laisser couler avec bonheur, au hasard des situations et des rencontres... y prendre goût et cultiver volontiers cet état de réceptivité, faire confiance à la vie et laisser, de cette façon, l'aventure devenir vraiment « magique ».

La magie, c'était de retrouver, dans un mouillage, contre toute attente, un bateau ami auquel on croyait avoir dit adieu pour toujours. C'était cette sérénade improvisée au clair de lune, en annexe autour du voilier d'une nouvelle amie, pour lui chanter bon anniversaire. C'était aussi l'étreinte chaleureuse de cette Bahamienne à qui j'achetais des chaussons à la noix de coco et du bon pain à Georgetown : « Oh sweet darling, I'll miss you ! » La magie, c'était la fierté de notre première pêche et ces grillades sur la plage où l'on a finalement mangé autant de sable que de chair sur nos minuscules filets ! C'était aussi contempler sans se lasser chaque coucher de soleil avec le même émerveillement…

La vie à bord d'un bateau nous oblige à apprendre à aller dans le sens de la nature et à « suivre le courant ». Quiconque a navigué un tant soit peu préfère attendre un vent portant plutôt que de s'éreinter au près. On apprend aussi assez vite à respecter la météo, plutôt qu'un calendrier savamment planifié.

Alors, nous avons fini par admettre qu'un pépin, un contretemps ou un retard n'avaient rien de catastrophique. Au contraire, ils étaient souvent l'occasion de faire la rencontre de gens merveilleux, qui, autrement, n'auraient pas croisé notre route, et de s'apercevoir avec le recul que derrière chaque difficulté se cache, en fait, une bénédiction. Et nous avons réalisé que ce que notre voyage nous enseignait était vrai aussi pour la vie en général : ce qui compte vraiment, ce n'est ni le but, ni la destination, ni le résultat, mais bien la route elle-même, et qu'il faut savourer chaque étape.

HEUREUX QUI COMME ULYSSE…

Oui, comme Ulysse, nous avons fait un beau voyage et au bout de vingt-six mois d'expériences intenses et merveilleuses, je suis revenue rassasiée de ce que j'avais si ardemment souhaité et je sentais que j'étais désormais prête et disponible pour autre chose. Nous n'étions plus tout à fait les mêmes qu'à notre départ, nous revenions avec une vision et une conscience différentes. Pourtant, cette conscience ne fut pas acquise instantanément et pour de bon. Je dirais qu'elle s'est approfondie au fil des ans, car depuis notre retour, replongés dans notre vie de « terrestres » bien ordinaire, j'ai souvent perdu cet « état de grâce », car c'en était bien un que nous avions touché là. Mais, dans ces moments, quelque chose en moi cherche à me rappeler ce que notre grande aventure nous a enseigné : que cette liberté que je cherchais tant ne se trouvait pas nécessairement en bateau, ni même aux Bahamas, mais que la liberté est, en fait, à l'intérieur de moi. Il m'aura fallu aller jusqu'au bout de ma quête extérieure pour le découvrir. Et il m'aura fallu aussi d'autres petits voyages pour me le rappeler lorsque j'oubliais.

Je comprends de plus en plus, maintenant, que nous sommes toujours libres. Peu importe les circonstances et les contraintes extérieures, on peut toujours choisir la façon de réagir. Choisir de lutter contre le courant ou de le suivre est une question d'ouverture à ce que la vie nous offre là, maintenant. Et quand je réussis à vivre ma vie comme une aventure, tous les jours, même dans le quotidien, je suis vraiment libre et heureuse comme Ulysse, car alors le voyage et la magie continuent... toujours ! Et c'est ce que je vous souhaite à vous aussi. Bon et beau voyage !

CONCLUSION
GÉNÉRALE

QUESTIONS LES PLUS DEMANDÉES

Depuis notre retour, je donne ici et là des conférences racontant notre épopée. Et bien sûr, on me pose des questions. Voici les trois questions qui reviennent le plus souvent…

1- Avez-vous eu des tempêtes ?   Non.

2- Avez-vous vu des requins ?   Non.

3- Le voyage vous a-t-il coûté cher ?   Non.

Conclusion : nous avons eu un voyage bien ennuyeux…

Permettez-moi donc d'élaborer un peu…

D'abord les tempêtes. Non, nous n'avons jamais affronté de tempête. Du mauvais temps ? Oui. Il est arrivé, à quelques reprises, que le vent souffle assez fort pour nous obliger à surveiller notre ancre et celle des autres.

Nous avons sérieusement chassé (glissé) sur notre ancre une seule fois. C'était pendant un orage, la nuit : je me suis réveillé et j'ai remarqué par les hublots que les arbres sur la plage se déplaçaient… évidemment, c'était nous qui reculions ! Nous avons démarré le moteur et observé. À un moment donné, le bateau a cessé de bouger. L'ancre s'était raccrochée d'elle-même. Le lendemain (après une nuit blanche à observer le bateau), nous nous sommes aperçus que nous avions reculé d'environ 130 pieds ! Heureusement qu'il n'y avait aucun bateau derrière nous ! Je pense que c'est la seule fois où nous avons vraiment été inquiets à cause de la météo.

Passons aux requins. Nous allions régulièrement pêcher en apnée avec nos harpons. Sur les huit mois de pêche aux Bahamas, nous n'avons jamais vu de requins, à l'exception des requins dormeurs (*nurse shark*). Ces requins n'ont pas de dents et se tiennent souvent immobiles, au fond, près des coraux. Ensuite, il y a eu une fois où j'avais nettoyé un poisson près du bateau, ce que j'évitais de faire habituellement. Alors que nous étions bien confortables dans le cockpit, un requin citron (*lemon shark*) est venu faire le ménage au fond, sous le bateau. Heureusement que nous n'étions pas DANS l'eau, car il avait l'air nerveux et agressif. Son sourire ne me plaisait guère. Je me suis plongé doucement les mains sous la surface pour le photographier...

Enfin, le coût d'un tel voyage. Tout a été dit sur ce sujet (*dans la section « Budget », en annexe A*), avec tout le détail des coûts. Rappelons simplement les deux surprises que nous avons eues : la préparation avant le départ a coûté plus cher que prévu ; le voyage lui-même a coûté moins cher que prévu.

PERTE DU GOUVERNAIL

À première vue, on pourrait presque dire que le voyage s'est déroulé sans anicroche. Et pourtant, il y eut un événement majeur qui aurait bien pu faire tourner les vacances au vinaigre. Ce ne fut pas le cas, parce que l'accident s'est produit en territoire américain, où l'aide et les ateliers de réparation étaient disponibles et facilement accessibles.

Voici donc le récit de cet épisode jamais raconté en conférence, simplement parce que personne n'a posé la simple question : « Ne vous est-il jamais arrivé quelque chose de fâcheux ? »

Le matin du 31 octobre, le soleil brille dans un ciel bleu. Nous quittons le mouillage de Mill Creek, dans la baie de Chesapeake. Il est 8 h 30. Nos bons amis de *Wawaron* nous devancent d'une demi-heure environ. Le vent du nord souffle déjà à plus de 20 nœuds. On établit les voiles en ciseaux pleine grandeur. Cap au sud : Bahamas, nous voici !

L'avant-midi s'écoule normalement et le bateau file comme jamais. Le vent souffle maintenant entre 20 et 25 nœuds. La baie de Chesapeake étant peu profonde (environ 17 pieds), il se forme de courtes vagues. Les vagues ont des creux de cinq à six pieds, et parfois huit. C'est l'allure la plus difficile à barrer pour un voilier : vent directement de l'arrière, creux de vagues prononcés, vagues courtes et toutes voiles sorties. Et en plus, comme notre bateau est léger et que son derrière est très large (8 pieds), il a tendance à toujours se dandiner d'un côté et de l'autre, au lieu de rester en ligne droite. Cela donne encore plus de travail au barreur : il faut une concentration du tonnerre pour maintenir le cap. Parfois, le voilier part au « lof », c'est-à-dire qu'il reste sur le dessus d'une vague pour quelques secondes ; puis la vague le dépasse et le bateau donne l'impression d'écraser son derrière dans le creux de la vague. Ensuite, la puissance de la vague soulève notre embarcation de 13 000 livres, comme s'il ne s'agissait que d'un jouet. Heureusement que nous n'allions pas vers le nord ! En fait, ce serait impossible.

Donc, Anne barre à merveille. Elle compense tous les mouvements latéraux du bateau et maintient le cap aussi bien, sinon mieux, qu'un pilote automatique ne le ferait ! Je descends dans le carré pour faire le point : on avance très vite, nous arriverons à destination bien avant l'heure prévue. Tant mieux !

On perd le gouvernail

Il est 13 h 03. « Luc », me crie Anne d'en haut, « j'ai entendu et senti un "Crac !" dans la barre ». Je termine de marquer notre position sur la carte sans trop m'inquiéter, puisque des « Crac ! », depuis ce matin, j'en ai pas mal entendu... Je monte dans le cockpit. C'est à ce moment que commence ce qui va devenir le pire cauchemar que j'ai jamais fait de ma vie : le safran (le gouvernail) a cassé net et n'est retenu au bateau que par quelques lambeaux de fibre de verre. Il menace de se détacher à tout moment.

Le panneau bleu est là, juste sous l'échelle de baignade ; il flotte, retenu faiblement au bateau. Que faire ? Quelques secondes s'écoulent et un déchirement final aura raison de ses faibles liens. Il part à la dérive, complètement détaché du bateau. Anne réagit : elle tourne la barre comme pour aller le chercher... Évidemment, aucun résultat, puisque le safran est la partie qui dirige le bateau !

On a alors l'idée d'envoyer la perche d'homme à la mer. Il s'agit d'une grande perche flottant à la verticale, surmontée d'un drapeau très voyant. Ainsi, les deux dériveront ensemble. Notre bateau, n'ayant plus de safran, s'est placé de travers aux vagues et roule fortement d'un bord sur l'autre. En voyant le safran s'éloigner tranquillement, c'est notre voyage au complet que je vois couler. Adieu Bahamas, c'était un beau projet ! L'angoisse commence à me prendre, parce que là il faut faire quelque chose, et VITE !

Nous décidons d'ancrer le bateau, pour arrêter sa dérive. Plus tard, nous nous apercevrons qu'il aurait été préférable de le laisser dériver vers le Sud, puisque c'était notre destination ! Bref, nous jetons l'ancre. Puis, nous affalons (descendons) les voiles, non sans peine.

PAN PAN, PAN PAN, PAN PAN

Nous appelons nos amis de *Wawaron*, qui sont à environ un mille au sud et les mettons au courant de notre situation. Ils décident de venir nous remorquer. Mais la route sera longue, puisqu'il leur faudra affronter le vent et les vagues de face ! En effet, ils nous font savoir qu'ils progressent à environ 2 kn (2 milles marins à l'heure). Puis, nous appelons la garde côtière pour lui signaler que nous pourrions être un obstacle à la circulation et à la sécurité des autres navires…

« Vessel In Distress, this is United States Coast Guard, Virginia Group. What is the nature of your problem and what kind of assistance do you require ? Over. »

Pris dans l'énervement, nous n'arrivons pas à trouver le mot anglais pour « gouvernail » ou « safran »…

« We lost the thing that direct the boat. »

« Vessel In Distress, this is United States Coast Guard, Virginia Group. What is the nature of your distress ? Over. »

Nous avons beau utiliser tous les mots possibles, ils ne comprennent pas jusqu'à ce que quelqu'un d'autre se joigne à la communication…

« Try RUDDER ! »

« That's it Coast Guard ! We lost our rudder !… » Nous ne demandons aucune aide. Nous avons un bateau ami qui vient nous chercher.

Malgré tout, ils nous demandent de rendre compte de notre situation toutes les demi-heures.

Récupération du safran

Une fois tout ce manège complété, nous décidons d'aller chercher « le morceau », qui, lui, n'étant pas ancré, a continué à dériver. Alors commence l'opération de mettre à la mer le dinghy (annexe gonflable de 10 pieds), qui est arrimé sur le pont à l'avant. On le met à l'eau. On l'attache au flanc arrière du bateau et on se prépare à y descendre le moteur hors-bord. On décide de prendre deux minutes pour sortir les gilets de sauvetage et de les enfiler ! Ensuite, je descends dans l'annexe. Anne détache le moteur de son support sur le bateau. Commence alors un jeu de coordination entre les deux embarcations. N'oublions pas que nous sommes toujours dans une vague de 5 à 8 pieds, et qu'il y a toujours un vent de 25 nœuds ! Heureusement, il fait soleil.

On finit de préparer tout l'équipage et nous partons, à deux, vers le drapeau rouge et orange qui flotte de plus en plus loin de nous. Le moteur hors-bord de quatre chevaux crachote et je le sais défectueux, mais avons-nous le choix ?

Pendant ce temps, la garde côtière nous appelle : pas de réponse. Ils s'inquiètent. Nos amis leur répondent que nous sommes allés nous balader à la recherche de notre « rudder ».

« Both of them left the main boat ? »

« Affirmative. »

« ! ! ! ? »

On rejoint le safran. C'est quand même une grosse pièce, même si elle flotte. On réussit tant bien que mal à la glisser à bord. On est tout bleus ! En effet, le dessous du voilier, y compris le safran, est recouvert de peinture anti-algues bleue, qui se dilue dans l'eau avec les semaines. Allez, on repart. Le hors-bord rend l'âme… La dernière fois, il avait fallu que je démonte le carburateur pour arriver à le redémarrer. Anne se met à ramer ! Non mais, avez-vous déjà essayé de ramer avec une embarcation pneumatique ? C'est impossible. Et surtout dans la vague ! Je m'affaire à essayer de redémarrer le moteur, pendant qu'Anne regarde notre voilier qui s'éloigne petit à petit, et ce, malgré ses efforts surhumains.

Vrrn-roum ! Ça y est, il repart. On décide d'abandonner la perche d'homme à la mer, qui dérive une centaine de pieds plus loin, et de revenir vers le voilier. Et là seulement, on voit les dégâts : notre *Sunshine Reggae* est amputé de son appendice à environ quatre pouces de la coque. Une belle blessure nette. Mais que s'est-il donc passé ? Pas le temps de réfléchir. On approche de la bête qui se démène au bout de sa corde d'ancre. Le taureau est difficile à accoster. On y est. Anne saute à bord.

On amarre le dinghy sur le côté, à l'arrière. J'agrippe le safran et j'essaie de coordonner mon mouvement pour le lancer à bord, avec le moment où le bateau sera à son point le plus bas : je le lance – bang – il rebondit sur le franc-bord et me retombe dessus !

Il m'écrase dans l'annexe… Encore plein de peinture bleue sur moi : un vrai Schtroumpf ! Je me reprends : cette fois, ça y est, le panneau est dans le cockpit. Ouf ! Mais non, pas le temps de souffler. Ce n'est pas terminé…

Le remorquage…

Nos amis approchent. On remet le hors-bord et l'annexe en place sur le pont. Puis on remonte l'ancre, non sans efforts, dans la vague toujours très forte. Nos sauveteurs ne pouvant s'approcher de nous, ils nous envoient un filin léger au bout duquel ils ont attaché une grosse amarre de remorquage d'environ une centaine de pieds. J'attrape l'amarre et vite, je dois la passer de l'extérieur, à travers le davier[1], et venir l'attacher au taquet. Bingo, c'est fait juste au moment où elle allait me glisser des doigts! *Wawaron* tire et *Sunshine Reggae* résiste : nous pesons tout de même 13 000 livres. *Wawaron* est un voilier de 40 pieds en aluminium. Il envoie son génois[2] pour s'aider.

14 h 15. Ça y est, le plus dur est fait. On est en route de nouveau vers le Sud. J'ai mal au cœur. En effet, tout cet effort soutenu m'a donné le mal de mer. J'essaie de me reposer un peu. Après tout, on n'a qu'à se laisser traîner maintenant, non? Non. Au bout de quelque temps, on remarque que l'amarre est en train d'arracher le taquet qui la retient! Horreur… Vite, il faut la changer de taquet. Mais comment? La tension est telle que le cordage écraserait le premier doigt venu, sans effort. On note que notre voilier serpente derrière *Wawaron*. En effet, n'ayant plus de gouvernail pour se diriger, le bateau va d'un côté, tend l'amarre, puis repart vers l'autre côté! et ça recommence… Lorsque les deux bateaux sont alignés, il y a un mou de quelques secondes dans l'amarre. On se prépare : il s'agit de sortir l'aussière[3] du taquet de pont et de l'amener sur le gros taquet d'ancre dans le puits, soit un trajet d'environ 14 pouces. On attend, on observe… GO! Je retire l'aussière et hop! l'enfile sur l'autre taquet : elle se tend aussitôt en grinçant.

Un peu plus tard, il nous faut protéger l'amarre contre l'usure. De plus, le davier est en train de s'écarter! C'est incroyable. Et tout ça, à une triste vitesse d'environ 1,5 nœud!

Finalement, vers 17 h 15, soit trois heures après le début du remorquage, nous arrivons dans une grande baie complètement protégée du nord. C'est le calme plat. On jette l'ancre au moment où le soleil se couche. Nous n'avons pas faim, nous ne sentons plus la fatigue. Nous rions pour tout et pour rien. Nous sommes maintenant confiants que rien de pire ne pourrait nous arriver. Le lendemain, le vent est tombé,

---

1. Pièce en acier inoxydable de ¼ pouce d'épaisseur par laquelle l'amarre sort du bateau.
2. Grand-voile à l'avant du bateau.
3. La boucle au bout de l'amarre.

Anne tient le gouvernail brisé. Notre précieux safran, retrouvé après de longues heures de tourmente.

et c'est tranquillement que *Wawaron* nous remorque pendant quelques heures encore jusqu'au chantier maritime de l'endroit. Ce n'est pas une marina, mais plutôt un endroit qui se spécialise dans l'entretien et la réparation de bateaux. Quelle veine, tout de même ! Deux semaines plus tard, on nous repose le safran réparé et nous continuons notre route vers le sud. Comme si, finalement, nous n'avions été victimes que d'une simple crevaison sur l'autoroute...

La réparation démontrera qu'une mauvaise soudure sur la mèche du gouvernail aura été responsable de ce bris. Heureusement que l'incident s'est produit à côté du «garage» ! Imaginez la même situation aux Bahamas, ou pire encore, dans le Gulf Stream...

• *CONCLUSION* •

Six mois plus tard, nous déambulons le long des quais, dans une marina du sud de la Floride. Un inconnu (américain) nous aborde :

— N'êtes-vous pas du Sunshine Reggae *?*

— Oui, bien sûr. Pourquoi ?

— J'étais sur la baie de Chesapeake en octobre dernier, et j'avais suivi avec beaucoup d'intérêt votre mésaventure. On en parle encore, certains soirs, entre amis. Tout le monde vous écoutait parler à la radio avec vos amis et la garde côtière. En fait, toute la baie vous écoutait et connaît votre histoire ! Heureusement que vous parliez en anglais à la garde côtière, parce qu'on ne comprenait pas un mot de ce que vous disiez à vos amis, mais votre ton de voix disait tout, «You guys are celebrities now ! Goodluck ! »

Eh bien, ça alors !

Il n'empêche qu'à partir de ce jour, quoiqu'il nous arrive, je me demande : «Que pourrait-il nous arriver de pire ? » Et en général, cela dédramatise bien des situations qui, à première vue, paraissent catastrophiques...

CONCLUSION : ET APRÈS ?

LE MOT DE LA FIN

Comme j'ai déjà conclu chaque sujet au fur et à mesure, je serai bref. Mon seul et unique but est que les gens partent : allez au bout de votre rêve, ne vous laissez pas décourager par les problèmes qui surgiront. Ni par votre entourage ; s'il n'est pas favorable. Ni par la crainte de l'inconnu. J'espère, par cet ouvrage, non seulement avoir suscité en vous le goût de partir, mais, surtout, donné les outils qu'il vous faut pour y arriver.

J'espère aussi avoir, une fois pour toutes, démystifié les racontars et les tabous que vous auriez pu (ou allez) entendre au sujet d'une telle aventure. N'oubliez pas qu'on parle de la côte américaine, de l'Intracostal, un chenal de 12 pieds de profondeur sur 200 pieds de large. Puis, on parle des Bahamas, où on navigue dans 25 pieds d'eau. Rien à voir avec les Antilles, une traversée de l'Atlantique ou un tour du monde ! La simplicité du trajet et de la navigation aux Bahamas, alliée à la précision des instruments de navigation qui s'améliore d'année en année, permettent à plus de gens d'aller « goûter » à un petit Paradis. Alors, pourquoi pas vous ?

ET APRÈS, OÙ VA-T-ON ?

Et après, où va-t-on ? La plupart des plaisanciers remontent vers le nord. Plusieurs entreposent leur bateau en Floride et retournent aux Bahamas tous les hivers ! D'autres reviendront ici et retrouveront leur style de vie antérieur, mais, croyez-moi, plus rien ne sera vraiment comme avant.

Et d'autres continueront vers le Sud. Ce guide pratique vous aura donné le coup d'envoi ; il est toutefois incomplet pour poursuivre vers le Sud. Il vous faudra penser autrement, équiper le bateau autrement, prévoir un autre budget, revoir vos assurances, revoir le calendrier relativement aux ouragans, etc. Il s'agit alors de véritables conditions de navigation de mer. Même si tel n'est pas votre projet à l'origine, il ne sera jamais trop tard pour réajuster le tir. Peut-être obtiendrez-vous des cartes d'un équipage qui arrive du Sud ! Ou encore, remonterez-vous en Floride pour compléter les préparatifs ? Bref, naviguer représente probablement ce qui se rapproche le plus de la liberté totale : alors, vous trouverez bien le moyen de réaliser votre rêve !

DIX ANS PLUS TARD...

Dix ans après notre retour, je me surprends toujours à me souvenir de ce voyage avec une telle précision. Nos excursions, nos craintes, nos joies, les amis rencontrés, les odeurs même ! Tout demeure très vivant dans mon esprit et vous verrez qu'il en sera de même pour vous. Vous vivrez une aventure si intense qu'elle sera gravée dans votre mémoire pour toujours.

Et nous ? Que sommes-nous devenus après le retour ? En revenant, nous avons sorti le bateau de l'eau et lui avons fait une toilette comme jamais il n'en avait eu. Enfin, nous l'avons mis en vente. *Sunshine Reggae* brillait ! Deux mois plus tard, il était vendu et rendait d'autres navigateurs heureux. L'été dernier, il naviguait toujours sur le lac Champlain.

Quant à nous, nous voulions retrouver un petit coin tranquille qui ressemblerait à un mouillage bahamien. Alors, nous avons découvert une maison dans les Laurentides, près d'un lac. Le plaisir de prendre le souper dans la véranda, le soir, au son des huards, n'était pas sans nous rappeler le punch au rhum pris avec des amis, à l'ancre, en regardant le soleil couchant. Ajoutez à cela une chienne docile, blonde, aux yeux noirs et un canot rouge, et vous avez le portrait complet de notre nouveau mouillage.

Petit à petit, Anne et moi avons réintégré le monde du travail, nos amis et la société. Anne a repris son travail en montage cinématographique, en plus de faire toutes sortes d'activités. Et moi, j'ai commencé par mettre sur pied le cours « Objectif Sud », pour ensuite commencer à enseigner au sein de l'équipe de l'Institut maritime du Québec. Puis, après quelques années de demi-farniente, nous avons décidé de faire route à part, après dix-sept ans de vie commune. Nous sommes toujours très amis et nous nous voyons régulièrement. Nos vies ont continué de s'enrichir depuis. S'il est une chose que ce voyage nous aura apprise, c'est que nous sommes capables de relever n'importe quel défi auquel on tient beaucoup, quand on s'y met !

Ce voyage nous aura aussi donné une occasion formidable de nous prouver à nous-mêmes de quoi nous étions capables ; il nous a démontré que nous pouvions être autonomes et que, parfois, une situation qui paraît dramatique ne l'est, en réalité, que dans notre tête. Et cela continue de s'appliquer aujourd'hui.

Ce qu'Anne et moi cherchions le plus dans ce voyage, c'était le calme et la paix. Ce n'était pas de jouer à Christophe Colomb et d'explorer le plus d'îles possible : nous pouvions rester plusieurs jours, voire des semaines, au même endroit. C'est dans la paix, le silence et le bruit des vagues qu'on arrive à se retrouver soi-même. Il nous aura fallu 26 mois pour y arriver. C'est fait !

Ce n'est qu'à la première édition de ce livre, en 2001, que j'ai pris conscience du changement que ce voyage a apporté dans ma vie. Depuis dix ans, je raconte ce voyage dans des cours et des conférences et, chaque fois, je prends le même délicieux plaisir à décrire tout ce que nous avons vécu comme si c'était hier. Et maintenant, je rencontre des gens qui ont assisté à mes séminaires « Objectif Sud » ou lu mon premier livre. Certains d'entre eux ont également réalisé leur rêve, ils ont eux aussi goûté au Paradis, et eux aussi ont eu froid dans la rivière Hudson, eux aussi ont mangé des moules à volonté à Annapolis, eux aussi ont vu des centaines de hérons, de pélicans, d'aigrettes blanches, cormorans, dauphins, crevettiers, pêcheurs, palmiers, restaurants accueillants ; eux aussi… Des gens qui se sont ancrés aux mêmes endroits que nous, grâce à la liste de sites de mouillage que je leur avais donnée. Et ces gens viennent parfois me voir ou me téléphonent et n'ont qu'un mot à me dire : « Merci. » C'est ce « merci » qui me pousse à continuer à offrir des cours, et maintenant ce livre que vous avez entre les mains.

Je suis toujours étonné, également, de voir à quel point les gens suivent mes conseils à la lettre : cela fait chaud au cœur. Oui, vous pouvez suivre notre route, mais vous devez vous retrouver à l'intérieur de ce voyage et faire votre propre expérience. Vous rencontrerez des gens qui **vous** ressemblent et vous visiterez des endroits, des musées ou des plantations qui **vous** intéressent. Ne cherchez surtout pas à marcher dans nos traces, ce serait une erreur. Comme ce serait également faux de penser que votre couple, si vous partez à deux, se séparera à la fin.

Oui, il y a des couples qui se séparent durant un tel voyage, mais il y a des raisons. Heureusement, la majorité des couples restent ensemble après. En fait, ils ne s'en portent que mieux, même! Bref, soyez vous-même à travers toute cette expérience.

MERCI, ANNE...

Je termine ce livre en remerciant Anne. Sans elle, rien n'aurait été possible. Elle fut le catalyseur du couple; je fus l'organisateur. De surcroît, elle a su donner le coup de pied parfait pour me pousser à tout mettre en branle. Elle a toujours été là, à mes côtés, que ce soit pour m'aider à prendre une décision, ou pour changer l'huile du moteur avec moi, que ce soit aussi pour supporter mes sautes d'humeur lorsque les choses ne tournaient pas à mon goût. Jamais elle ne s'est plainte de quoi que ce soit, si ce n'est de moi qui tempêtais contre la toilette à réparer, ou l'ancre qui restait coincée au fond, ou encore de moi qui avais faim. Aux Bahamas, elle était toujours prête lorsque venait le temps d'aller pêcher. Elle était un véritable poisson dans l'eau, complètement libre et dans son élément. Cela me donnait des nageoires de la voir évoluer. Elle retrouvait ses talents de championne d'escrime avec son harpon, et les poissons avaient raison de la craindre. Tous nos voisins de mouillage venaient prendre conseil auprès d'elle pour savoir si tel ou tel poisson était comestible.

Anne était aussi notre chef cuisinière à bord. Ne serait-ce que pour cet aspect, je lui suis infiniment reconnaissant. De la première épicerie au dernier repas à bord, elle savait varier le menu tout en nous offrant une cuisine santé, toujours à partir d'ingrédients de première qualité et même biologiques. Elle avait ses livres de recettes et réussissait toujours à préparer des repas, peu importe les conditions météorologiques ou les activités du bord.

En vérité, j'ai été très chanceux de faire ce voyage avec elle. Merci, Anne!

Bonne route, bon voyage et je vous le répète:

Ne cherchez pas l'aventure ;
l'aventure va vous trouver !

LES ANNEXES

ANNEXE A :
GRILLE BUDGET

	U.S.	CA*
I - AVANT LE DÉPART	_____	_____
Il - LE VOYAGE	_____	_____
III - APRÈS LE RETOUR	_____	_____
IV - FONDS D'URGENCE	_____	_____
GRAND TOTAL	_____	_____

date : _____

* On ne convertit pas, ici, les dollars US en dollars CA, mais on indique bien le montant des dépenses prévues dans les deux monnaies respectives.

→

1 - AVANT LE DÉPART
Maison, logement, affaires personnelles
• assurances diverses
  – vie _____ $
  – médicale _____ $
  – auto + maison _____ $
  – autres _____ $

• entreposage
  – de l'auto _____ $
  – du ménage _____ $

• cotisations annuelles
  – professionnelles _____ $
  – assoc., club, etc. _____ $
  – revues _____ $
  – autres _____ $

• paiements mensuels
  – maison _____ $
  – bateau _____ $
  – autres _____ $

  Sous-total « Maison » : _____ $ _____ $

Bateau
  – équipements suppl. _____ $
  – cartes, livres, doc. _____ $
  – assurances côte est
    et Bahamas _____ $
  – marina avant le départ _____ $
  – travaux préliminaires _____ $
  – imprévus _____ $

  Sous-total « Bateau » : _____ $ _____ $

Total « AVANT LE DÉPART » : _____ $*

* reporter ce montant à la page 315

II- LE VOYAGE

date départ : _____

date retour : _____ = _____ mois

_____ jours

• **L'aller**

Le séjour

Le retour

• **L'aller**

Du _____ au _____ = _____ mois (_____ jours)

– diesel (ou essence) ___*x*___ $

$$\frac{\text{distance} + 20\,\%}{\text{vitesse}} \quad X \quad \substack{\text{consom. du} \\ \text{moteur (g/hre)}} \quad X \quad \text{\$/gal.} = X$$

En 2003, le prix moyen du diesel aux É.-U. était de 1,41 $/gal (en 1992 : 1,05 $), sauf au nord d'Albany (N.Y.) et en Floride (1,90 $/gal). Essence : + 0,45 $/gal

– marina _____ nuits x _____ $/nuit = _____ $

En 2003, en comptant 1, 35 $/pi., on ne se trompera pas beaucoup (en 1992 : 0,95 $).

– auto (location) _____ $

– bateau _____ $

(propane, équipements suppl., dépenses imprévues, démâtage/mâtage, entretien normal, bris mineurs, etc.)

En 1992, nous comptions près de 200$/mois, pour un voilier de 34 pieds.

– épicerie_____ mois x _____ $/mois = _____ $

– glace _____ $

– imprévus _____ $

Sous-total « L'aller » : _____ $ _____ $

Le séjour

Du _____ au _____ = _____ mois (_____ jours)
- diesel (Nassau, 2003 ; 2,50 $)   _____ $
- marina _____ nuits x _____ $/nuit =   _____ $
- bateau   _____ $
- épicerie_____ mois x _____ $/mois =   _____ $
- glace   _____ $
- imprévus   _____ $

Sous-total « Le séjour » :   _____ $ _____ $

Le retour

Du _____ au _____ = _____ mois (_____ jours)
- diesel   _____ $
- marina _____ nuits x _____ $/nuit =   _____ $
- bateau   _____ $
- épicerie_____ mois x _____ $/mois =   _____ $
- glace   _____ $
- imprévus   _____ $

Sous-total « Le retour » :   _____ $ _____ $

Sous-total « L'aller » :   _____ $

Sous-total « Le séjour » :   _____ $

Sous-total « Le retour » :   _____ $

Total « LE VOYAGE > :   _____ $*

*reporter ce montant à la page 315

Ill - APRÈS LE RETOUR

Date de retour : Semaines (mois) avant de nouveaux revenus :

Maison, logement, affaires personnelles

– loyer _____ $/mois x _____ mois =   _____ $

– auto (transport)   _____ $

– épicerie   _____ $

– imprévus   _____ $

Sous-total « Maison » :   _____ $ _____ $

Bateau

– marina d'été   _____ $

– marina d'hiver   _____ $

– assurances   _____ $

– autres   _____ $

Sous-total « Bateau » :   _____ $ _____ $

Total « APRÈS LE RETOUR » :   _____ $*

* reporter ce montant à la page 315

IV - FONDS D'URGENCE

Comme les risques d'avoir à utiliser ce fonds sont minces, on peut considérer les sommes prévues pour **« APRÈS LE RETOUR »** comme fonds d'urgence. Elles serviront, en cas de bris majeur non assuré, de rapatriement d'urgence au Québec, ou encore de fonds de départ si on décide de rester dans le Sud quelques années... Il faudra prévoir d'avance comment avoir facilement accès à ce fond (ex. : une procuration signée avant votre départ en faveur d'un tiers).

Le diesel coûtait 1,05 $/gal et les marinas environ 1,00 $/pi.

Dépenses encourues lors du voyage de *Sunshine Reggae* telles que compilées par Luc Bernuy. Tous les chiffres sont en dollars U.S.
On exclut ici toutes les dépenses personnelles (restaurants, sorties, activités spéciales, vêtements, souvenirs, etc.).

1991-1992	GLACE*	ÉPICERIE	MARINA	DIESEL	BATEAU**
ALLER (132 jours)	67	1300	488	160	1443
SÉJOUR (87 jours)	144	802	0	99	172
RETOUR (61 jours)	41	304	82	184	236
TOTAL (280 jours)	252	2406	570	443	1851
GRAND TOTAL : 5					

1992-1993	GLACE*	ÉPICERIE	MARINA	DIESEL	BATEAU**
ALLER (61 jours)	51 368 lb	811	36	191	1279
SÉJOUR (152 jours)	191 873 lb	530	85	77	539
RETOUR (91 jours)	106 649 lb	616	33	175	476
TOTAL (304 jours)	348 1890 lb	1957	154	443	2294
GRAND TOTAL : 5					

* Nous n'avions pas de réfrigération électrique, mais avons toujours tenu la glacière froide.

** Les dépenses de bateau sont tout le reste sauf les dépenses personnelles. Ex. : entretien normal, produits d'entretien, pièces de remplacements non prévues, sortie de l'eau, démâtage, articles de pêche à remplacer, nouveaux outils, batteries de bord, huile à moteur supplémentaire, nouvel équipement non prévu, etc.

ANNEXE B :
DENRÉES NON PÉRISSABLES

APPROVISIONNEMENT DU *SUNSHINE REGGAE*
préparé par Anne Bernier

Farine blanche, de blé entier
Farine à pain blanche, blé entier
Farine de sarrasin
Flocon d'avoine, céréales à cuire « Red River »
Couscous, boulghour
Riz basmati blanc et entier
Riz « Uncle Ben's »
Mélange à crêpe 5 grains
Mélange à croûte à pizza en sachets
Sarrasin
Granola et céréale en boîte
Pâtes alimentaires : spaghetti, linguini, fusilli, macaroni, nouilles plates aux œufs, etc.

Lentilles vertes
Fèves de lima
Tofu longue durée
Amandes, noix de Grenoble, graines de tournesol

Beurre d'arachide, beurre d'amande, d'acajou
Raisins secs, dattes, pruneaux
Lait longue durée

Lait de soya longue durée
Lait en poudre
Pommes de terre en flocons

Sucre, cassonade
Miel, mélasse, sirop d'érable, confitures
Brisures de chocolat, cacao
Mélange à muffin, à brownie
Lait condensé

321

Chapelure Graham
Biscuits assortis

Condensé de bouillon de poulet, de légumes
Sauces en sachets (fromage, Alfredo, etc.)
Soupes en sachets et soupes-repas instantanées
Craquelins et biscuits sodas (utiles pour le mal de mer!)

Huile végétale
Huile 1re pression d'olive et d'arachide (T° ambiante)
Shortening

Poudre à pâte, bicarbonate de soude, essence de vanille
Sel, poivre, épices et herbes favorites (comme à la maison!)
Tamari (sauce soya)

Thé, café, tisanes, sachets de chocolat chaud

Mayonnaise, moutarde, sauce BBQ. etc.
Fromage parmesan Kraft (T° ambiante)

Croustilles, nachos, maïs à éclater
Noix mélangées, arachides en écale

Sacs de plastique, « Ziploc », sacs-poubelle
Papier Saran, papier ciré, papier d'aluminium
Savon à vaisselle biodégradable
Essuie-tout, Kleenex, serviettes de table
Papier de toilette

Conserves :

Tomates, sauces tomates
Tomates en purée
Cœurs de palmiers
Cœurs d'artichauts
Champignons
Pommes de terre
Maïs en grains, en crème
Asperges
Pois verts
Haricots verts, jaunes
Betteraves
Thon, saumon, sardines
Palourdes, huîtres, crevettes
Moules et huîtres fumées
Morceaux de dinde
Saucisses de Vienne
« Roast Beef »
Jambon « Plumrose »,
sans réfrigération

Ragoût de bœuf
Chili, fèves aux lard
Fèves rouges
Pois chiches

Pêches, poires, ananas
Purée de pommes
Fromages (brie, camembert)

Jus d'orange, d'ananas
Jus de pamplemousse
Jus de légumes
Ginger Ale (mal de mer!)
Eau Perrier
Boissons gazeuses
Bière
Vin

ANNEXE C : RECETTES DIVERSES

PAIN À UNE LEVÉE (1 PAIN)

selon la recette d'Andrée, sur « Osé »... C'est aussi la recette que plusieurs et Anne utilisaient régulièrement.

1	tasse de lait ou d'eau
$\frac{1}{4}$	tasse d'huile
$\frac{1}{2}$	c. à thé de sel
1	c. à table de sucre ou cassonade
1	c. à table de levure sèche active ou un sachet
$2\frac{1}{2}$-3	tasses de farine ($\frac{1}{3}$ entière + $\frac{2}{3}$ blanche ou $\frac{1}{2}$-$\frac{1}{2}$)

Faire chauffer le lait ou l'eau avec l'huile, le sel et le sucre (125 °F environ). Saupoudrer la levure sur le mélange. Lorsqu'elle commence à s'activer, ajouter 1 tasse de farine et bien brasser. Ajouter peu à peu le restant de la farine. Pétrir 5 à 10 minutes. Former une boule de forme allongée. Huiler et déposer dans un moule à pain huilé. Faire lever et laisser doubler le volume. Cuire à environ 375 °F, 30 à 40 minutes.

Si on n'a pas de four, on peut utiliser un « presto ». Déposer la boule huilée dans le « presto » huilé. Faire gonfler du double. Cuire à feu le plus bas possible (couvercle fermé, mais sans utiliser la pesée). Retourner la pâte à mi-cuisson. Cuire de 30 à 40 minutes.

PAIN – RECETTE DE BASE ROBIN HOOD (2 PAINS)

1	c. à thé de sucre
½	tasse d'eau tiède (105-115°F)
1	sachet de levure sèche active = 1 c. à table
	(1½ si blé entier)
5-6	tasses de farine (⅓ entière + ⅔ blanche, si désiré)
1	tasse de lait chaud
3	c. à table de sucre
2	c. à thé de sel
2	c. à table de beurre ou margarine ou shortening
½	tasse d'eau chaude

Dissoudre le sucre dans l'eau tiède. Saupoudrer la levure. La laisser s'activer pour 10 minutes. Ajouter tout le reste et 2 tasses de farine. Bien mélanger. Ajouter le reste de la farine progressivement. Former une boule avec la pâte. Pétrir de 5 à 10 minutes. Huiler la boule et la placer dans un bol huilé. Couvrir d'un papier ciré huilé et d'une serviette humide. Laisser lever 1 h à 1 h 30. La pâte devrait doubler de volume. Tester en y insérant 2 doigts ; si les trous restent formés, c'est prêt. Enfoncer le poing. Diviser et former 2 boules. Recouvrir et laisser reposer 10 minutes. Aplatir chaque paquet au rouleau en un rectangle de 9 x 12 po. Rouler en rouleau et sceller les bouts. Placer dans 2 moules huilés. Huiler le dessus de la pâte. Recouvrir de papier ciré. Laisser lever 1 à 1 h 30 heure. La pâte a assez levé lorsqu'elle dépasse la bordure du moule. Cuire à 400 °F environ 40 minutes. Pour tester s'il est cuit, taper dessus ; le pain devrait émettre un son creux. Refroidir sur une grille.

UNE RECETTE SIMPLE ET RAPIDE ! PAIN DE NOIX

… de la cuisine végétarienne pour gourmet
Ce pain, réduit en petits grains, peut « imiter » la viande dans la sauce à spaghetti…

2	oignons hachés
1	c. à soupe de farine de blé
1½	tasse d'amandes ou d'avelines moulues
	(il faut un robot culinaire pour cela)
¾	tasses de chapelure de pain de blé basilic, thym, romarin

½	tasse de champignons hachés
1	tasse de bouillon de légumes
1	gousse d'ail émincée huile de carthame

Faire revenir les légumes dans l'huile avec les herbes. Ajouter la farine. Bien mélanger en ajoutant un peu d'eau, jusqu'à consistance épaisse. Ajouter les noix moulues et la chapelure. Assaisonner au goût. Huiler un plat allant au four et y placer le mélange. Couvrir et cuire au four pendant 45 minutes à 350 °F. Servir avec une sauce brune ou de la gelée de groseille. On peut accompagner ce pain avec un légume vert cuit à la vapeur. Ce pain sert également à la préparation d'autres plats.

TARTINADE DE SOYA

½	tasse de fèves soya
1	tasse de tomates ou ½ tasse de jus de tomates
4	c. à table de beurre d'arachide
2	c. à table d'huile de tournesol
4	c. à table de sauce tamari (sauce soya)
½	tasse de chapelure ou de flocons d'avoine
1	petit oignon haché finement

Faire tremper les fèves de soya de 12 à 24 heures. Vous obtiendrez 1 tasse de fèves. Passer au mélangeur tous les ingrédients, sauf l'oignon. Ajouter l'oignon. Verser dans un petit moule carré. Déposer ce moule dans un autre moule plus grand rempli à moitié d'eau. Cuire au four à 350 °F.

Cette tartinade est une excellente source de protéines comprenant les 8 acides aminés, complexe B, Fe, Ca et P.

BÂTONNETS MAGIQUES
(recette Eagle Brand)

½	tasse de beurre
1½	tasse de chapelure Graham
1	boîte de lait évaporé sucré
1	tasse de grains de chocolat mi-sucré
1¼	tasse de noix de coco râpées
1	tasse de noix hachées

Préchauffer le four à 350 °F. Faire fondre le beurre dans un moule de 9 x 13 po. Saupoudrer la chapelure sur le beurre. Bien mêler et presser. Verser le lait évaporé uniformément sur la chapelure. Parsemer de grains de chocolat, ensuite de noix de coco et de noix. Presser fermement. Cuire 25 à 30 minutes ou jusqu'à couleur dorée. Refroidir avant de couper. Garder à température ambiante.

TARTE À LA NOIX DE COCO
… une des préférées d'Anne

1	abaisse de tarte non cuite
3	œufs
1	c. à thé de vanille
1	boîte de lait évaporé
1½	tasse de noix de coco râpée, non sucrée

Battre les œufs et la vanille au batteur électrique ou manuel jusqu'à consistance, puis verser graduellement le lait. Ajouter la noix de coco et bien mélanger. Verser dans l'abaisse. Cuire à 350 °F, 30 à 35 minutes ou jusqu'à couleur dorée. Protéger le rebord avec du papier d'aluminium s'il brunit trop vite. Servir chaud ou froid.

DEUX SUCCÈS ASSURÉS !

ANNEXE D :
PHARMACIE DE BORD

Cette liste s'inspire d'une conférence donnée à l'école de voile Les Blanchons ainsi qu'à l'association de plaisanciers Conam, par le Dr Robert Patenaude, urgentologue et navigateur hauturier.

- Eau stérile, iode
- Pansements, diachylons, compresses stériles, garrot, ruban, colle, points de rapprochement
- Onguent antibiotique
- Crème solaire
- Attelles en carton
- Collet cervical
- Planche dorsale
- Bandage triangulaire (écharpe)
- Gouttes antibiotiques pour les yeux et les oreilles (Garasone)
- Anti-inflammatoires (Naprosyn, Motrin, Advil, onguent Myoflex)
- Analgésiques (Tylénol, Empracet 30, Morphine)
- Pompes (nitroglycérine pour asthme)
- Antiémétiques (Gravol en suppositoire)
- Antidiarrhéiques (Imodium)
- Antiallergiques (Bénadryl, Atarax, Anakit, Zantac, Tagamet, Prednisone, Réactine)
- Autres : onguent ou crème Micatin, Mycostatin (pied d'athlète ou vaginites)
- Antibiotiques (compatible avec le soleil si possible !)
- Brûlements d'estomac (Maalox, Zantac, Tagamet)
- Calmants (Valium)

ANNEXE E :
LES OURAGANS 1995

Certains se souviendront longtemps de l'année 1995. Les tempêtes et les ouragans se suivaient un par derrière l'autre. L'an 1995 a battu un record vieux de 60 ans et arrive même bon deuxième si on recule 125 ans en arrière! En tout, 11 ouragans, 8 tempêtes tropicales et 121 morts (dont 36 aux É.-U.).

- Ouragan Allison : 2-5 juin. Frappe surtout la Floride. 65 kn.
- Tempête Barry : 6-10 juillet. N'a jamais atteint la côte.
- Tempête Chantal : 13-20 juillet. N'a jamais atteint la côte.
- Tempête Dean : 27-30 juillet. Frappe au Texas.
- Ouragan Erin : 30 juill.-6 août. Centre de la Floride (11 morts) 75 kn.
- Ouragan Félix : 8-22 août. Demeure au large de la côte (9 morts).
- Tempête Gabrielle : 9-11 août. Pluie torrentielle sur le Mexique. 60 kn.
- Ouragan Humberto : 22 août-3 sept. Vents de plus de 100 kn.
- Ouragan Iris : 23 août-4 sept. Frappe l'est des Antilles (5 morts). 95 kn.
- Tempête, Jerry : 23-25 août. Inonde le sud-ouest de la Floride.
- Ouragan Luis : 28-11 sept. Vents de plus de 150 kn. (15 morts aux Antilles, 1 à Terre-Neuve.)
- Ouragan Marilyn : 12-22 sept. Est des Antilles, les Vierges, Porto Rico (15 morts). 100 kn.
- Ouragan Noël : 26 sept.-7 oct. N'a jamais atteint la côte.
- Ouragan Opal : 27 sept.-5 oct. Yucatan et le nord de la Floride (2e fois en 1 saison !). 130 kn.

- Tempête Pablo : 4-8 oct. N'a jamais atteint la côte.
- Ouragan Roxanne : 8-20 oct. Frappe le Mexique (14 morts).
- Tempête Sébastien : 20-24 oct. N'a jamais atteint la côte.
- Ouragan Tanya : 27 oct.-2 nov. Frappe les Açores sans conséquences graves.

1996 : « seulement » 4 tempêtes tropicales. (vents de 35 à 65 kn) et 9 ouragans, dont les plus marquants Bertha, Fran et Lili…

1997 : une facile… 4 tempêtes tropicales, et 3 ouragans (1 seul touche la côte).

1998 : la revanche : 4 tempêtes tropicales, et 10 ouragans, dont Georges et le fameux Mitch.

Autres infos :
http://weather.unisys.com/hurricane/index.html

ANNEXE F :
PASSER PAR LA MER
OU L'INTRACOSTAL

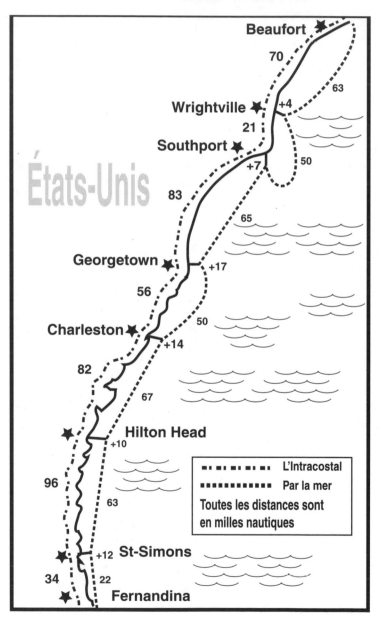

ANNEXE G :
RIVIÈRE HUDSON

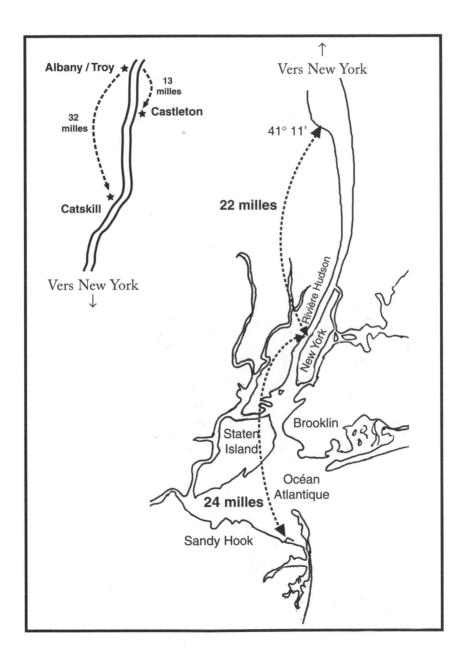

ANNEXE H :
COURANT DU PORT
DE NEW YORK

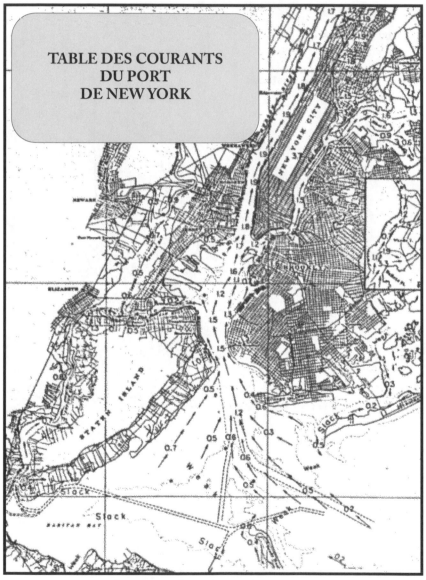

**TABLE DES COURANTS
DU PORT
DE NEW YORK**

MARÉE HAUTE À NEW YORK : _____

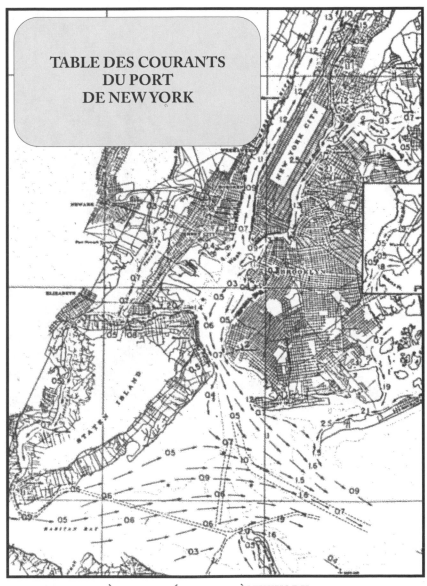

TABLE DES COURANTS DU PORT DE NEW YORK

1 HEURE APRÈS LA MARÉE HAUTE À NEW YORK: _____

**TABLE DES COURANTS
DU PORT
DE NEW YORK**

2 HEURES APRÈS LA MARÉE HAUTE À NEW YORK : _____

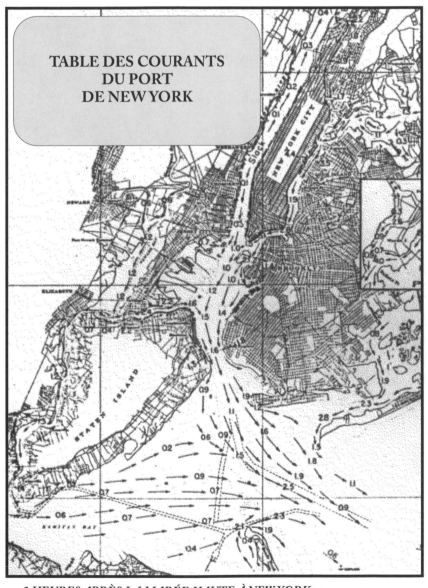

**TABLE DES COURANTS
DU PORT
DE NEW YORK**

3 HEURES APRÈS LA MARÉE HAUTE À NEW YORK : _____

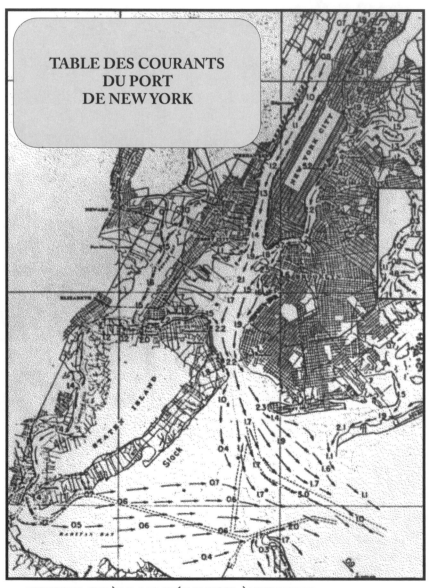

4 HEURES APRÈS LA MARÉE HAUTE À NEW YORK: _____

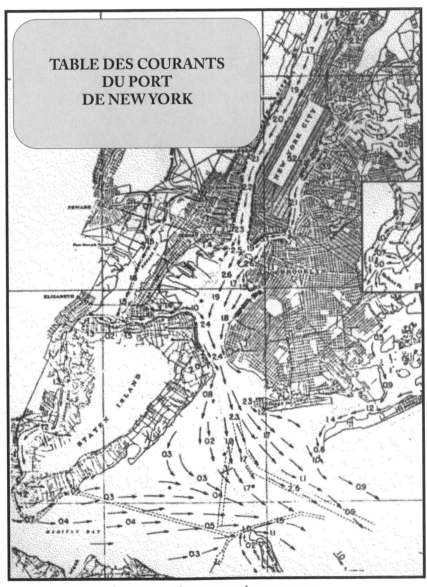

**TABLE DES COURANTS
DU PORT
DE NEW YORK**

5 HEURES APRÈS LA MARÉE HAUTE À NEW YORK: _____

**TABLE DES COURANTS
DU PORT
DE NEW YORK**

MARÉE BASSE À NEW YORK: _____

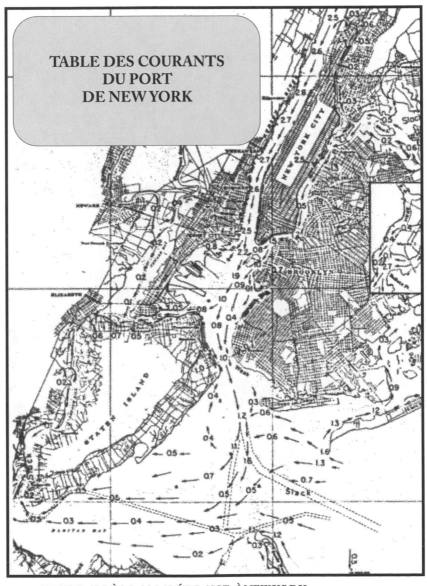

1 HEURE APRÈS LA MARÉE BASSE À NEW YORK : _____

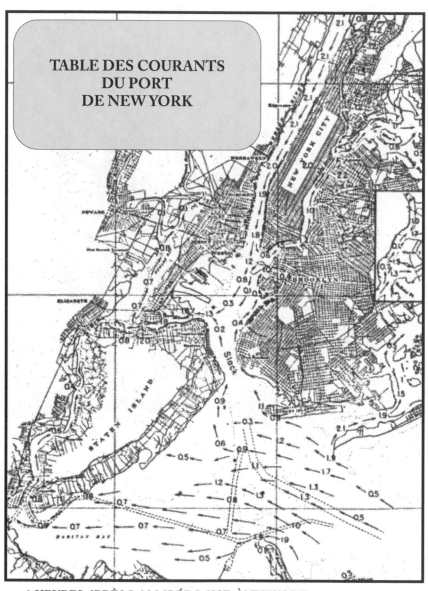

2 HEURES APRÈS LA MARÉE BASSE À NEW YORK : _____

3 HEURES APRÈS LA MARÉE BASSE À NEW YORK : _____

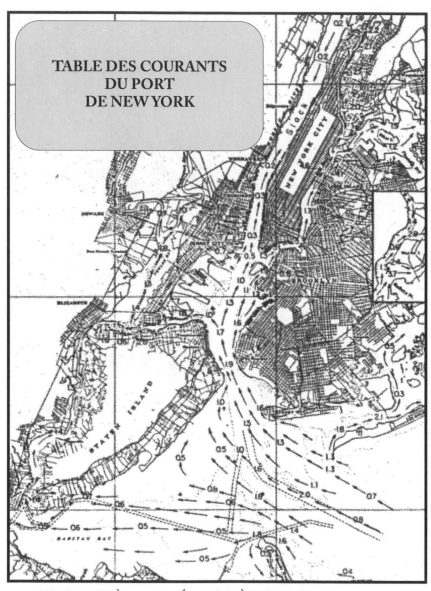

**TABLE DES COURANTS
DU PORT
DE NEW YORK**

4 HEURES APRÈS LA MARÉE BASSE À NEW YORK : _____

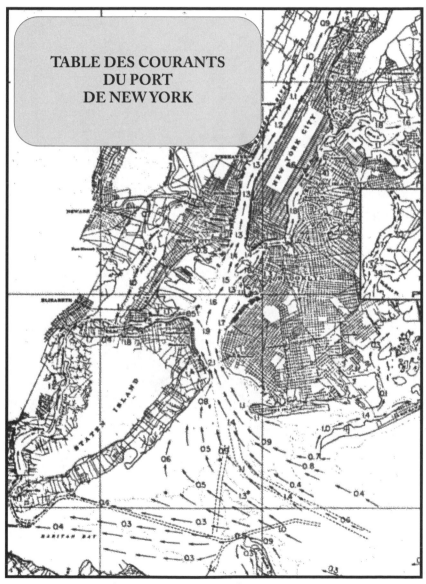

**TABLE DES COURANTS
DU PORT
DE NEW YORK**

5 HEURES APRÈS LA MARÉE BASSE À NEW YORK : _____

343

ANNEXE I :
ANNAPOLIS
(CARTE)

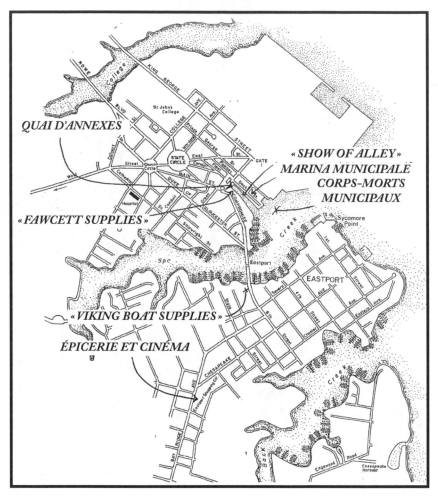

ANNEXE J :
ADRESSES UTILES
D'ÉQUIPEMENTS DE PÊCHE

La boutique du plongeur
1355 boul. des Laurentides, Laval (Vimont) 450-667-4656
www.boutique du plongeur.com
Nepteau, centre de plongée
10514, St-Laurent, Montréal 514-337-5489
www.nepteau.com
Réal Béchard Sports
217, St-Jacques, St-Jean..450-346-3726
www.multimania.com/bechardsport
Sailorman
Fort-Lauderdale, FL..........................(954) 522-6716, 1-800-523-0772
www.sailorman.com
Sharks
313-E, Cartier Ouest, Laval (Laval-des-Rapides)..........450-663-5543
www.sharsco.com
Sub Aqua Tech
7195, Chemin Chambly, St-Hubert 450-676-9893
www.subaquatech.com
Waddell Aquatics
6356, Sherbrooke Ouest, Montréal................................514-482-1890

ANNEXE K :
ESPÈCES COMESTIBLES
(POISSONS)

POISSON	COMESTIBILITÉ	LONGUEUR MAX
aiguille de mer « needlefish »	trop petit	1 à 3 pieds
albula, « bonefish »	excellent	3 à 8 pieds
anges	à regarder seulement !!	2 pieds
baliste « trigger fish »	seulement le « queen triggerfish » est comestible	2 pieds
barracuda	mauvais et toxique adulte	4 à 5 pieds
« butterfly fish »	oubliez ça	5 à 7 po
« filefish »	très toxique !!!	1 à 2 pieds
flétan	très bon, mais souvent petit	12 po
« glasseye », « bigeye »	très bon, arêtes	15 à 20 po
grand tambour « drum »	très bon… bonne chance	12 po
« great amberjack »	très bon, adulte peut être toxique	6 pieds
grogneur « grunt »	assez bon, très nombreux	12 po
« jack »	très bon, adulte peut être toxique	3 pieds
« jackknife fish »	oubliez ça	9 po
langouste	excellent (ne pas trop cuire !)	3 à 4 pieds
mérou géant « jewfish »	excellent, si vous en trouvez	700 livres
mérou « greysby », « coney »	excellent	12 po
mérou « grouper »	excellent (toxique si trop gros)	3 à 4 pieds
mérou « redhind »	exccllent	18 po
mérou « rockhind »	excellent	18 po
poisson-coffre, « trunkfish »	très toxique !!!	1 à 2 pieds
poisson perroquet « parrotfish »	très toxique	2 à 4 pieds
« porcupinefish »	très toxique !! Impressionnant	1 à 3 pieds
« porgy »	très bon… bonne chance	12 po
raie	très moyen à mauvais	8 à 20 pieds
rascasse « hogfish »	excellent… bonne chance	3 pieds
requin	très moyen à mauvais	4 à 20 pieds
rouget, « goatfish »	très bon… bonne chance	12 po

« sergeant major »	à regarder seulement	6 po
« squirrelfish »	très bon, beaucoup d'arêtes	15 po
vivaneau « snapper »	excellent, adulte toxique	24 à 30 po
vivaneau « mahogany »	excellent	15 po
vivaneau à queue jaune	excellent… bonne chance	30 po

LISTE DES SITES DE MOUILLAGE : DU LAC CHAMPLAIN À KEY WEST

LISTE DES SITES DE MOUILLAGE

Compilée par Luc Bernuy à bord de *Sunshine Reggae* en 1991-1993 (tirant d'eau : 6' ; d'air : 54'6") Mise à jour : juin 2003

MISE EN GARDE :

Nous avons visité la plupart des mouillages indiqués ci-haut entre septembre 1991 et juillet 1993. D'autres nous ont été indiqués par des navigateurs ou d'anciens élèves d'Objectif Sud. D'autres proviennent de différents guides nautiques. Nous ne pouvons garantir l'exactitude des renseignements fournis et vous invitons à la prudence à chaque fois que vous vous servirez de cette liste.

Cette liste de sites de mouillage à été conçue pour être utilisée en route. Je vous encourage même à découper les pages et à en faire une reliure à part.

Le texte est très simplifié et même abrégé afin de l'alléger.

Par exemple : N, S, E, O,
pour les quatre points cardinaux
ou '72', pour « balise de jour tribord numéro soixante-douze »,
ou « Inlet », pour « ouverture sur la mer ».

Ou encore :
542   Battery Creek Après '47'. Peu de courant.

Se traduit par :
Au mille 542 de l'Intracostal, dans la crique du nom de Battery Creek, on pourrait mouiller dépassé la balise de jour numéro 47. Il y a peu de courant à cet endroit.

De toute façon, toutes ces précisions vont prendre leur sens lorsque vous serez sur place.

A) DU LAC CHAMPLAIN À NEW YORK

44°02   N de…   Nombreux mouillages sur le lac Champlain.
44°02'   Crown Pt à
43°45'   Stony Pt Plusieurs mouillages : voir carte.

**Horaire des écluses : (change selon les saisons : 1-518-471-5011)
fin de saison : mi-novembre**

écluse #12 (Whitehall) :	7 h-23 h (à vérifier)
écluse #11 à #1 :	7h-22 h 30 (à vérifier)
écluse Troy :	24 heures
Frais d'utilisation pour 2 jours : 15 $ à 20$	

Le canal Champlain. Profitez de ces dernières journées en eau douce, avec quai gratuit, eau et électricité par endroit. Excellente occasion de terminer une installation ou simplement reprendre son souffle après un départ hâtif du lac Champlain. C'est souvent le long de ces vieux murs de béton que se feront les premières rencontres avec d'autres rêveurs comme vous… Ne vous laisser pas presser par le permis de 2 jours ; il peut être renouvelé. Allez explorer Whitehall, Fort Edward ou Mechanicville. Respirez la bruine du petit matin et admirez les couleurs d'automne avant de démarrer votre moteur ! Vous êtes en vacances !

43°33'   Écluse #12 Whitehall
Quai de béton gratuit. Épicerie, glace, dépanneur, buanderie, tables à pique-nique, « marine store », resto.

+5 mi.   Écluse #11
Écluse #10
N'existe pas.

+8 mi.   Écluse #9
Quai en retrait pour la nuit, côté S.

+5 mi.   Écluse #8
Pas de poteau.

+1,5 m   Écluse #7 Fort-Edward
Juste au S de l'écluse (virer en épingle en sortant de l'écluse). Quai de béton gratuit (électricité), en plein village, en bordure d'un parc. Pharmacie, buanderie, quinc., banque, resto. Épicerie et McDo (2 km).

+9 mi.   Écluse #6
Quai en retrait, côtés S et N.

+3 mi.   Écluse #5
Pas de poteau.
Quelques mouillages entre les bouées '108' et '78'.

+12 mi.   Écluse #4
Pas de poteau.

+1,5 m   Écluse #3

+0,5 m   Mechanicville
Quai de béton gratuit, préférence à l'extrémité nord. Eau, électricité. Épiceries proches, banque, resto., McDo. Un peu + loin : Price Chopper.

+2 mi.   Écluse #2
Pas de poteau.

+4 mi.   Écluse #1
Waterford quai gratuit, centre commercial, épicerie Price Chopper, pump out : 1 $ (2003).

+4,5 m   Écluse « Troy »

42°45'N
Ouverte 24 heures, sans frais.

42°32'   Castleton Boat Club.
Remâtage/démâtage soi-même 50 $. Douches, bar, resto, buanderie, glace, pas d'épicerie. Corps morts (s'en méfier s'il vente fort).

42°22'   Coxsackie Is
Mouillage O de…

42°13'   Catskill Marinas
Pour remâter/démâter ; ils s'occupent de tout (2 $/pi de mât).

41°55'   Kingston
PONT FIXE de 56' (marée 4'). Quais flottants municipaux 1 $/pi ou mouillage en face et quai pour annexe gratuit ou marina. Jolie ville. Boutiques et resto-pub. Épicerie 1 km en montant. Aussi mouillage plus loin, en avant de la chute.

41°36'*
Mouillage au nord de la marina Malbora Yacht Club.

41°33'
Mouillage dans 8', côté O.

41°11'
Juste au N du FIG « 21 » si vent d'O ou autre côté de rivière si v. E. Dernier mouillage protégé avant N.Y.
Port de N.Y.C. : zone è sécurité maximum. Gardez VHF sur 16.

40°47   New York City, 79th Boat Bassin
Bon fond pour ancrer ; 2 ancres. Corps morts (25 $). Quai pour annexe gratuit et sécuritaire, bon accueil. Métro 3 rues à l'E. Bienvenue au cœur de Manhattan et de l'action ! Consulter le *Guide to Lake Champlain* pour les marinas du côté New Jersey avec navette à New York.
Entre New York City et Sandy Hook, un seul mouillage recommandable.

---

* Nous n'y sommes jamais allés.

40°41,5* Statue de la Liberté

Aller au fond du chenal, derrière la statue. Recom. par d'autres ; vue superbe sur Manhattan : « Très beau et tranquille, entouré d'arbres… » Dinghy Dock.

40°25' Sandy Hook, Atlantic Highland

Mouillage bien protégé et marinas ; diesel pas cher (9/03 : 1,30 \$). Épicerie (1,4 km), quine, buanderie, boutique d'accastillage, cinéma, resto. Jetboat vers Manhattan. Soyez discret au quai pour annexe. Mooring 25 \$.

B) DE NEW YORK À NORFOLK, PAR LES BAIES DE DELAWARE ET CHESAPEAKE

L'*Intracoastal Waterway* entre Manasquan et Cape May n'est recommandé que pour les petites embarcations. Les aides à la navigation sont souvent déplacées par les tempêtes hivernales et il faut se méfier de la carte pour les profondeurs. USCG à l'entrée. À noter : entre Manasquan et Cape May : prof. : 4' ; hauteur : 25'**.

40°07'* Manasquan « Inlet » moyen

Mouillage, mais beaucoup de circulation de pêcheurs. Plusieurs marinas (le resto en entrant à bâbord n'offre plus de quai gratuit pour la nuit si on y soupe). « Inlet » difficile si vent contre marée descendante.

39°22'* Atlantic City « Inlet » facile

Mouillage au S du pont fixe. Marina Trump Casino, accueil #1. Bel endroit.

38°56' Cape May « Inlet » facile

Même si le courant est contre nous. Plusieurs marinas : grand mouillage dans le port ; mauvais fond si vent + 30 kn. Marine Store Tony's, épicerie (2,5 km), bon resto. et magasin de fruits de mer ; annexe au quai du Lobster House. Belles plages ; très touristique en saison. PONT FIXE DE 55' (HM) dans le canal vers la Delaware.

39°26' Delaware, côté E

À l'Est de Hope Creek Jetty, à l'ombre de la centrale nucléaire. Seulement si le vent est du nord, autrement continuer jusqu'à Reedy Island.

39°30' Delaware, côté O

A l'O de Reedy Is. Bon mouillage. En quittant le chenal principal, voir à ne pas être déporté.

39°32' C & D

Canal Courant de la baie de Chesapeake. Chesapeake City Bassin (mouillage, diesel). L'entrée peut n'avoir que 4,5' (BM).

La baie de Chesapeake offre beaucoup de mouillages et il existe de bons guides sur le sujet. Prévoir passer au moins deux semaines sur la Chesapeake. Très grand. Beaucoup à voir à terre : musées, villes et villages, attraits touristiques historiques, etc. C'est également le premier (et dernier) beau grand plan d'eau pour faire de la voile des heures durant entre le lac Champlain et Miami (à part sur la mer).

---

*   Nous n'y sommes jamais allés.
** Vérifiez vous-même ces données sur une carte récente !

Attention : Cependant, si le vent se lève brutalement, comme la baie est peu profonde, il peut y avoir une vague courte très contrariante. Les mouillages sont en quantité infinie et très bien protégés, au point qu'on en oublie parfois de repartir. Excellente occasion, encore une fois, pour reprendre son souffle, faire quelques travaux, ou simplement lire… Nous ne retiendrons ici que quelques endroits pour ceux et celles « qui ne font que passer ».

39°17* Baltimore
Mouillage au pied des gratte-ciel. Certains ont aimé, d'autres pas.

38°58' Annapolis
Mouillages bien protégés dans Spa et Back Creek. Marina et moorings municipaux. Choix de marinas et services. Plusieurs quais pour annexes. Douches (1$), cinéma, bons restos. Un incontournable dans la vie de tout navigateur. Également à 45 min. de Washington (en auto) ; tours organisés.

38°19' Solomon Island
Multiples bons mouillages. Épicerie, propane, si ancré près du musée (marcher à l'épicerie). Accès à terre limité.

38°00 Rivière Potomac
Entrée de…

38°55'* Washington, DC
85 mi.n. de l'entrée du Potomac. PONT 50' à bascule juste avant la ville (fermé le jour – avertir 12 h avant : (202) 727-5522). Mouillage en face de la ville ; superbe de nuit. Marinas O.K. pour annexe. Musées et monuments gratuits. Prévoir quelques jours pour « tout » voir…

37°47' Great Wicomico River, Mill Creek
Mouillage bucolique, resté sauvage, hors du temps. Protection totale, bon fond. L'ancrage idéal comme on les voudrait tous ! Planifier 2 nuits.

37°00' Norfolk
Entrée du port : il peut y avoir un gros clapot désagréable. Mouillage possible dans Willoughby Bay. Après Great Point, sur bâbord quai municipal gratuit*.

C) DE NORFOLK À LA FLORIDE.
Début officiel de « *l'Intracoastal Waterway* » (l'ICW), ponctué en milles terrestres. Lorsqu'on quitte la ligne magenta des *Chartkits*, s'avancer très prudemment. Fond de vase ; une ancre. Il y a toujours de la marée et il est impossible de prédire le sens du courant à cause des nombreux « inlets » qui longent la côte. Éviter de s'ancrer trop près du chenal ou dans les entrées de crique. La navigation de nuit est déconseillée dans l'Intracostal. La nuit, on dort !

Mile 0* Norfolk
Mouillage officiel, en face de l'hôpital. Chrysler Museum.

---

* Nous n'y sommes jamais allés.

Ouverture des écluses du Dismal Swamp (4 ouvertures par jour) :
(s'il y a moins de 6 pieds d'eau, le Dismal Swamp sera fermé).

Corps of Engineers : (804) 441-3641 ou USCG sur VHF.

11   Dismal Swamp
En face des portes de l'écluse en attendant la 1re ouverture du matin.

28*   Dismal Swamp
Quai gratuit, North Carolina Welcome Center ; très bien.

51   Elizabeth City (N.C.)
14 quais municipaux gratuits – ni eau, ni électricité – Nombreux services ;
accueil très chaleureux des résidents ; vin et fromage.

12*   Virginia Cut – Great Bridge Lock
Quai gratuit au N + S du pont. Si occupé, demander à l'éclusier d'occuper son bassin. Nombreux commerces à 5 min. de marche ; grosse épicerie (qui livre au bateau) PROPANE, resto., pharmacie, etc.

30*   Virginia Cut – Blackwater Creek
Recommandé par d'autres ; mouillage de beau temps.

50*   Virginia Cut – Coinjock
Marina Coinjock Esso, excellent + resto.

57*   Virginia Cut – Buck Is
SO. Trafic de l'ICW.

62*   Virginia Cut – Broad Creek.
BONNE PROTECTION.
ENTRÉE EN CAROLINE-DU- NORD.

82   Little Alligator
Excellent dans un vent du S.

103   Alligator River Tuckahoe Point, Deep Pt, ou Bear Pt

127   Pungo River
1 mille au Nord de '23', dans le bassin (côté SE).

136   Belhaven
Devant la ville, ou dans Pungo Creek. Marinas, bar, petit dépanneur.

161   Bear Creek

173   Broad Creek
Après 3e balise. Paix et confort. Marins 20 $ (2003).

181*   Whitaker Point
Marinas sympa. Voiture disponible à Oriental.

---

*   Nous n'y sommes jamais allés.

187*   Adams Creek
Après les balises d'enlignements. Quai gratuit à Oriental.

203   Beaufort, NC
2 mouillages ou marina municipale. Musée maritime impressionnant (prête auto pour épicerie). Bon « inlet » pour arriver ou quitter vers la mer.

205*   Morehead City
Marina municipale (surtout bateaux à moteurs) + « Sanitary Restauranr » 10 $/nuit (2003). Pas très joli.

211*   Spooner's Creek
Marina OK. Très bon mouillage. Attention aux profondeurs.

229   Swansboro
En face de la ville, à dr. de '46C'. Beaucoup de courant ; éviter si possible. Bouée 46A Duddley marina, 0,75$/pi., auto* (1995).

244   Mile Hammock (camp militaire Lejeune)
Dans le bassin ; très populaire. Manœuvres possibles. Protection totale.

264   Topsail Beach
Dans la crique, face au '86'. Ancrer dans le tournant ou au '15'. Excellent.

284   Wrightsville Beach
Mouillage 1,5 mi. Est de ICW. Fort courant sous le pont, à certaines heures (5 kn). Grosse épicerie vers l'O (loin à pied). Bon « inlet » vers la mer. Seapath Marina prête une auto pour épicerie.

287*   S bouée 130
Côté E, 7-9 pi d'eau. Bon.

295   Carolina Beach, N.C.
Honkytonk mooring ou ancrer dans un des bassins, côté mer.

309*   Southport Bald Head Island
Marina ($0, 50/pi – '96). Continuer vers la mer 2,5 min. ; côté E de l'« inlet ». Très beau village écologique. Tortues géantes, canot, vélo, épicerie, resto, buanderie, douches, quais flottants, plages, etc.

310*   Southport
Marina réputée ou ancrer dans Dutchman Creek ; très calme, beau. Entrée 4,5' à marée basse.

342   Calabash Little River
Ancrer à l'E de l'ICW, près des arbres.

343   Calabash balise '6'
PAS UN BON MOUILLAGE : 3' d'eau.
ENTRÉE EN CAROLINE-DU-SUD.

354*   Barefoot Landing, S.C.
Parallèle au ICW, 500' de quai flottant gratuit pour 3 jours. Beaucoup de restos et boutiques (1 seul dépanneur). On s'épaule si c'est plein. Bus pour Myrtle Beach.

---

*   Nous n'y sommes jamais allés.

368* **Hague Myrtle**
Petite marina, 3 mi de l'Air Force Base

376 **Waccamaw River**
Dans la courbe, derrière l'île ; *orin conseillé.*

382 **Prince Creek**
Isolation totale, juste en dehors du chenal.

388* **Thoroughfare Creek**
Rien de mieux prochain 3 mi.

396 **Butler Island**
O de… mettre un orin ; fond douteux.

406* **Georgetown**
Marina sympa. Mouillage tout près. Usines peuvent gâcher le plaisir, mais beau village.

407* **Georgetown**
Belle Isle Country Club : plus paisible.

409 **Esterville**
Plantation. Très large.

416 **Minim Creek**
Un côté ou l'autre ; bonnes odeurs.

439 **Graham Creek**
Superbe. 12' à 14' d'eau même si carte dit 6'. Bon fond. Peu de courant.

449 **Price Creek**
Étroit : 2 ancres. plus large 2 mi plus loin.
ATTENTION AUX FILS ÉLECTRIQUES.

455 **Dewees Creek**
O de l'ICW. 1re branche, côté N, dans 18' d'eau. Pas de tourbillon.

456 **Whitehead Creek Large.**
Joli marais. Quelques tourbillons.

462 **« Inlet »**
Creek 1 mi passé le pont. Marais confortable.

466 **Charleston**
Mouillage juste au S de la base des Coast Guard. Attention : périmètre de sécurité. De tout, incluant des marées de 7' à 10'. Marina municipale (annexe) ou Ashley Marina (PONT FIXE en avant : 55 PIEDS (HM) marée de 4'). Très bons restos en ville (service de navette) ; ville à découvrir ; plages, si on est à la marina Toiler's Cove, au N de l'« inlet ».

472 **Charleston**
Quelques tourbillons, mais sécuritaire. Pont fermé de 6 h à 9 h et de 4 h à 6 h 30. Fort courant dans Elliott Cut par moments.

473 **Stono River**
Juste au S de Elliott Cut ou près de balise '18'.

---

* Nous n'y sommes jamais allés.

488   Church Creek
Dans le marais. Très bon fond.

501   Dawho River.
Pas terrible. TRÈS PEU PROFOND malgré la carte.

502*   Fishing Creek
On mouille dans 12'-18'.

511   S. Edisto
SE de Fenwick Cut ; meilleur plus loin.

513   Ashepo
1 mi off ICW ; large, confortable.

529   Brickyard Creek
Dans la courbe, près de la balise '217'.

536   Beaufort, SC
Ancrer dans Factory Creek, juste au S des 2 marinas, qui sont elles aussi excellentes (prêtent auto pour épicerie). Ville d'intérêt. Quai pour annexe ($). Pas vu d'épicerie proche. On est à moitié chemin entre Norfolk et Fort Lauderdale ! Le quai de 140' à l'ouest de la marina est gratuit, mais pour usage le jour seulement et attention au courant !

542   Battery Creek
Après la balise '47'. Peu de courant.

555   Hilton Head
Ancrer entre la marina Salt Creek et '11' ; mouillage exposé aux chalutiers, marina très sélecte : haute surveillance.

553*   Hilton Head
Marina de Skull Creek est meilleure.

568   Cooper River
1 mille en dehors de l'ICW.

574   Wright River
À l'ouest de l'ICW.
ENTRÉE EN GEORGIE.

584   Herb River
Excellent. Marina juste 1 mi au N.

590*   Isle of Hope
Mouillage officiel ; achalandé. Aller ailleurs si possible.

594*   Moon River
Profondeur douteuse. A inspiré la chanson de Johnny Mercer…

598   Vernon River
Très découvert, mais tranquille : « Jamais entendu un tel silence ». Remonter vers Beaulieu si désiré.

607*   Redbird Creek

---

* Nous n'y sommes jamais allés.

612   Birthday Creek
Celle sans nom sur la carte.

622   Walburg Creek
Large et profonde. Attention à HM de bien rester dans le chenal; les roseaux sont recouverts.

625*   Cattle Pen Creek
Bon.

640   Ridge River Mouth
Juste à l'entrée.

644   Shelbluif Creek
Ancrer sur le côté: trafic de chalutiers.

647   New Teakettle Creek
S'avancer d'environ 2 milles à l'intérieur.

649   Duplin Creek
Un peu à l'extérieur du chenal, près des arbres. Fils électriques 1 mile plus loin.

659   Buttermilk Sound
En dehors du chenal. S de '211', près du bord,

666   Frederica River
Rte alternative; mouillage S du Fort. Quai pour annexe.

684*   Jekyll Island
Certains se sont arrêtés ici et ont beaucoup aimé l'endroit. Village historique, plages côté océan, commerces, resto, etc. Attention aux profondeurs!

695 à 697
Plusieurs possibilités.

702   Delaroche Creek
Aucun courant. Très beau.

711   Cumberland Island (Drum Point)
Remonter vers…; mouillage près du quai. Parc national; forêt sous-tropicale; plage sauvage; chevaux, dindes, chevreuils, alligators, etc.

D) LA FLORIDE: DU NORD À MIAMI

Enfin la Floride. Cet état bénéficie d'un microclimat. Ainsi, en arrivant de la Georgie, le navigateur découvre que l'air se réchauffe assez vite à mesure que l'on progresse vers le sud. Puisque la météo est assez stable, on pourra en profiter pour faire des travaux majeurs s'il y a lieu (sortie de l'eau, etc.).

Malheureusement, on est dans l'État où la police est omniprésente. Ceci fait en sorte que les restrictions pour les navigateurs sont très nombreuses et se multiplient d'année en année. La police, le shériff, l'armée, la garde côtière et les douaniers veulent tous vous protéger… Plus on approche de Miami, plus il fait chaud, mais plus on se sent surveillé et plus on est restreint quant aux aires de mouillage.

---

*   Nous n'y sommes jamais allés.

Plusieurs des mouillages suivants sont restrictifs : séjours limités, mouillages payants, quai pour annexe payant, interdiction d'ancrer, etc. Et comme si ce n'était pas assez, les mouillages ferment un à un, à mesure que les résidents riverains obtiennent des injonctions contre les «live-aboard» (nous). Il faut savoir que certains navigateurs peu scrupuleux s'installent tout l'hiver dans la «cour» de certaines résidences, ou encore vont à terre et y laissent leurs vidanges... Alors s.v.p., un peu de civisme ; soyez toujours courtois avec les autorités et informez-vous des lois locales avant de vous installer.

Je vous conseille d'avoir la dernière édition du *Waterway Guide* pour la Floride. Tenez-vous-en aux mouillages désignés, surtout au sud de West Palm.

Si vous désirez sortir votre bateau de l'eau, informez-vous avant par téléphone : peut-on vivre à bord sorti de l'eau, travailler soi-même sur le bateau et utiliser ses propres produits et outils ? Y-a-t-il une épicerie, de l'eau potable et des douches ? Les prix ?

715   Fernandina Beach
Marina municipale. Quais flottants. Quai pour annexe ($). Pas de service en ville. Jolie petite ville (célèbre bar) malgré les 2 usines. Mouillage juste en face, 2 ancres.

718   South Amelia River
À l'E de l'Intracostal.

720   Amelia River
En dehors du chenal, continuer 1 mi. Tranquille.

735   Fort Georges River
Beau mouillage. Bonne protection.

740*   Jacksonville – St-John River
En dehors de la carte d'environ 2 mi. Quai municipal gratuit de jour ; très belle ville à visiter.

747   Jax Beach
Marina avec quais flottants ; diesel côté N du pont seulement.

747,5*
Dillman's Maina : 0,50 $/pi (2003).

765   Tolomato River
S de Pine Island.

776   Ste-Augustine
Marina Comanchee Cove sympa ; bon resto.

777   Ste-Augustine
PASSER À L'E DU MARKER '60' ; contourner par le S 'N2'. Salt Run non recommandé.

778   Ste-Augustine
Marina munie ; quais flottants, S du Bridge of Lions ; quai pour annexe ($). Mouillage juste au S ; il y a un câble sous-marin et un haut-fond : vérifier votre carte ! Un arrêt obligatoire ; ville pittoresque ; beaucoup à voir ; navettes «tour de ville» ; phare à visiter et plage, mais grosse marche. On parle d'installer des moorings (2003).

---

*   Nous n'y sommes jamais allés.

797   Marineland

Petite marina (0,65$/pi) ; s'informer de la profondeur de l'eau avant d'entrer ; bonne eau potable. On peut aussi ancrer dans le bassin de l'ICW et venir en annexe.

803*   Palm Coast

Marina ; auto pour magasiner.

829   Daytona

Mouillage officiel ; achalandé ; épicerie : annexe au resto, côté O de l'ICW.

831*   Daytona

Halifax Harbor Marina. Magasin West Marine sur le site.

835   Daytona

(Port Orange) Seven Seas Marina très sympa. Quais fixes (0,65$/pi – 2003). « Do it yourself yard », max 1 semaine. Excellent petit déjeuner. Dépositaire Yanmar. Bicyclettes pour épicerie.

846*-848*New Smyrna

Bon mouillage et épicerie. Réputé.

878   Titusville

Mouillage juste avant l'entrée du bassin et quai à annexes à la marina municipale. Très propre (pas cher) ; Westland. Marine, juste à côté, fournisseur hors-bord et entreposage, sortie d'eau pas cher. Épicerie (conserves). PROPANE : 1 rue vers le S, douches, buanderie, boutique d'accastillage, bowling, cinéma, SEARS, banques, location d'auto pour Kennedy Space C., Disney, Universal, Marineland, MGM. La ville est sans charme spécial. Plusieurs Québécois entreposent chez Westland. Space Shuttle hotline lancements : 1-800-432-2153.

894*   Cape Canaveral

Bon « inlet » ; 1 écluse ; 1 pont à faire ouvrir.

914   Eaugalle Dragon Point.

Derrière le dragon : plusieurs marinas et corps-morts. Séjour 48 h max. ; épicerie.

946*   Pine Island

Quais fixes à 5,00$/nuit (1995).

952   Vero Beach

Corps6mort municipal. 10$/jr (2003), occ. double et triple ; très populaire. Plage, épicerie, navette. Certains y sont restés 3 mois !

965   Fort Pierce

« Inlet » : sortir ou entrer AVEC le courant si possible. Ancrer en face de Harbor Town si pour 1 nuit, sinon continuer jusqu'à Faber Cove, plus tranquille. Magasin West Marine en face de *Harbor Town*, en haut de la côte. Gulf Station : diesel 1,16 $/gal (2003).

L'équipage de Baladin II (qui avait suivi Objectif Sud) est resté quatre mois à Harbor Town : « facile et rapide d'aller faire de la voile… plage en annexe, piscine, tous les services autour, dont un *Food Lion* et *West Marine*… » Il est à noter que c'est de l'eau douce qui alimente le bassin de la marina.

---

*   Nous n'y sommes jamais allés.

362

966   Faber Cove
1,5 mi.n. à l'E de l'ICW. Toujours calme plat ; protection totale. Accès à terre difficile. Belles plages. Séjour 96 h max.

985*   Jensen Beach
Plusieurs services.

985*   Stuart
(Région de…) Ste-Lucie est 10 mi au N de la fourche de la riv ; abri à ouragan ; nombreuses marinas.

993   Peck Lane
E de 'M19' ; accès à la plage ; évitez les week-ends.

998   Jupiter Hobe Sound
Plusieurs possibilités, le long de l'ICW.

1014   Lake Worth
Aller jusqu'au nord du lac ; plage prévue pour annexes plus loin ; (West Palm) épicerie, banque, poste.

1018   West Palm Beach
Beaucoup de tout et cher. Bon mouillage pour départ de nuit vers Bahamas.

1018 à 1064
Passage en mer recommandé (37 min.), sinon 21 ponts à faire ouvrir. Mouillages limités. Belles maisons.

1031*   Lantana Bridge
Grand mouillage payant (30 $/4 nuits – 2003) ; attention à la profondeur.

1042* Pelican Harbour
Recommandé par un ancien élève ; limite 24 heures. Faible tenue par grands vents. 6' à l'entrée, puis, 8'.

1047*   Lake Boca Raton
N de… Laisser Fl G65 à tribord en entrant. Naviguer sur le pourtour du lac. Le centre est un haut-fond.

1064   Fort Lauderdale
Moorings municipaux près du boulevard Las Olas, juste au S du pont ; mouillage interdit PARTOUT. Si tous les moorings sont occupés, mouillage permis 24 h. Faste et richesse tout autour. Épicerie (loin), plages (proches). Nombreuses marinas avec tous les services. Explorer New River en annexe (l'annexe doit être enregistré (même sans moteur) : ex. ID…). Aller « explorer » le magasin Sailorman (autobus ou vélo). Plage à pied.

1071*   Hollywood N et S du pont.
Mouillage interdit.

1067 à 1089
Passage en mer recommandé (17 min.). Environ 10 ponts à faire ouvrir + 1 PONT FIXE DE 56' (HM).

---

*   Nous n'y sommes jamais allés.

1088,6*   Venetian Causeway
E de Watson Park. Grand mouillage dans 10'.

1089   Miami
Juste derrière Fisher Island pour être proche de l'«inlet». Aucun accès à terre ; aucun intérêt non plus…

1094*   Granda Park Marine
Mouillage interdit. Mooring 8 $ (2003).

1095   Key Biscayne
A) Hurricane Harbor 12 $ (2003). Protection totale. Bon endroit pour attendre de traverser aux Bahamas. Accès à terre au quai du bateau *Natural Mystic*. Épicerie, quincaillerie, banque, resto, etc.
B) No Name Harbor. Très beau. 12 $ (2003).
1095 Coconut Grove
Du côté ouest de la baie. Surveillez votre annexe ! Gros magasin (Crook & Cook).

Vers Key West par le Hawk Channel
(Pour ceux qui ont un tirant d'eau supérieur à 4,5 pieds)
Les Keys sont un bon aperçu des Bahamas : îles basses, eaux turquoises, poissons tropicaux, etc. Ceux qui pourront passer par le côté nord trouveront une multitude de mouillages protégés, alors que les autres, par le côté sud (Hawk Channel), devront se contenter de quelques-uns (certains à découvert).
Les voici :

1119*   Angelfish Creek Prof. 5'
Protection, courant, beau.

1140*   Largo Sound
Protection totale. Entrée 5.5'. Mooring 15 $ (2003).

1145   Rodriguez Key
D'un côté ou de l'autre.

1150   Tavernier Key
Juste au NE de…

1170   Long Key
Dans l'anse.

1195   Marathon, Boot et Vaca Key.
Protection totale. Très populaire auprès des «live-aboard». Épicerie, sécuritaire. Départ possible vers Bahamas en profitant du Gulf Stream.

1205*   Bahia Honda Key
Derrière la pointe, entre les 2 ponts.

1215   Big Pine Key
Dans le Niles Channel ou Newfound Harbor (meilleur).

1216   Looe Key
Moorings gratuits, mais interdit d'y coucher. Plongée en apnée superbe.

---

*   Nous n'y sommes jamais allés.

1219*   Lois Key
Il paraît qu'il y a des singes…

1243 Key West
Meilleur fond derrière Wisteria Island ; protégé de l'O par les haut-fonds. Quai pour annexe ($) chez Bight Marina ou Turtle Krall Restaurant ; épicerie, resto, bars, boutiques, musées, activités nautiques, etc. ; ville d'artistes, accueil chaleureux. Plusieurs ont fait de Key West leur mouillage permanent…

BONNE ROUTE ET SURTOUT, PRENEZ VOTRE TEMPS !

---

* Nous n'y sommes jamais allés.

= = = = = = L'Intracostal

Achevé d'imprimer au Canada
en avril 2004.